普通高等教育酒店管理专业系列教材

酒店与旅游业客户关系管理
——基于数字化运营

黄　昕　汪京强　编著

机械工业出版社

本书满足 48 个课时的教学计划，其中理论部分占 30%，实践部分占 70%。在实践部分，各种理论也被分解在一个个的实践环节中，让学生不断熟悉和练习。第一章"客户关系管理概述"以理论学习为主；第二章"客户关系管理系统"分别讲述了不同技术时代的客户关系管理系统，需要理论结合技术工具进行学习；第三章"客户增长管理"阐述了数据驱动的客户关系管理流程和方法，学生需要理论结合相关技术应用进行实践学习；第四章"数据驱动的客户运营场景"针对酒店、旅行社、会展公司、旅游 B2B 企业和旅游集团的数据化客户运营场景进行了案例教学，并要求学生根据案例中的场景进行实践学习；第五章"客户运营数据分析"需要学生理论结合实践进行学习，掌握数据分析的方法；第六章"客户关系管理和运营的实验任务"共有 22 个实验任务，这些任务与第四章的理论部分对应，可以和第四章的理论部分结合起来进行实践学习。学生如果能独立完成全部实验任务的实践学习，可以说就具备了从事 ABC 时代数字营销和客户关系管理岗位工作的基本职业能力和解决问题的能力，包括批判性思维、系统性思维、设计性思维、团队合作、沟通能力、计算能力和研究能力。

本书可以作为普通高等院校旅游管理类专业相关课程，包括"酒店客户管理""旅游电子商务""客户关系管理""数字营销"等课程的教材，还可以作为旅游和酒店业市场营销和客户关系管理人员的学习和培训用书。

图书在版编目（CIP）数据

酒店与旅游业客户关系管理：基于数字化运营/黄昕，汪京强编著.—北京：机械工业出版社，2021.3（2025.6重印）
普通高等教育酒店管理专业系列教材
ISBN 978-7-111-67918-9

Ⅰ.①酒… Ⅱ.①黄… ②汪… Ⅲ.①数字技术-应用-旅游业-企业管理-销售管理-高等学校-教材 Ⅳ.①F719.3-39②F590.6-39

中国版本图书馆CIP数据核字（2021）第060314号

机械工业出版社（北京市百万庄大街22号　邮政编码：100037）
策划编辑：常爱艳　责任编辑：常爱艳
责任校对：炊小云　封面设计：鞠　杨　责任印制：邓　博
北京中科印刷有限公司印刷
2025年6月第1版第9次印刷
184mm×260mm·18.75印张·413千字
标准书号：ISBN 978-7-111-67918-9
定价：58.00元

电话服务　　　　　　　　网络服务
客服电话：010-88361066　机　工　官　网：www.cmpbook.com
　　　　　010-88379833　机　工　官　博：weibo.com/cmp1952
　　　　　010-68326294　金　书　网：www.golden-book.com
封底无防伪标均为盗版　机工教育服务网：www.cmpedu.com

RECOMMEND 序

黄昕博士和汪京强博士编写了《酒店与旅游业客户关系管理——基于数字化运营》一书，并邀请我作序。作为一个研究计算机科学在旅游业应用的学者，我为他们这个成就感到高兴。我非常期待这本书的英文版，这样可以让更多国家和地区的读者学习到他们的成果。

黄昕博士在数字营销领域有着丰富的经验。无论是他最初创办的在线旅行社，还是后来他创办的问途信息技术有限公司，都是利用营销技术推动旅游及酒店企业的数字化转型。他致力于将多年在旅游及酒店业的数字营销实践经验转化为高校课程，为互联网时代旅游业人才培养做出贡献。本书不仅是讲述旅游及酒店业现有的客户关系管理模式和技术，还重点说明如何通过数据驱动的方式进行客户关系管理。这不仅对于高校师生有价值，而且对行业也有现实的指导意义。

中国旅游业发展很快，互联网是推动旅游业发展的主要动力，为了保持可持续发展，需要专业人才的支持。在全世界的旅游管理类专业课程中，与数字化相关的创新类课程越来越重要。黄昕博士不仅是旅游行业对数字化营销和运营有丰富实践经验和理论研究的专家，而且是旅游教育行业中数字化营销和运营课程的专家。他能够对过去丰富的实践经验进行总结，汇编成书，这对旅游管理类专业开设创新类课程非常有帮助。

汪京强博士是华侨大学旅游实验教学示范中心（国家级）和旅游虚拟仿真实验中心（国家级）的主任。他在实验教学方面的宝贵经验使得本书不仅是对理论知识和实践知识的总结，还是非常实用的实验手册，这将使这门课程的教学变得有趣和有效。

相信本书的出版，将推动旅游管理和酒店管理专业的发展。对于旅游及酒店业的管理人员来说，本书也非常值得一读。

罗振雄教授（Prof. Rob Law）
2021 年 6 月于香港理工大学

PREFACE 前言

当我们接到这本书的编写任务时，心中充满了兴奋和不安。之所以兴奋，是因为这本书主要作为教材去服务高等院校的旅游管理、酒店管理、会展管理等专业的师生。在行业从事数字化营销和运营工作多年，现在终于有个机会可以把在行业中多年的实践经验总结出来，为行业的未来发展培养所需要的人才做一些自己的贡献。之所以不安，是因为客户关系管理从理论到工具再到实践，一直都处在变化中。作为一本高等院校旅游管理类专业的教材，如何才能让这本书不误人子弟并为行业未来的发展培养实用型人才，这是我们编著这本书的出发点。

客户关系管理的理念、方法和技术在大数据、人工智能和云计算的时代可以说是日新月异。旅游行业作为一个以客户需求为导向的行业，客户关系管理备受企业重视。但我们已经进入到了一个体验经济和数字化相融合的时代，旅游企业与客户的接触点，几乎都是数字化的。客户的智能手机使用贯穿服务接触前、服务接触中、服务接触后整个消费过程。为客户创造数字化体验是企业新的核心竞争力。在这样一个充满变化的时代，客户关系管理也正在往"数字化"方向不断发展，并在可以预见的未来，客户关系管理将因现代 ABC 技术，即人工智能（AI）、大数据（Big Data）、云计算（Cloud Computing）的发展而发生巨大变化。结合管理、技术和营销的 MarTech（即 Management+Marketing+Technology 的合成词）人才对客户关系管理工作的成功开展将越来越重要。企业和消费者之间，要用大量的技术来解决各种各样场景的问题，在这些场景中，所运用到的所有的技术和解决方案，就是 MarTech。

经过深思熟虑，最终我们决定把这本书定位在"数据驱动的酒店与旅游业客户关系管理"这个方向上，并将旅游管理、酒店管理、会展管理的客户关系管理和 MarTech 技术应用相结合。这是一个充满挑战的方向。一方面，从行业应用来说，除了大型的旅游互联网平台企业，大多数旅游企业和酒店企业的客户关系管理工作还基本上停留在 PC 互联网时代，而高校目前现有的相关教材内容和行业的现有应用还存在差距。作为一本面向行业未来的教材，必须定位在行业的未来发展趋势上，而不是定位在当下。另外一方面，将管理学和技术应用结合起来作为教材的内容，对于高校教师的教学将是一个巨大的挑战。因为能够讲授管理学的教师可能不擅长讲授技术应用，而能够讲授技术应用的教师可能不擅长讲授管理学。所以，这本书更需要考虑如何满足高校教师用一种创新模式进行教学的需求。

"数据驱动的酒店与旅游业客户关系管理"是一门跨界交叉的课程，涉及旅游管理、酒店管理、市场营销、客户管理、内容营销、社交媒体营销、大数据营销、数据分析等多领域的知识和技能。如果采用理论为主的内容结构，不仅造成教学和学习困难，而且无法在现有的学时标准下全部安排。此外，教学方法正在从以教师为中心转向以学生为中心。所以，本书的内容组织以实践教学场景为出发点，通过大量的行业实践和实验任务设计，让学生边做边学。客户关系管理离不开技术的应用，由于互联网技术的发展，客户关系管理系统也在不断演变，从传统客户关系管理系统（Customer Relationship Management, CRM）到社交型客户关系管理系统（Social CRM，SCRM），再发展到用户数据平台（Customer Data Platform, CDP）。本书将以在行业中已经成熟应用的系统作为案例进行阐述和案例分析。学生通过实践学习后，可以掌握客户关系管理的各种方法，并可以对同类型的客户关系管理系统很快熟悉应用。

本书满足48个课时的教学计划，其中理论部分占30%，实践部分占70%。在实践部分，各种理论也被分解在一个个的实践环节中，让学生不断熟悉和练习。第一章"客户关系管理概述"以理论学习为主；第二章"客户关系管理系统"分别讲述了不同技术时代的客户关系管理系统，需要理论结合技术工具进行学习；第三章"客户增长管理"阐述了数据驱动的客户关系管理流程和方法，学生需要理论结合相关技术应用进行实践学习；第四章"数据驱动的客户运营场景"针对酒店、旅行社、会展公司、旅游B2B企业和旅游集团的数据化客户运营场景进行了案例教学，并要求学生根据案例中的场景进行实践学习；第五章"客户运营数据分析"，需要学生理论结合实践进行学习，掌握数据分析的方法；第六章"客户关系管理和运营的实验任务"共有22个实验任务，这些任务与第四章的理论部分对应，可以和第四章的理论部分结合起来进行实践学习。学生如果能独立完成全部实验任务的实践学习，可以说就具备了从事ABC时代数字营销和客户关系管理岗位工作的基本职业能力和解决问题的能力，包括批判性思维、系统性思维、设计性思维、团队合作、沟通能力、计算能力和研究能力。

本书可以作为普通高等院校旅游管理类专业相关课程，包括"酒店客户管理""旅游电子商务""客户关系管理""数字营销"等课程的教材，还可以作为旅游和酒店业市场营销和客户关系管理人员的学习和培训用书。

由于技术发展日新月异，本书的知识体系、技术工具和行业应用案例也在不断发生变化。在高等院校中，截至2020年6月，已经有10多个高等院校使用本书中的知识体系、技术工具和实践教学模式进行了创新教学。更新的行业应用案例、高校实践教学经验、技术发展和相关知识更新，请关注微信公众号"数字旅游实验室"（微信号：wintourlab）。如果需要和作者联系，请发电子邮件给truman.huang@wintour.cn。谢谢。

黄　昕　汪京强

2021年3月

CONTENTS 目 录

序
前 言

第一章　客户关系管理概述 ··· 1
第一节　客户的定义 ··· 2
第二节　客户关系的定义 ··· 8
第三节　客户关系管理 ··· 16

第二章　客户关系管理系统 ·· 25
第一节　客户关系管理系统概述 ·· 26
第二节　客户忠诚度管理系统 ··· 32
第三节　社交型客户关系管理系统 ··· 43
第四节　用户数据平台 ··· 55

第三章　客户增长管理 ·· 65
第一节　客户增长模型 ··· 67
第二节　客户接触 ··· 74
第三节　客户连接 ··· 83
第四节　客户培育 ··· 92
第五节　客户转化 ·· 108
第六节　客户留存 ·· 120
第七节　客户拥护 ·· 134

第四章　数据驱动的客户运营场景 ·· 141
第一节　酒店业的客户数据化运营 ·· 142

  第二节 旅行社的客户数据化运营 154
  第三节 会展公司和旅游 B2B 公司的客户数据化运营 159
  第四节 旅游（酒店）集团的客户数据化运营 166

第五章 客户运营数据分析 176
  第一节 数据分析的思路 177
  第二节 数据分析方法 181
  第三节 数据分析的可视化展示 188

第六章 客户关系管理和运营的实验任务 196
  实验一 根据用户行为打标签的设置 197
  实验二 数据驱动的微信公众平台搭建 201
  实验三 微信公众平台的消息回复设置 205
  实验四 落地页的制作和发布 210
  实验五 向客户通过微信模板消息推送内容的设置 214
  实验六 电子优惠券和体验券的设置 220
  实验七 基于消费者关键接触点的客户接触方案设置 224
  实验八 线下用户数据转化为微信端用户的方案设置 228
  实验九 基于用户地理位置的用户互动活动设置 235
  实验十 通过许可电子邮件营销发展粉丝的设置 241
  实验十一 细分市场中（潜在）客户价值评价体系的设置 245
  实验十二 在 ToB 市场根据客户行为自动提醒销售跟进的设置 248
  实验十三 针对 ToC 细分市场客户的线索培育设置 251
  实验十四 自动化交叉销售规则的设置 255
  实验十五 转化未成功客户再营销规则的设置 258
  实验十六 客户可拆分使用旅游套票计划的设置 261
  实验十七 会员忠诚奖励计划的设置 264
  实验十八 会员储值卡营销的设置 268
  实验十九 会员积分商城的设置 272
  实验二十 年付费会员权益卡的设置 277
  实验二十一 会员日裂变营销活动的设置 281
  实验二十二 全员分销和全民分销的设置 285

参考文献 291

第一章 客户关系管理概述

【本章结构】

本章共分三节，第一节是客户的定义；第二节是客户关系的定义；第三节是客户关系管理的概念。内容结构如下图所示。

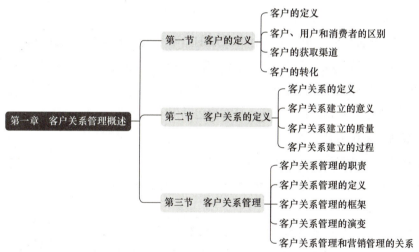

【学习目标】

学习层次	学习目标
知道层次 Knowledge	①陈述客户狭义和广义的定义； ②定义"二八"法则（即帕累托法则，Pareto's Principle）； ③定义长尾理论； ④定义客户关系转化漏斗； ⑤定义互惠法则
理解层次 Comprehension	①比较客户、用户和消费者之间的概念； ②归纳线上、线下获客渠道； ③描述ToB和ToC模式的客户关系转化漏斗； ④归纳客户关系建立的意义； ⑤解释"钱包份额"； ⑥解释"隐形冠军"

（续）

学习层次	学习目标
应用层次 Application	① 举例说明"二八"法则和长尾理论的应用环境和案例； ② 举例说明 ToB 和 ToC 下的客户关系转化漏斗
分析层次 Analysis	① 分析客户的显性和隐性需求； ② 比较 KANO 模型中的客户需求； ③ 对比客户关系 1.0 和 2.0 阶段的差异； ④ 分析客户关系和营销之间的关系
综合设计层次 Synthesis	① 设计客户关系建立的过程； ② 设计客户关系管理的职责； ③ 建立客户关系管理的框架

第一节 客户的定义

1. 客户的定义

客户是任何一个商业组织成立、生存和发展的基础和重要资源。企业首先要明确客户的定义，这样才能为客户的获取制定准确的策略。客户所指的对象和范围有哪些？从不同的管理角度，客户的定义和范围会不一样。

对于一个大型的在线旅游平台而言，其客户包括但不限于：

① 在旅游网站寻找信息的潜在用户。

② 在旅游网站上订购产品的用户。

③ 酒店、景区、机票/火车票/船票/汽车票、邮轮、租车公司、签证、保险公司等产品的供应商。

④ 有合作关系的大型企业负责差旅和会议的部门。

⑤ 参与 OTA 平台产品分销的中小旅行社和旅行网站。

对于一家五星级酒店而言，其客户包括但不限于：

① 在酒店消费的客人。

② 关注酒店社交媒体账号的粉丝。

③ 与酒店签署合作协议的公司、政府部门、会议组织者、差旅公司、协会、旅行社等。

④ 为酒店提供客房、生鲜、设施设备的供应商。

此外，企业所提供的产品和服务是多岗位甚至多部门协作完成的，在客户的整个服务流程中，任何一个岗位或部门负责的流程出现问题，都会对企业商业目标的实现造成影响。在酒店客房服务中，客人会首先抵达前台，然后完成入住手续办理后再去客房，即便前台员工为客人提供高效的 Check-in 服务，但如果客房部不及时清理出房间，也会导致客人不满甚至给出差评。在这种情况下,客房部员工是前台部员工的"内部客户"。

综上所述,客户的定义范畴既包括自然人,也包括机构组织;既包括终端消费者,也包括供应商、分销商;既包括外部客户,也包括作为"内部客户"的企业员工。总而言之,**一切有助于企业商业目标实现的利益相关者都是客户**。这个定义是从广义角度阐述的,说明企业各个管理和运营环节都需要面对不同类型的客户,企业的每一个职能部门都需要服务不同类型的客户。在企业的实际运营场景中,客户的定义多是从狭义角度去理解,**特指有潜在意愿或者明确行动去购买企业产品和服务的自然人或者机构组织**。在本书中,客户的定义采取的是狭义角度的概念。

旅游和酒店企业无论规模大小,每天都会面对一定规模的客户。随着企业持续的经营,客户的数量也在不断累计。根据19世纪末20世纪初意大利经济学家帕累托提出的"二八"法则(即帕累托法则,Pareto's Principle,见图1-1),在购买企业产品和服务的自然人或机构中,有20%的客户会给企业带来80%的业绩或者利润。企业在进行客户关系管理和运营的时候,理所应当更加注重20%的重点客户群体,也会投入专门的资金去购买甚至开发合适的客户关系管理系统。企业客户管理的目标是确保与20%的重点客户群体建立良好的关系,促使这些客户有产品和服务需求的时候,优先选择该企业的产品和服务。

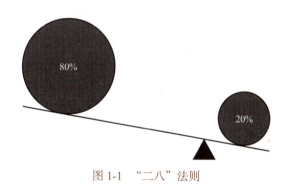

图1-1 "二八"法则

"二八"法则说明了20%重要客户的价值,另外80%的客户虽然数量多,但过于分散而且单个客户的贡献率不高,所以企业投入资源进行客户管理的投资回报率并不理想。但随着人类社会进入移动互联网、大数据和人工智能时代,80%的客户可以用数字化的方式进行个性化互动管理,这些客户的价值就凸显出来了,基于长尾理论的商业模式随之开始盛行。

长尾理论(The Long Tail)是由美国《连线》杂志主编克里斯·安德森(Chris Anderson)在2004年提出的,他认为在互联网生态中,由于没有货架空间的限制和其他供应瓶颈的限制,那些需求不多或不被重视、边缘化的产品共同占据的市场份额,可以匹敌甚至大于那些数量不多的畅销品所占据的市场份额。长尾理论同样适用于客户的划分,技术的发展使得信息传播和沟通成本越来越低,原来难以重点关注的、位于80%长尾端的小型客户可以通过数字工具和方法进行个性化互动，对客服务模式从"人对人"向"计算机对人"演变，这就可以满足位于长尾端客户的个性化需求，从而形成了独特的、基于长尾客户的规模经济。长尾理论完美补充了帕累托需求曲线尾部。因此，客户关系管理和运营要针对不同的群体采用不同的策略。对于旅游和酒店企业而言，在数字经济时代，要更加重视 80% 的长尾端客户的关系管理。

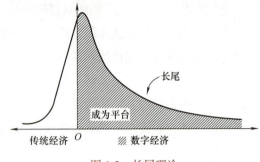

图 1-2　长尾理论

长尾理论见图 1-2。

在本书中，客户的定义特指有潜在意愿或明确行动去传播企业内容、参与企业互动、以有价凭证或物品换购企业产品和服务的自然人和机构组织，既包括 20% 的头部客户，也包括 80% 的长尾端客户。

2. 客户、用户和消费者的区别

在英文环境中，客户可以翻译为 Customer、Client 以及 Consumer。这几个单词之间是有区别的。Customer 是指从商业公司购买产品的自然人或机构，而 Client 是指从专业公司购买特定服务的自然人或机构，Consumer 是指产品的终端使用者，但不一定是产品的最终购买者。

在中文环境中，除了"客户"外，还常常用"消费者""用户"来指以有价凭证或物品换购企业产品和服务的自然人和机构组织。这三个名词概念之间有什么区别呢？

从严格意义上区分，消费者通常是泛指企业产品和服务所定位的潜在对象，是企业商业模式成立的基础；用户则是指产品和服务的潜在用户或者最终使用者。企业需要从消费者群体中找到适合企业定位的潜在用户，并采取各种手段促进转化，将潜在用户变成真正的产品使用者，这是企业得以生存的基础；客户是用户对企业的产品和服务产生了认可和依赖，当其再次有需求的时候，会优先购买这一企业的产品和服务的人或者会主动向亲朋好友传播企业产品和服务的人，具有重复购买行为和推荐行为。

本书会根据上下文描述需要而采用"消费者""用户""客户"等不同词语。

3. 客户的获取渠道

客户的获取能力是企业生存和发展的基础。在数字时代，由于企业和客户所处环境已经从一个"离线"的环境变成一个随时"在线"的环境，企业获取客户的渠道从线下到线上全面覆盖。在旅游和酒店企业，常用的线下获客渠道有预约拜访、旅游博览会推广、企业内部和外部广告推广、传统旅行社分销渠道合作；但线上获客渠道更加丰富，因为客户获取信息的形式和渠道多样化，线上获客渠道不仅仅是 OTA（如携程、美团）、官方网站、电商平台（如飞猪）等，还包括微信、微博、抖音等社交自媒体，小红书、大众点评等内容分享平台以及各类社群、意见领袖渠道等。

旅游和酒店业线上和线下的获客渠道见图 1-3。

图 1-3　旅游和酒店企业线上和线下的获客渠道

不同类型和属性的客户，在获客渠道方面也不一样。在酒店业，协议客户的获客渠道包括预约拜访、展览会、客户款待、联谊活动、电话销售等；而自由散客（FIT）的获客渠道则更多来自于 OTA、官方网站、在线广告等。对于目标市场为 90 后的年轻客群来说，企业的获客渠道要重视飞猪、抖音、小红书、大众点评等平台渠道。

4. 客户的转化

从消费者到用户再到客户，存在一个连续的转化过程。在这个转化过程中的不同阶段，根据客户与企业建立关系的程度，可以将客户分为潜在客户、成交客户、忠诚客户和拥护客户。客户关系转化漏斗见图 1-4。

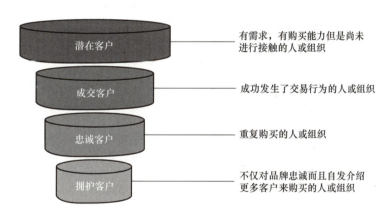

图 1-4　客户关系转化漏斗

在正常情况下，第一个阶段的客户总数量会超过第二个阶段的客户总数量。这个转化过程实际上形成了一个上宽下窄的漏斗状图形。企业的营销目标就是提升每个阶段客户的获取数量，并提升每个阶段向另一个阶段的转化率。从客户关系管理角度来说，转化漏斗也可以视之为一种客户分级管理的方法，在不同阶段对客户采取合适的营销和运营策略。从营销角度来说，转化漏斗反映了营销的本质：让客户来、让客户反复来、让客户带着朋友来。

随着移动互联网和社会化媒体的深入普及，旅游企业与时俱进的客户运营方式就是通过线上获取尽可能多的潜在客户，并对获取的潜在客户数据进行分析，然后再进行客户细分和分群；接着针对细分后客户群体制定个性化的营销策略，从而促使更多的潜在客户转化为成交客户。对于成交客户，企业运营的重点是将成交客户转化为忠诚客户，并将忠诚客户转化为拥护客户。这就形成一个客户营销和运营的闭环。企业需要做的是尽可能通过各种营销和运营方法扩大位于转化漏斗最上层——潜在客户的接触量，然后借助于合适的方法和技术逐层转化。

企业的业务模式不同和技术应用阶段不同，转化漏斗也会有所差异。旅游和酒店企业的客户既包括自然人，也包括机构组织，在业务模式上，存在ToC（To Customer，即面向终端个体客户提供产品和服务）、ToB（To Business，即面向企业级客户提供产品和服务）和ToG（To Government，即面向政府机关提供产品和服务）三种模式。对于ToB业务，客户转化周期比ToC要长，而且要经过大量的线索接触，才能找到合适的潜在客户，并且客户的决策机制也更为复杂，通常是多人决策。因而，转化漏斗的第一个阶段是销售线索（Leads），然后再经过甄选甚至拜访，才能确定是否是可以继续跟进培养的潜在客户。

客户关系转化漏斗（ToB业务）见图1-5。

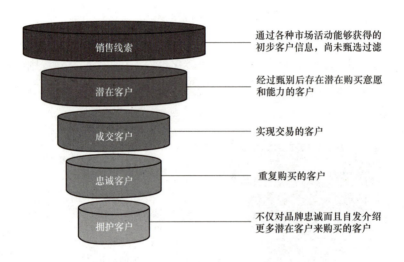

图1-5　客户关系转化漏斗（ToB业务）

在酒店业，对于企业级客户的分级管理方法多采用ABC分类法，即根据客户的消费贡献大小，将客户分为A级客户、B级客户和C级客户。这种ABC分类方法对于酒店业的协议客户管理是非常有效的，有助于销售人员集中重点资源维护大客户的关系。但这种ABC分级方法没有考虑客户的获取阶段，仅仅是对达成意向的客户以及成功交易客户的一种分类方法。当市场竞争发展到成熟阶段，通过传统方式获取潜在客户的难度会越来越大，企业势必要注重销售线索和潜在客户的获取，基于转化漏斗模型开展客户关系管理和运营也会越来越受到企业的重视。

【本节概述】

对客户的概念从不同角度进行了深度的讨论，从广义角度定义，一切有助于企业商业目标实现的利益相关者都是客户；从狭义角度定义，客户特指有潜在意愿或明确行动去传播企业内容、参与企业互动、以有价凭证或物品换购企业产品和服务的自然人和机构组织。在数字时代，客户的获取渠道覆盖线下到线上，并且线上获客渠道更加丰富。

在企业营销和客户管理中，客户根据关系建立和发展阶段的不同，有消费者、用户和客户等不同称谓，这种客户关系的发展阶段可以用客户关系转化漏斗来准确描述，根据漏斗图形将客户从上至下分为潜在客户、成交客户、忠诚客户和拥护客户。

【主要术语】

1）"二八"法则：又称之为帕累托法则，即80%的结果是由20%的变量产生的，例如一家公司80%的销售贡献来自20%的客户。

2）长尾理论：将"二八"法则中的20%作为头部，80%作为尾部，商业的中心从需求曲线头部的少数大热门转向需求曲线尾部的利基产品和市场。只要渠道足够大，非主流的、需求量小的商品销量也能够和主流的、需求量大的商品销量相匹敌。

3）客户：从广义角度定义，一切有助于企业商业目标实现的利益相关者都是客户；从狭义角度定义，客户特指有潜在意愿或明确行动去传播企业内容、参与企业互动、以有价凭证或物品换购企业产品和服务的自然人和机构组织。

4）客户关系转化漏斗：企业为了实现最终的商业目的而设计的消费者转化路径，分为销售线索、潜在客户、成交客户、忠诚客户、拥护客户等不同阶段，各个阶段彼此相连，通过运营手段，引导消费者按照企业的期望目标从一个阶段进入下一个阶段。由于上一个阶段的客户总数量会超过下一个阶段的客户总数量，这个转化路径会呈现为一个上宽下窄的漏斗状图形。

5）ABC分类法：根据客户的消费贡献大小，将客户分为A级客户、B级客户和C级客户。

【练习题】

一、自测题

1）请从广义角度和狭义角度，分别说一下酒店的客户有哪些。

2）请从广义角度和狭义角度，分别说一下旅行社的客户有哪些。

3）根据"二八"法则，酒店业中哪些客户属于20%的部分？

4）根据长尾理论，酒店业中哪些客户属于长尾部分？

5）ToC和ToB商业模式下的客户有什么区别和特点？

6）ToC和ToB商业模式下，客户关系转化漏斗的各个阶段分别是什么？

二、讨论题

1）请根据图1-3中列举出来的获客方法，讨论一下哪些获客方式适用于ToC模式，哪些获客方法适用于ToB模式。

2）请在线搜索和观看"Steal Banksy店藏名画，欢迎来偷"故事短视频，这是澳大利亚Art Series酒店的营销案例，曾经获得过戛纳公关金奖。然后讨论这家酒店的获客方式，并绘制相关的客户关系转化漏斗图，然后针对转化漏斗每一层的转化方法进行说明。

第二节 客户关系的定义

1. 客户关系的定义

客户和企业是互为利益相关者，客户对于企业及其产品和服务选择会以最利己的心理角度进行决策。而对于企业的客户管理和运营工作来说，就是从客户心理角度帮助客户做出最有利于企业利益的选择。由于双方立场的差异，企业和客户之间建立沟通关系就显得至关重要。企业需要主动接触客户并建立能够双向互动的联系，这种双向互动的联系就是客户关系。

从心理学来说，客户关系的建立是需要基于互惠法则（Law of Reciprocity）。互惠法则是一种交换条件。客户选择某企业产品和服务，不仅付出货币成本，还有时间成本、精力成本、心理成本等沉没成本，因而企业必须回报相应的价值。

康奈尔大学丹尼斯·雷根（Dennis Regan）教授做过一个有趣的实验，他邀请两个人（一名是真正的实验者，另一名是实验助手假扮的实验者）参加一次艺术欣赏活动，两人被要求为一些艺术品进行评分。在为艺术品评分的休息期间，假扮实验者会出去一会儿。

实验设置了两个场景。一个场景是假扮实验者回到活动现场，并带回来两瓶可口可乐，其中一瓶赠送给真正的实验者，另一瓶则留给自己；另外一个场景是他两手空空地回到活动现场，什么都没带回来。

在两个场景中，假扮实验者都会同真正的实验者继续聊天，并声称他自己正在为一家汽车公司销售奖券，每张售价0.25元，如果他卖掉的奖券最多，那么他将能够得到汽车公司的一笔奖金。然后他会问真正的实验者能否帮忙买一些，多少都行。结果，中途获赠一瓶可口可乐的真正的实验者购买奖券的张数，比未获赠可口可乐的要多两倍。

实验结果表明，尽管赠送可口可乐和兜售奖券并不是同时进行的，而且兜售奖券时也并没有再提到可口可乐的事儿，但是被测试者还是会受到亏欠感的影响，并愿意对此礼尚往来。

这个实验从心理学角度证明了基于负债心理的互惠法则：对于他人的某种行为，我们要以一种类似的行为去回报。如果他人给了我们某种好处，我们应该以另一种好处来报答这份恩惠，而不能对此无动于衷。

无独有偶，在《论语·阳货》中，子张问仁于孔子，孔子曰："能行五者于天下为仁矣。"请问之，曰："恭、宽、信、敏、惠。恭则不侮，宽则得众，信则人任焉，敏则有功，惠则足以使人。"这个"惠则足以使人"也证明了互惠法则。

从雷根实验中可以得出一个结论，客户关系实质上是一种回报关系，是指企业和客户在互动过程中彼此为对方创造了价值，为了持续创造价值而建立的回报关系（Return on Relationships，ROR）。在旅游和酒店业，客户购买的是体验性的产品和服务，这种属性的产品和服务对于客户来说有较高的沉没成本。沉没成本是指已经发生且无法挽回的成本支出。

客户付出了精力、时间、金钱去换购旅游企业的产品和服务，但如果得到的服务体验不佳，所付出的精力、时间和金钱是无法挽回的。因此，从客户关系建立的角度，为了让客户按照企业期望的角度和利益进行决策，企业都需要考虑给客户"有过之而无不及"的回报，这样才能够建立一种可持续性的互惠关系。

2. 客户关系建立的意义

企业与客户建立互惠的关系，使得客户能够做出有利于企业的决策，这对企业在激烈的市场竞争中生存和发展具有重要的意义，见图1-6。

图1-6　客户关系建立的意义

（1）有助于帮助企业获取更多的市场份额

市场份额是指在目标市场中，某企业的某一产品的销售数量或者销售金额在同类产品中所占的比重。市场份额反映了企业的获客能力和获客规模。

在酒店业，市场分析人员会用市场渗透率指数（Market Penetration Index，MPI）来衡量酒店的市场份额情况。

市场渗透率指数（MPI）的计算公式为

$$市场渗透率指数 = \frac{酒店的出租率}{竞争圈内酒店平均出租率} \times 100\%$$

MPI指数 >100%，表示酒店的市场份额高于竞争对手；MPI指数 <100%，表示酒店的市场份额弱于竞争对手。因此，要提升MPI以及酒店出租率，就需要通过建立良好的客户关系来获得更多客户的支持。

（2）有助于开展忠诚度计划，提升钱包份额

在数字时代，消费者获取信息的渠道极其丰富，信息越来越透明，使得通过智能设备"武装"的消费者越来越理智。企业要保持对市场的控制力和对客户的影响力也越来越困难。市场主动权不再在企业这一边，而是在消费者这一边。消费者在不同的场景、不同的触点，有不同的诉求，并随时利用不同的数字工具去搜索、查询、比较信息，从而做出最有利于他们的决策。因此，企业获取新客户的成本将比以往都高。在线上，企业获取一个新客户的成本从几元飙升到成百上千元；在线下，企业获取客户的渠道越来越少，市场份额的获取颇为艰难。旅游业是一个市场化和在线化程度非常高的行业，获取新客户同样面临高昂的成本，但旅游业的有利条件是在线下拥有规模化的客户群体，与这些客户建立良好的客户关系，会促进这些客户的回头率并增加客户推荐的机会。虽然在线旅行社（OTA）已经控制了线上流量的入口，但还是要把客户送到旅游企业的服务场所。为此，旅游企业需要想方设法和来自不同渠道的客户建立直接的关系，锁定他们下一次的预订及未来的消费，也就是获得更多的钱包份额（Wallet Share）。钱包份额是指客户在企业竞争对手之间分配消费额的比例。比如，一个家庭一年的旅行预算是1万元，如果这1万元消费都是选择了甲、乙两家旅行社，在甲旅行社消费了0.7万元，而在乙旅行社消费了0.3万元。那么，乙旅行社在这个家庭客户的钱包份额就是30%。

因此，和客户建立和维护良好的关系，有助于提升企业的钱包份额。

（3）有助于洞察客户需求，成为超细分市场的"隐形冠军"

企业的经营只有以客户需求为导向才能获得客户的支持。不同细分市场的客户需求是不同的。特别是在旅游行业，由于存在多个细分市场，客户的旅游决策动机是多样化的，即便是同一个细分市场，在整个用户的消费旅程中，不同场景、不同触点上都有不同的需求。企业只有和目标市场的客户建立良好的客户关系，才能有更多的机会走进客户，了解客户深层次的需求，从而提供符合客户需要的产品和服务。

企业与客户保持良好的关系并与客户进行更多的互动，就有机会发现一些超细分市场。比如亲子旅游是各大旅游企业非常重视的细分市场，但学龄前和上学后的亲子家庭对旅游产品的需求是不同的。旅行社或者酒店针对孩子在不同年龄阶段的家庭提供不同的产品组合，有助于获得亲子游客户对品牌的认同，他们会认为企业了解他们的内在需求，从而成为企业的忠诚客户，进而成为企业的"品牌大使"，并向自己的亲朋好友推荐。可以说，良好的客户关系使得企业避免陷入"价格战"。企业越能够深入洞察所定位细分市场的客户需求，就越有能力有效发现和开发超细分市场，成为德国管理学家赫尔曼·西蒙提出的"隐形冠军"（Hidden Champions）。

（4）有助于建立"私域流量池"，确保业务的可持续发展

企业的产品销售渠道通常包括分销和直销，而且传统的分销和直销渠道也加速在线化。由于大型电商平台的高速发展和普及，在给消费者带来便利的同时让消费者产生了依赖性，消费者养成在平台上消费的习惯。对于产品的生产者而言，虽然与电商平台合作会获得源源不断的订单，但同时也就是将对营销和客户的控制权交给了电商平台。在马太效应的作用下，企业的营销和客户运营的"生命线"正在逐步被大型电商平台掌握。这种情况在旅游行业尤为突出，很多旅行社和酒店的订单来自于携程、美团等OTA平台，如果企业不遵循电商平台既定的规则，订单就会受到影响。在线分销实际上是一柄"双刃剑"，旅游企业如果对OTA平台形成依赖，就会将市场主动权拱手让人。但如果能够利用源源不断输送客源的OTA渠道获取新用户，建立"私域流量池"，即建立自有用户的"运营池"，并与这些用户建立良好的客户关系，就会有助于企业的可持续发展。

移动互联网将PC互联网时代的离线世界变成一个随时在线的世界，与客户的连接和互动可以随时随地进行。企业可以充分利用移动互联网去连接不同渠道而来的用户，比如引导用户下载企业的智能手机客户端，让用户关注企业的微信公众平台，这样企业和用户之间就形成了随时在线的连接关系，企业就具备了向这些进入"私域流量池"的用户直接进行推广、销售和服务的条件和能力。所以，明智的旅游企业管理者都非常重视在线直销的工作，在发展官方网站的会员、自有移动端的下载用户和社交自媒体账号的粉丝上不遗余力，目的是连接客户，形成企业可以直接管理和运营的"私域流量池"，这样就确保了企业业务的稳定性和持续发展能力。

3. 客户关系建立的质量

有鉴于良好客户关系的建立对企业有重要的意义，企业都在不遗余力地与客户建立高质量的关系，因为关系的质量程度会直接影响企业的市场竞争能力。

如何衡量客户关系建立的质量呢？比较有代表性的观点是从长度、深度和宽度三个维度来衡量企业客户关系方面的质量。客户关系的长度是指客户与企业保持关系的时间长短，也称为客户关系生命周期；客户关系的深度是指客户与企业保持关系的质量，衡量客户关系质量的指标有客户评价、客户推荐、客户复购、客户综合消费、交易额等；而客户关系的宽度是指企业建立回报关系的客户的规模，衡量客户关系宽度的指标主要是客户的数量和增量。

基于客户关系的长度、深度和宽度来评估客户关系的质量为企业开展客户关系管理提供了一种评估模型，但并没有指明企业建立高质量的客户关系所需要的内在机制。这个内在机制就是如何建立以细分市场为基础，以满足客户真正需求为导向的管理和运营机制。

所谓细分市场就是具有共同需求的一部分用户群体。以酒店业为例，细分市场可以首先分为团队市场和散客市场两个大的细分市场，然后可以进一步细分。团队市场可以进一步细分为旅游团队、商务团队、会议团队等；散客市场可以进一步细分为协议散客和非协议散客。在每一个细分市场中，还可以再次划分若干个超细分市场，比如非协议散客市场，又包括休闲散客、度假散客、观光散客、会展散客、商务散客；而休闲散客可以超细分为家庭、亲子、情侣等。每一个超细分市场的客户都会有特别的需求。如果不能基于（超）细分市场洞察客户需求，并满足客户需求，就很难与客户建立高质量的关系。

客户的需求是指客户的欲念或愿望，包括显性需求和隐性需求，见图 1-7。显性需求有如露出海平面的冰山，是可以直观感受到的用户需求；而隐性需求有如海平面下的冰山，是客户内心最深层次的愿望或心愿，甚至客户也有可能无法用语言清楚描述。

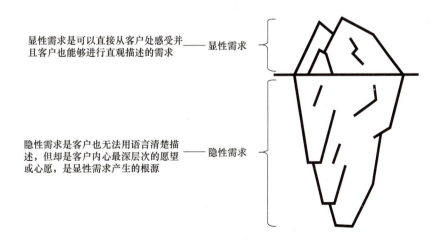

图 1-7　显性需求和隐性需求

例如，某大型综合旅游度假区在"六一"儿童节前夕推出的微视频《爸爸，再不陪我，我就长大了》触动了很多身为人父的男性内心。在亲子游细分市场，母亲是作为决策者和陪伴者，但男性通常因为忙于工作，更多是作为买单人，较少时间陪伴孩子。这个广告准确抓住了亲子游市场中父亲的隐性需求，就是通过带孩子去该综合旅游度假区游玩，来减少自己因为较少陪伴孩子而产生的内疚感。

福特公司创始人亨利·福特（Henry Ford）曾说过："如果我问人们需要什么，他们会说需要更快的马。"无独有偶，苹果公司创始人史蒂夫·乔布斯（Steven Jobs）也说过："针对某些人群设计产品是非常困难的，人们通常不知道他们要什么，直到我们拿出来。"所以，高质量的客户关系建立都是有赖于客户隐性需求的挖掘和满足。

除了将客户需求分为显性需求和隐性需求外，还有一些更为细致的分类方法。东京理工大学教授狩野纪昭（Noriaki Kano）提出了 KANO 用户需求模型（Kano, Seraku, Takahashi, & Tsuji, 1984）。在这个模型中，客户需求被分为五种类型，见图 1-8。

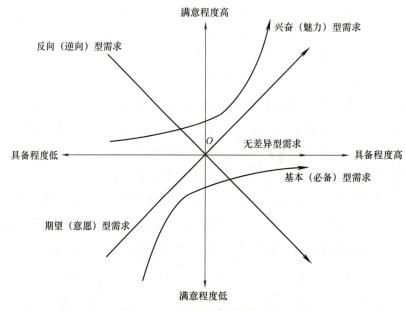

图 1-8 KANO 用户需求模型

① 基本（必备）型需求（Must-be Quality/ Basic Quality）：客户认为理所应当具备的属性或功能，当该种需求不能满足的时候，会大幅降低客户满意度。

② 期望（意愿）型需求（One-dimensional Quality/ Performance Quality）：当该种需求满足的时候，会导致客户满意度显著提升，反之亦然。

③ 兴奋（魅力）型需求（Attractive Quality/ Excitement Quality）：满足该类型需求的情况下，客户满意度会显著提升。但如果不满足，也不会导致客户不满意。

④ 无差异型需求（Indifferent Quality/Neutral Quality）：无论满足与否，都不会提升或者降低客户满意度，客户完全不在意。

⑤ 反向（逆向）型需求（Reverse Quality）：客户没有需求，提供后反而会导致客户不满意。

高质量的客户关系建立机制就是要深度洞察客户内心的愿望，从关注客户的显性需求转向关注客户的隐性需求，从关注基本型需求转向关注期望型需求和兴奋型需求。

4. 客户关系建立的过程

客户关系的建立不是一蹴而就的，而是存在一个动态循环的过程。斯特劳斯（Strauss）和弗罗斯特（Frost）2015年提到客户关系管理有三大支柱，分别是客户关系管理（Customer Relationship Management，CRM）、客户体验管理（Customer Experience Management，CEM）和客户协同管理（Customer Collaboration Management，CCM）。这三大支柱和客户关系建立的过程有异曲同工之处，客户关系建立的过程有三个核心环节，分别是客户接触、客户体验和客户协作，见图1-9。

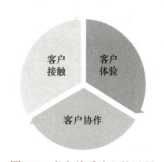

图1-9 客户关系建立的过程

（1）客户接触

企业和客户之间的关系建立不仅是在面对面接触场景中，当企业的品牌开始在市场上推广，潜在客户接触到品牌信息时就已经是客户关系建立的开始了。在数字环境中，客户和企业建立关系的第一场所已经不再是线下场所，而是在社交媒体、搜索引擎、官方网站、内容分享平台、网上社群等线上场所中。自消费者从线上接触到品牌开始到消费完成的整个消费过程中，企业的内容、产品、服务、人员和客户之间会产生众多的接触点。客户关系就是在每一个接触点上建立起来的。当企业和（潜在）客户在某一个接触点上接触后，为了确保客户关系的可发展和维护性，企业所需要做的就是立即与（潜在）客户建立连接关系，这种连接关系赋予企业和客户保持后续联系的能力。因此，客户接触和连接是客户关系建立的前提条件。

在酒店业，在线旅行社是酒店的在线渠道客源的主要输送方。当一个客人通过OTA渠道预订并入住了酒店，第一个接触点在大多数情况下是酒店前台。如果在客人入住的时候，酒店并没有留下客人的任何联系方式，当客人离店后，酒店是很难再和这个客人进行主动联系了。注重客户关系建设的酒店，通常的做法就是在前台这个接触点引导客人留下联系方式，以便后续的服务跟进和关系建立。"连接"是在接触点进行接触的结果。在移动互联网生态下，将社交媒体官方账号、智能手机客户端作为连接客户的工具是更为重要的。因为，客户在基于移动互联网和社交媒体工具上的互动行为数据是可以通过技术手段被合法和合规地采集，进而进行分析的，从而能够帮助企业进一步勾勒客户的特征、消费行为和偏好，为建立高质量的客户关系奠定数据基础。

（2）客户体验

当企业和客户建立"连接"关系后，就要以客户需求为导向，通过对接触点的客户体验设计，让客户在关键时刻获得其所期望甚至超越期望的服务或消费体验。否则，即便在某个接触点上诱导客人在官网上注册账号、关注社交媒体账号或者下载智能手机客户端，从而实现客户连接的目的，但这个客户也是不活跃的并且难以"激活"。客户付出了金钱、时间、精力和期望，如果得不到预期的体验和价值，客户关系就会受到损害。企业要高度重视在关键接触点的客户体验打造，为客户带来期望甚至兴奋的体验。客户体验是客户关系建立的关键环节。

在服务业，客户服务体验的塑造有两种方式：一种是传统的基于人力工作的服务体验；另外一种是基于数字技术的智能化服务体验。例如，在机场、酒店和景区，客人可以去柜台人工办理Check-in手续，也可以到自助设备上自行办理。这种自助设备，可以称之为自助服务技术（Self-service Technology，SST）。在客户体验设计的发展趋势方面，SST正在替代传统的基于人力工作的服务体验设计，因为相对于人工服务，SST可以给客户带来更便利的体验，如节约时间、服务快速、时间便利、地点便利、节约费用等。而对于企业来说，运用SST技术能够更好地控制服务体验传递过程，获取更多客户互动数据，进而不断地高效满足客户的更多需求，提供更加优质的服务体验。

值得关注的是，大数据和人工智能的技术发展，为企业采用营销自动化技术提供优质的客户体验创造了更多机会和能力。企业可以根据所采集的用户数据分析得出用户偏好，自动向客人推荐合适的内容、产品或服务。当客户在官网上访问注册，或者关注了企业的微信公众平台，或者下载了企业的智能手机客户端APP，企业就有能力借助于数据技术手段采集和分析客户的行为偏好，从而在合适的时间向合适的客户通过合适的工具传递合适的内容。这种基于营销自动化技术的客户体验设计将传统的"人对人"服务进一步转向"算法对人"服务的时代。比如在很多电子商务平台上，用户会发现这些平台越来越能够理解用户需求，当用户浏览了某种产品，接下来在这个电子商务平台的界面上都是在推荐与用户浏览产品相似的或者相关的产品推荐，这是一种千人千面的个性化的互动体验设计，比面对面的服务体验设计要更为便捷、高效和准确。

（3）客户协作

在给客户创造良好的服务体验后，良好的客户关系就初步建立起来了，但高质量的客户关系建设不仅仅是让客户反复来消费，而是让客户成为企业的品牌宣传大使。这就需要在客户关系的发展上，企业和客户进行更多的互动，赢得客户的信任，持续让客户做出企业所期望做的事情，例如让客户参与产品的开发、客户关系质量的提升和新客户的推荐等。

在设计客户协作机制，WIIFM（What's In It For Me，即"我能从中得到什么好处"）原则很重要。客户的决策通常都是基于"利己"或者"利他"角度，为了让客户能够参与和配合企业的商业目标，一定要站在客户的角度，不仅仅要做到"己所不欲，勿施于人"，还要为客户的付出给予"有过之而无不及"的回报。例如，基于"自用省钱、分享赚钱"机制的社交电商就是建立在信任价值和商业价值交换基础上的客户协作机制设计，让客户不仅仅自行消费，还在朋友圈带货，推荐朋友来消费。拼多多通过微信社交链的分享传播，居然在当时淘宝、京东已经几乎垄断的电商市场夹缝中成长起来，在美国纳斯达克成功上市，并在市值上超越了很多传统的互联网巨头。在酒店行业，基于微信生态链的全员营销和全民分销创造了一个又一个的微信商城预售记录，都是客户协作机制的成功设计案例。

客户协作的基础是企业优质的产品和服务体验，并在这个基础上建立了高度的信任和态度忠诚，从而使得客户产生协作的意愿和行为，帮助企业更好地实现商业目标。可以说，客户协作的深度反映客户关系质量的深度，是高质量客户关系形成并深入发展的动力。企业不仅仅需要拥有客户的忠诚，而且还将客户变成了企业一个"品牌大使"和"编外销售员"。

客户关系的建立是个循环的过程，每一次的互动都是为了下一次的接触或者创造更多的接触机会，然后在每一次接触中给予客户新的体验，而客户不断获得的满意体验会促使客户产生更多的协作行为。

【本节概述】

企业需要主动接触客户并建立能够双向互动的联系关系，这种双向互动的联系关系就是客户关系。客户关系的建立是基于互惠法则，实质上也是一种回报关系。客户关系的建立有助于帮助企业获取更多的市场份额；有助于开展忠诚度计划，提升钱包份额；有助于洞察客户需求，成为超细分市场的"隐形冠军"；以及有助于建立"私域流量池"，确保业务的可持续发展。

高质量的客户关系建立需要以细分市场为基础，并建立满足客户真正的需求为导向的管理和运营机制。这种机制要能够深度洞察客户内心的愿望，从关注客户的显性需求转向关注客户的隐性需求；从关注基本型需求转向关注期望型需求和兴奋型需求。

客户关系建立的过程有三个核心环节，分别是客户接触、客户体验和客户协作。客户接触的结果是客户连接，这是客户关系建立的前提条件；客户体验的设计是客户关系得以建立和发展的关键环节，基于SST技术和营销自动化技术的智能化服务体验为良好客户关系的建立提供了新的模式和方向；而客户协作机制是高质量客户关系形成并深入发展的动力。

【主要术语】

1）客户关系：客户和企业之间是互为利益相关者，企业需要主动接触客户并建立能够双向互动的联系关系，这种双向互动的联系关系就是客户关系。

2）互惠法则：互惠法则是一种交换条件，对于一方的付出，另外一方需要予以响应的回报。

3）市场份额：市场份额是指在目标市场中，企业的某一产品的销售数量或者销售金额在同类产品中所占的比重。

4）钱包份额：客户在企业竞争对手之间分配消费额的比例。

5）隐形冠军：不为公众所熟知，但在某个细分市场拥有核心竞争力并占据领先地位，其产品和服务难以被竞争对手模仿和超越的中小型企业。

6）私域流量池：不用经过任何第三方，企业自行掌握并可以直接接触、识别、沟通、互动与交易的用户数据池。

7）显性需求：可以直接从客户处感知并且客户也能够进行直观描述的需求。

8）隐性需求：客户也无法用于语言清楚描述，但却是客户内心最深层次的愿望或心愿，是显性需求产生的根源。

【练习题】

一、自测题

1）为什么说客户关系是建立在"互惠法则"基础上的一种回报关系？

2）客户关系是如何帮助企业提升市场份额和钱包份额的？

3）如何理解客户关系和细分市场"隐形冠军"之间的关系？

4）如何理解客户关系和"私域流量池"之间的关系？

5）在亲子游市场，哪些是显性需求？哪些是隐性需求？

6）为何说客户连接是客户接触要实现的结果？

7）SST技术在服务体验打造上有哪些优势？

8）为什么在设计客户协作机制的时候要考虑WIIFM原则？

二、讨论题

1）根据东京理工大学教授狩野纪昭（Noriaki Kano）提出的KANO用户需求模型，对五星级酒店的产品服务进行线上或线下调研，分别找出哪些产品和服务是基本型需求、期望型需求、兴奋型需求、无差异需求和反向型需求。

2）根据客户关系建立的三个核心环节，选择一个旅游业态，讨论客户接触、客户体验和客户协作的具体方法。

第三节　客户关系管理

1. 客户关系管理的职责

客户关系的建立过程包括客户接触、客户体验和客户协作三个环节。如果客户关系运作良好，这三个环节可以形成一个完整的闭环，企业在各个接触点与客户接触，并在接触点上给客户创造良好的体验，使得客户能够协同企业的营销行为，为企业带来更多的潜在客户，这些潜在客户在接触点与企业接触和进行体验。所以，客户关系的管理就是要基于这个闭环进行管理，并将闭环中的三个环节作为客户关系管理的主要职责，分别是全接触点管理、客户体验运营和客户协作建立。这三个职责互为犄角，构成相互关联、相互支撑的稳定三角，见图1-10。

图1-10　客户关系管理的三角模型

(1)全接触点管理

在消费者旅程(Consumer Journey)中,企业的品牌信息、营销内容、员工、产品和服务都与(潜在)客户有诸多交集,这种交集就是接触点。每一个接触点都是客户关系建立、发展和转化的地方。因此,客户关系管理要基于全接触点进行管理。

全接触点管理有两个关键任务,就是在接触点的客户接触和客户连接。接触是品牌信息传递的方法和渠道;连接是接触的结果,是建立起对客户的识别和互动的条件。

曾经担任金陵连锁酒店集团总裁的陈雪明先生阐述了对接触点的看法,他认为:"酒店任何经营活动的发生都是酒店的人、产品、方法、工具与客户接触的结果,而这种接触是全方位、全时段、全形式的。我们可以把这种接触视为企业和用户两者关系的连接点。"

出于对客户接触点管理的重视,2018年,金陵连锁酒店和问途信息技术有限公司签署了合作协议,利用双方各自在酒店运营和营销技术方面的优势,开发酒店业全接触点营销模型,这个模型后来被命名为ATouch(All Touch 的简称)。ATouch全接触点营销模型如图1-11所示。

会议、康乐、购物五个方面进行市场细分。

陈雪明认为:"中国的任何细分市场都足够大,只要把自己的产品和服务能够满足某一特定细分市场的需求,并且做到极致,那酒店的经营就成功了。"

围绕每一个细分市场,从营销方法、营销渠道、营销工具、营销产品和团队五个方面去规划与客户最合适的接触方法,这就是全接触点营销模型的本质。

陈雪明将酒店业全接触点营销定义为:酒店业全接触点营销就是根据每一种接触提出了最合适的接触方法,以便于提升酒店与客户接触的成交效益。每一次营销的成果都是接触的成果,接触是营销的本质,研究营销就是研究接触的有效性,是通过研究人与人、人与物之间的接触,来提升营销效率。

酒店业全接触点营销的意义在于:

① 了解客户的需求,以便提供产品和服务。

② 确定接触哪一类的客户,用什么方法进行接触。

③ 方便客户了解产品和服务,以便进行选择。

④ 与客户达成有关的商业行为。

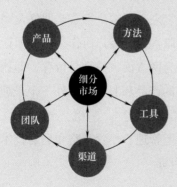

图1-11 ATouch全接触点营销模型(陈雪明、黄昕)

根据这个模型,首先将客户从客房、餐饮、

(2)客户体验运营

客户关系管理的第二个职责是客户体验运营。因为在接触点上和客户进行接触和成功连接后,就需要让客户感受企业产品和服务的价值,而客户体验实质上就是价值体验。之所以用"运营"而非"管理",是因为运营的对象应该是"客户",而管理的对象通常是企业的"团队"。数字时代的信息是透明的，消费者非常善于利用网络搜索信息，因此，市场的控制权并不在企业，而是在消费者手中。客户体验的运营并非易事，因为其属性与服务属性类似，都具有无形性（Intangibility）、差异性（Heterogeneity）、不可分割性（Inseparability）和易逝性（Perishability）[沃茨（Wirtz）和洛夫洛克（Lovelock），2018]，此外，实时性（Realtime）和精准性（Accuracy）也是客户体验的要求，见图1-12。

图1-12　客户体验属性

管理是通过计划、组织、指挥、协调及控制来实现企业目的。因为客户体验具有较为复杂的属性，单纯从企业视角进行管理是有很大局限性的，因而需要以客户需求为导向进行运营。对于一个无形、易逝、实时、精准、差异化和不可分割的客户体验，没有固定的范式，需要根据具体的客户、具体的场景去打破传统规则，进行颠覆性、创新性运营。

全接触点管理是要为了客户在接触点上的良好体验，从企业内部的流程和制度上创造前提条件；而客户体验运营指的是在每一个接触点上让客户感知产品和服务的价值，给客户带来预期甚至超越预期的满意度，从而促使客户做出有利于企业利益的行为。因此，客户体验运营也有两个关键任务，一个是培育，就是通过持续的信息传递工作让客户感知到企业品牌、产品或服务的价值；另一个就是转化，即促使客户做出有利于企业利益的行为，特别是交易行为。

（3）客户协作建立

营销的本质是"让客户来、让客户反复来、让客户带着亲朋好友来"。客户关系管理的前两个基本职责都是为了"让客户来"；而"让客户反复来、让客户带着亲朋好友来"就需要客户积极主动地协作。因此，客户关系管理的第三个职责就是客户协作机制，即让客户和企业一起完成有利于企业利益的任务。这些任务主要分为两方面，一个是留存，即让客户获得满意体验后加入企业的忠诚度计划以及继续使用企业的产品和服务；另外一个是拥护，即让客户成为企业"品牌宣传大使"和产品及服务"编外销售员"。

围绕客户关系管理这三个基本职责，企业需要在制度管理、经营策略和运营技术上制定相应的方法并付诸实施，从而实现客户关系管理的商业目标。

2. 客户关系管理的定义

如何对客户关系管理进行准确定义，站在不同的角度，会有不同的解释，因此并没有一个统一的标准。宏观的定义将客户关系管理作为一种战略，例如，Sarmaniotis, Assimakopoulos & Papaioannou（2013）将客户关系管理定义为以客户为导向的商业战略，目的是向每一个客户通过提供更为积极和个性化服务来提升客户满意和客户忠诚。微观的定义将客户关系管理作为一种技术解决方案或者一种流程，例如，Bose（2002）提出客户关系管理的核心是将技术和商业流程的结合，以便在和客户的互动中去满足客户的需求。

首先，客户关系管理是一种经营思想，是企业管理和运营行为的基础。即根据企业现有产品和服务方式的能力和环境，来确定企业以何种有效的管理和运营形式来吸引和服务目标客户，并促进目标客户的转化、留存和拥护。

曾担任金陵酒店集团总裁的陈雪明先生将酒店经营思想分为外向型经营思想和内向型经营思想。

前者是酒店与相类似的酒店进行显性比较，寻找比较优势，主要通过产品和价格开展客户和市场竞争，但比较容易趋同化，会比较被动。

后者是把自己公司的能力，包括显性和隐形的能力研究透彻，根据自身的营销、服务、管理等能力寻找市场和差异化优势，通过自身的能力和差异化打造进行客户和市场竞争。

酒店的市场竞争首先是客户定位，即酒店主要服务哪一类型客户和市场？并通过打造什么样的产品和服务特色和建立哪些差异化优势来获取这一类型的客户和市场？

其次，基于经营思想，客户关系管理是一套解决方案，这个解决方案包括技术、人、流程和数据四个方面，缺一不可。技术是指客户关系管理所用到的技术工具和相关知识；人是指开展客户关系管理所需要的管理和运营团队；流程是指围绕客户关系管理所需要建立的制度和流程标准；数据是指能够为洞察客户需求并提供个性化服务所需要掌握的客户相关数据。如图1-13所示，这四个条件相辅相成，共同构成了客户关系管理的整体解决方案。

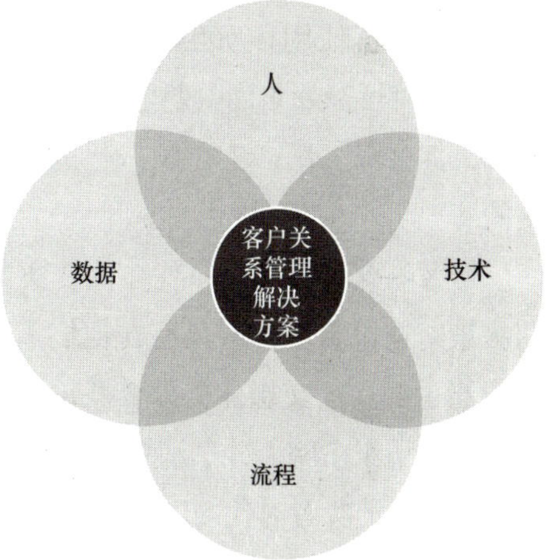

图1-13 客户关系管理解决方案

3. 客户关系管理的框架

客户关系管理作为一种经营思想以及一套整体解决方案，需要具有一定的开放性和前瞻性。因为企业所拥有的能力和资源会发生变化，企业面临的竞争对手、消费群体、技术工具、商业环境更是在不断改变。客户关系管理的思想和解决方案都需要与时俱进、不断优化。但无论如何改变和优化，客户关系管理的框架都需要具有一定的稳定性，以确保客户关系管理工作的有序进行和发展。

如果用建筑结构来比喻客户关系管理的框架，则由"地基层""基础层""地面层""承重柱"和"顶梁"构成。如图1-14所示，"地基层"是企业经营思想；"基础层"是企业的市场和目标客户的定位；"地面层"是客户关系管理的三个职责，即全接触点管理、客户体验运营和客户协作建立；"承重柱"是团队、技术、流程和数据这四大要素；"顶梁"是企业的产品和服务。

企业的客户关系管理工作首先取决于企业的经营思想，并建立在市场定位的基础之上。所以，盲目模仿其他企业的客户关系管理方法并不能确保建立良好的客户关系。例如，国际知名品牌连锁酒店在会员体系方面普遍做得比较出色，但国内连锁品牌甚至单体酒店如果去模仿，并不一定适用。企业应该根据客户关系管理的框架，结合自身的实际情况，建立和发展具有自己特色的客户关系管理体系。

4. 客户关系管理的演变

1982年后出生的千禧一代（Millennials，也称之为Y一代）已经逐渐成为旅游和酒店业的

图 1-14　客户关系管理的框架

主要消费群体，而1995年后出生的Z一代消费者也将是正在新兴的消费客群。这些成长在数字时代并熟练使用移动互联网、社交媒体、即时通信工具、智能手机和平板电脑的消费者和出生于20世纪60年代中期至70年代末的X一代在消费观念和消费行为上都有着很大的不同，犹如天渊之隔。用产生在X一代的客户关系管理方法和系统去管理Y一代或者Z一代是不适用的。

与X一代不同，Y一代在消费决策方面更加相信同代人，传统的广告方式不容易影响他们决策，他们希望内容只有在他们需要的时候才提供，而不是随时随地地"骚扰"；他们通过智能手机和社交媒体与外界联系，并额外重视信息的透明度；他们非常善于通过网络获取信息，并乐于在网上分享消费信息和体验。

新一代消费者时代的到来使得企业的客户关系管理方式和技术发生日新月异的变化。社交媒体改变了消费者和企业交流的方式，并使得企业从某种程度上丧失了对客户关系的控制权。掌握对话主动权的消费者一旦认可某个品牌，他们希望与企业不仅仅是产生交易关系，而是希望企业能够随时随地了解他们的需求，并提供个性化的体验。对于他们认可的品牌，他们会表现出一种态度忠诚，而不仅仅是消费行为的忠诚。

斯特劳斯（Strauss）和弗罗斯特（Frost）2015年将客户关系管理分为1.0和2.0两个阶段，见图1-15。在1.0阶段，客户关系管理是一种理念、一种战略和一种工作流程，它借助技术的力量进行关系营销和客户沟通。在2.0阶段，客户关系管理除了具备1.0的全部特征，还增加了社交媒体技术和客户协同的特征。2.0时代的客户关系管理被称为社交型客户关系管理（Social CRM，SCRM）。

客户关系管理的演变使得客户关系管理技术工具——客户关系管理系统也在发生变化。第一代客户关系管理系统来自于20世纪80年代的客户信息系统（Customer Information System，CIS），CIS仅有单一功能去支持企业雇员的一系列特定工作。互联网技术的革新使得客户关

系管理系统与互联网结合,这种系统被称为 E-CRM,它的主要特点是使用互联网技术,如论坛、网站和电子邮件等技术工具实现客户关系管理目标。E-CRM 系统的一个局限性就是很难根据客户的兴趣提供个性化沟通和内容传递。因此,E-CRM 只能借助于互联网平台向客户提供一个简单线上沟通的方式,就是让客户通过 FAQ 问答中心、论坛和聊天室获得帮助。随着互联网时代发展到移动互联网和社交媒体广泛普及的阶段,E-CRM 产生了一个新的演变方向,即社交型客户关系管理(SCRM)系统的出现和得到越来越多企业的重视。SCRM 的主要特征是通过社交媒体与客户进行沟通(Paliouras & Siakas, 2017)。可以说,CIS 是一个内部沟通的 CRM 系统,E-CRM 是和客户单向沟通的 CRM 系统,而 SCRM 是和客户双向沟通的 CRM 系统。

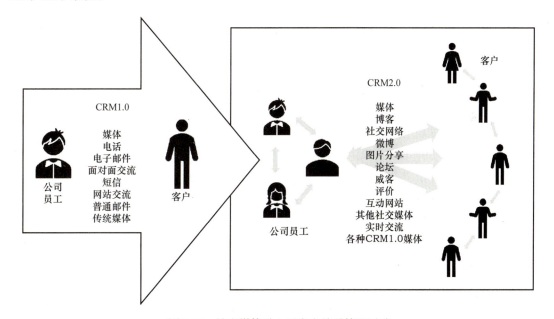

图 1-15 社交媒体融入了客户关系管理活动

5. 客户关系管理和营销管理的关系

市场营销的核心功能是管理有价值的客户关系,它有双重目的,一个是通过承诺卓越的价值吸引新客户,另一个是通过创造满意来留住和发展客户〔科特勒(Kotler)和阿姆斯特朗(Armstrong),2015〕。数字营销则是基于互联网络连接企业、用户及公众,向用户及公众传递有价值的信息和服务,为实现顾客价值及企业营销目标所进行的规划、实施及运营管理活动(冯英健,2016)。因此,客户关系管理是市场营销最核心的部分。市场营销是一个过程,目的是建立和维护有价值的客户关系,理解和管理客户关系是营销的基础(Zhang, Watson IV, Palmatier & Dant, 2016)。

客户关系管理和市场营销密不可分,也因此深度影响营销的方向和方法,并由此产生很多相关联的营销思想。这些营销思想包括:关系营销(Relationship Marketing)、服务营销(Service Marketing)、消费者内容生成营销(Consumer-generated Marketing)等。这些营销思想均是站在建立客户关系的不同角度去阐述的。

关系营销是指为了长远利益，将企业与其客户、员工、供应商以及其他合作伙伴紧密联系起来，建立并维持有效客户关系，特别是建立个人之间的持续沟通更为有效［凯林（Kerin），哈特利（Hartley），和鲁迪里尔斯（Rudelius），2011］。随着数字技术的快速发展，企业营销管理人员使用更多而且不断演进的数字工具，包括电子商务、社交媒体、在线社区、智能手机、大数据、人工智能和增强现实，来管理在线客户关系（Steinhoff, Arli, Weaven & Kozlenkova, 2019）。由美国整合营销传播理论的专家唐·舒尔茨（Don E.Schuhz，2001）提出的关联（Relevance）、反应（Reaction）、关系（Relationship）和回报（Reward）这四个要素构成的 4R 关系营销理论组合反映了营销和客户关系管理的内在联系，见图 1-16。

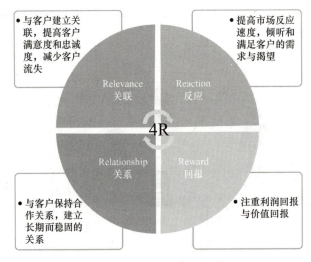

图 1-16　4R 关系营销组合

服务营销是在服务产品（Product）、服务定价（Price）、服务渠道/地点（Place）和服务促销/沟通（Promotion）这四个市场营销组合要素之外，再加上服务过程（Process）、有形展示（Physical Evidence）和服务人员/顾客（People）三个要素，以确保企业制定满足客户需要、获得利润的营销战略［沃茨（Wirtz）和洛夫洛克（Lovelock），2018］，见图 1-17。所以，服务营销的目标和客户关系管理的目标是完全一致的。

消费者内容生成营销是指企业通过创造优质的产品和服务，促进消费者在 UGC（User Generated Content）内容分享平台上分享消费体验，从而为企业带来良好口碑和更多潜在用户

图 1-17　7Ps 服务营销组合

的营销方法。在数字时代,消费者在选择酒店和景点产品时,以大众点评、小红书为代表的 UGC 内容分享平台是非常重要的决策渠道。因此,各大旅游企业都非常重视在线的点评内容。消费者内容生成营销是企业客户关系管理工作在数字时代新的工作重点。企业不仅仅要让客户满意,更要让客户贡献和分享内容,主动成为企业的宣传渠道。为此,企业需要创造某种机制促使消费者积极参加与企业产品和服务相关的话题,促使客户自发为企业进行服务点评或者攻略撰写。消费者内容生成营销的成功离不开高质量客户关系的建设,它也是客户关系管理的三大核心职责之一的"客户协作机制"的主要成果表现。

【本节概述】

本节首先阐述客户关系管理的三大主要职责,包括全接触点管理、客户体验运营和客户协作建立。全接触点管理的关键任务是客户接触和客户连接;客户体验运营的关键任务是客户培育和客户转化;客户协作建立的关键任务是客户留存和客户拥护。

基于这三大职责以及它们的六个关键任务,可以总结出客户关系管理既是一种经营思想,也是一套包括技术、人、流程和数据在内的解决方案。无论是思想还是解决方案都需要与时俱进,但无论如何改变和优化,都需要有稳定的客户关系管理做框架支撑。客户关系管理框架的"地基层"是企业的经营思想;"基础层"是企业的市场和目标客户的定位;"地面层"是客户关系管理的三个职责;"承重柱"是团队、技术、流程和数据这四大要素;"顶梁"是企业的产品和服务。

随着 Y 一代和 Z 一代成为主要的消费群体,用管理 X 一代的客户关系管理方法已经不适用了。客户关系管理模式从 1.0 阶段迈向以社交媒体技术支持的 2.0 阶段。客户关系管理系统也同样在发生演变,从作为内部客户关系管理的 CIS 系统,发展到通过互联网进行单向沟通的 E-CRM 系统,再发展到通过社交媒体进行双向沟通的 SCRM 系统。

客户关系管理和市场营销密不可分。关系营销、服务营销、消费者内容生成营销这些营销思想均是站在建立客户关系的不同角度去阐述的。

【主要术语】

1)接触点:在消费者旅程中,企业的品牌信息、营销内容、员工、产品和服务与(潜在)客户的交集点。

2)全接触点营销:根据每一种客户接触提出最合适的接触方法,以便于提升企业与客户接触的成交效益。每一次营销的成果都是接触的成果,接触是营销的本质,研究营销就是研究接触的有效性,是通过研究人与人、人与物之间的接触,来提升营销效率。

3)客户体验:客户体验实质上就是价值体验,让客户感受企业产品和服务的价值。

4)客户协作:让客户和企业一起完成有利于企业利益的任务。

5)客户关系管理:客户关系管理首先是

一种经营思想，是企业管理和运营行为的基础。其次客户关系管理是一套技术、人、流程和数据的解决方案。

6）关系营销：为了企业长远利益，将企业与其客户、员工、供应商以及其他合作伙伴紧密联系起来，并建立的有效客户关系。

7）服务营销组合：包括服务产品（Product）、服务定价（Price）、服务渠道/地点（Place）、服务促销/沟通（Promotion）、服务过程（Process）、有形展示（Physical Evidence）和服务人员/顾客（People）七个要素，以确保企业制定满足客户需要，获得利润的营销战略。

8）消费者内容生成营销：企业通过创造优质的产品和服务，促进消费者在UGC（User Generated Content）内容分享平台上分享消费体验，从而为企业带来良好口碑和更多潜在用户的营销方法。

【练习题】

一、自测题

1）客户关系管理的三大职责是什么？它们之间的关系是什么？

2）客户关系管理的六大工作任务分别是什么？

3）ATouch全接触点营销模型的本质是什么？

4）为什么要说客户体验运营，而不是客户体验管理？

5）客户体验的属性有哪些？

6）营销的本质是什么？

7）客户关系管理作为一套解决方案，有哪些要素？

8）客户关系管理的框架有哪些要素？相互之间的关系是什么？

9）客户关系管理的1.0阶段和2.0阶段有什么区别？

10）客户关系管理系统是如何演变的？

二、讨论题

1）请根据金陵连锁酒店总裁陈雪明先生提出的ATouch全接触点营销模型，以酒店业一个细分市场为例，讨论有哪些接触点？

2）请调研一下X一代、Y一代和Z一代在消费观念和消费行为上有哪些区别？旅游企业应该如何针对X一代、Y一代和Z一代开展营销和客户关系管理？

3）请根据服务营销组合要素，从旅行社、景区、酒店中选择某一个类型，讨论服务营销组合要素的具体表现形式。

4）请上网搜索一下大众点评网的操作方法，然后给旅游企业策划一个基于大众点评网的消费者内容生成营销方案。

第二章　客户关系管理系统

【本章结构】

本章一共分为四节，第一节是客户关系管理系统；第二节是客户忠诚度管理系统，第三节是社交型客户关系管理系统，第四节是用户数据平台。内容结构如下图所示。

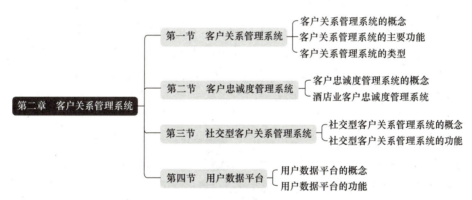

【学习目标】

学习层次	学习目标
知道层次 Knowledge	①陈述客户关系管理系统的概念； ②陈述社交型客户关系管理系统的概念； ③陈述落地页的类型和要求； ④陈述用户数据平台的概念
理解层次 Comprehension	①解释客户关系管理系统的功能架构； ②描述客户关系管理系统在单体酒店的应用场景； ③解释酒店集团客户关系管理系统架构； ④描述客户忠诚度管理系统的各个要素； ⑤描述私域数据的来源

(续)

学习层次	学习目标
应用层次 Application	① 举例说明酒店业会员忠诚度管理系统的功能； ② 举例说明传统 CRM 系统和 SCRM 系统之间的区别； ③ 举例说明社交型客户关系管理系统的功能； ④ 举例说明用户数据平台的功能
分析层次 Analysis	① 分析客户关系管理系统的类型； ② 对比 CRM 系统、SCRM 系统和 CDP 之间的差异

第一节　客户关系管理系统概述

1. 客户关系管理系统的概念

客户关系管理围绕三大职责（全接触点管理、客户体验运营和客户协作建立）和六大任务（客户接触、客户连接、客户培育、客户转化、客户留存和客户拥护，见图2-1）开展，这些工作不是一个部门完成的，需要企业多个部门协作完成，并建立相关的流程和制度。因此，没有一套系统去管理这些跨部门并包括多个利益相关者的工作是不可想象的。客户关系管理（Customer Relationship Management，CRM）系统是借助于多种数字技术来帮助企业收集和分析客户数据和信息，并利用有效的数据和信息来驱动和协调企业跨部门进行全接触点管理、客户体验运营和客户协作建立管理的系统。

图 2-1　客户关系管理的任务

在旅游和酒店行业，客户关系管理系统是企业运营的基础工具。一方面，是因为旅游企业的业务发展依赖有效地获取客户并和客户保持持久的互惠互利关系；另一方面，是因为客户关系管理是一个满足企业日常运营的企业级解决方案，在以职能为导向进行组织架构的旅游和酒店业，不同的部门负责客户关系管理过程的某一阶段，如图2-2所示，市场部、销售部、一线业务部门、客户服务中心等不同职能部门分别负责客户转化漏斗的某一个阶段，这就需要一套有效的系统来协同各部门达成目标。

作为企业级的管理和运营工具，客户关系管理系统在企业日常运营中的作用是举足轻重的，具体表现在：

① 管理消费者旅程中各个关键时刻和各个接触点上的客户互动，确保企业各个职能部门协同工作，实现客户顺畅接触和便捷连接的目的。

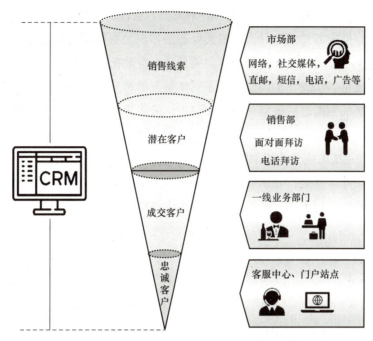

图 2-2　按部门职能划分的客户关系管理过程

② 采集、记录和更新与客户接触及互动过程中产生的数据,并统一存储在客户关系管理系统中,以便企业客户关系管理部门和各相关部门共享和利用这些客户数据为客户带来更好的体验,并提升转化率。

③ 管理企业的各种市场活动、销售和服务工作,协调客户和企业之间的各项沟通和协作事务,提升客户的忠诚度和拥护度。

④ 将客户关系管理的质量和效果进行可视化展示和有效的数据洞察,使得企业可以不断优化营销策略、客户服务质量和业务流程。

数字技术的高度发展,以 Y 一代和 Z 一代互联网"原住民"为主消费者的结构变化,并没有对客户关系管理的框架产生改变,但对客户关系管理的过程和方法产生了深刻的影响和变革。例如,客户关系管理的接触点不再是线下和线上泾渭分明,而是线上和线下密切融合,并且这种融合贯穿整个消费者旅程;客户体验也绝非仅是面对面的服务,数字体验对消费者决策甚至起到决定性的作用;客户的协作也不再是传统的离线环境中的非实时互动,而是结合移动互联网和社交媒体进行的、随时随地的、实时互动和协作。这些变化一直在推动客户关系管理系统进行演变。以管理客户互动为核心的社交型客户关系管理(SCRM)系统和跨平台整合及管理用户数据为核心的用户数据平台(Customer Data Platform,CDP)成为客户关系管理系统新的发展和应用方向。

2. 客户关系管理系统的主要功能

(1) 客户关系管理系统的功能架构

在整个消费者旅程中,企业有多个业务部门承担不同阶段的客户关系管理工作。随着

ABC 技术，即人工智能（AI）、大数据（Big Data）和云计算（Cloud Computing）的发展，客户关系管理系统将原来需要"人对人"模式处理的客户关系管理任务转化为"计算机对人"模式处理的客户关系管理任务，营销和客户关系管理自动化正在企业中快速普及。新一代的客户关系管理系统可以实现在不同阶段、不同接触点的客户关系管理工作自动化执行，并对执行全过程中产生的数据进行采集、分析和利用，最终为企业的管理决策提供准确而有效的数据支撑。

客户关系管理系统的主要功能如图 2-3 所示，包括营销过程自动化、销售过程自动化和服务过程自动化三大业务系统，分别负责在营销漏斗上不同接触点上的客户，并将与客户互动过程中收集到的数据进行汇总、分析，然后再次将有价值的信息反馈给营销自动化、销售自动化和服务自动化系统，以便不断帮助企业监控客户关系的运营过程和进行质量控制。

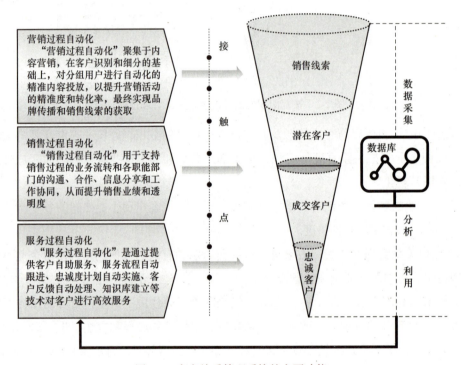

图 2-3　客户关系管理系统的主要功能

除了上述功能分类描述外，苏朝晖（2018）将客户关系管理系统的主要功能分为接触功能、业务功能、技术功能和数据库功能四大部分。其中接触功能是指 CRM 系统要支持呼叫中心、面对面沟通、移动销售、电子邮件、互联网、各种营销渠道的接触活动；业务功能是指营销过程自动化、销售过程自动化和服务过程自动化；技术功能是指信息分析、客户互动渠道集成、支持网络应用、客户信息仓库、工作流集成和企业资源计划集成六个技术功能；数据库功能是指对信息进行加工，形成数据库，再利用数据挖掘技术从客户数据中挖掘有用的信息。

由于行业不同、商业模式不同，企业定位和目标市场不同、业务流程不同，因而客户关系管理系统的功能不会有一个统一的解决方案和实施标准，必须根据所处行业以及企业的具体情况来个性化制定和实施。但酒店行业的运营管理的标准化程度比较高，在客户关系管理系统方面，从功能和实施流程上还是可以总结出一定的标准和规律的。

（2）酒店业客户关系管理系统的主要功能

酒店业是市场化程度非常高的行业，客户关系管理系统可以帮助酒店更好地理解及满足客户的需求，提升客户服务质量和有效性，并最终提升客户的终生价值。反之，如果酒店不了解客户就无法有效满足客户的需求，企业的生存和发展会陷入困境和危机。所以，各大酒店连锁集团和高端酒店无一不重视引入客户关系管理系统来进行客户管理，以实现高质量的客户关系。

在客户关系管理方面，单体酒店客户关系管理系统的主要功能是客户历史资料记录、客户服务、客户调研、售后调研和销售管理。在酒店的如下运营场景中，客户关系管理系统发挥着重要的作用：

① 记录住店客人、会议客人、餐饮客人的消费偏好和历史消费数据。
② 根据系统记录的偏好数据向客人提供针对性的交叉销售和线上销售。
③ 对客户进行识别并向有价值的客户提供常客奖励计划。
④ 向住店中和离店的客人进行满意度调查。
⑤ 客人在线上和线下投诉以及问题的解决。
⑥ 宴会和活动的销售管理。

连锁酒店集团的发展有赖于规模化发展的客户数量和较高忠诚度的客源群体支持，客户关系管理系统是连锁酒店集团进行日常运营的核心系统。由于成员酒店 IT 系统众多，连锁酒店集团的客户关系管理系统在建设方面，首先要建立中央预订系统（Central Reservation System，CRS），将各个预订渠道（包括分销渠道和直销渠道）与中央预订系统对接。由于中央预订系统已经和各个成员酒店的酒店管理系统（Property Management System，PMS）对接，用于确保房态和房价的实时性。这样客户无论从哪个渠道预订，都可以准确地进行管理和统计；然后是建设客户忠诚度管理系统（Loyalty Program System，LPS），主要用于会员的营销管理和积分奖励计划管理。

连锁酒店集团在客户服务的过程中会涉及很多系统，包括内部管理使用的相关系统和外部客户使用的门户网站和应用工具。这些系统往往都不是由一家供应商提供，因此，CRS 和 LPS 需要开放接口和这些系统一一对接。需要和 CRM 及 LPS 对接的酒店集团的内部系统包括呼叫中心系统、财务系统、报表系统、短信和邮件系统等；外部客户门户和应用包括官方网站、微信公众平台、智能手机客户端 APP、酒店销售终端 POS、第三方分销平台等。

在我国，大多数酒店集团的客户关系管理系统是采用如图 2-4 的架构。

3. 客户关系管理系统的类型

由于行业和企业的差异性，客户关系管理系统在不同的企业有不同的诉求，因此，企业需要根据自身情况正确选择客户关系管理系统。客户关系管理系统的类型可以按照如下方式划分：

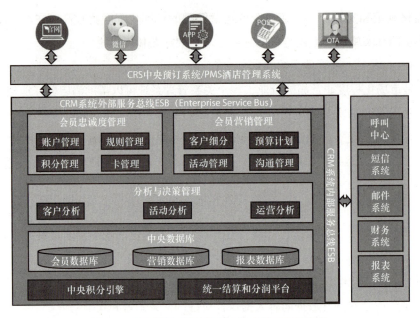

图 2-4 我国酒店集团的客户关系管理系统架构

（1）按使用对象区分客户关系管理系统

比较常见的分类方法是将客户关系管理系统分为运营型 CRM 系统、分析型 CRM 系统和协作型 CRM 系统，三者之间的使用对象和使用场景有所不同。运营型 CRM 系统主要使用对象是参与客户关系建立和维护的业务人员，使用场景是以业务为导向的场景，包括营销过程自动化、销售过程自动化和服务过程自动化；分析型 CRM 系统的使用对象是管理层，使用场景是通过对客户相关数据进行采集、汇总、分析，从而为企业的发展提供决策；协作型 CRM 系统的使用对象是客户和企业业务人员，使用场景是管理需要双方协作完成的任务。在企业实际运营中，三种类型的 CRM 系统是相辅相成和相得益彰的，一套完整的 CRM 解决方案需要将三者都包括在内。

（2）按数据应用层级区分客户关系管理系统

每一次互联网的发展都会带来沟通方式和沟通效率的提升，并进而改变消费者的行为习惯和交流方式。作为管理客户沟通的客户关系管理系统，必须要与时俱进，提供符合客户期望的客户关系管理系统是在这个时代获取客户和建立高质量客户关系的重要途径。

传统的 CRM 系统多以电子邮件和短信作为与客户沟通的工具，尤其在欧美国家，消费者还是习惯将电子邮件作为主要的沟通工具，也因此欧美国家的 CRM 系统与客户的信息传递以电子邮件为主。

在我国市场，电子邮件和短信的沟通方式已经让位于以微信为主的社交媒体，社交媒体互动性和体验比电子邮件和短信要更好。更为重要的是，我国是全球移动互联网最为普及和深度应用的国家，移动互联网和社交媒体贯穿整个消费者旅程和用户接触点，使得用户数据可以进行被采集、识别和流转，这些用户数据可以帮助企业更好地洞察客户的需求，并借助于社交媒体和用户双向互动沟通。这些技术的进步催生了一种新型的客户关系管理系统——社交型客户关系管理（SCRM）系统。

除了 SCRM 系统这个新型客户关系管理系统外，用户数据平台（Customer Data Platform，CDP）也是客户关系管理领域一个重要的发展方向。CDP 的产生是源于企业市场拓展所需要的新流量获取成本越来越高，而且日益稀缺，于是企业开始重视建设"私域流量池"，将通过不同渠道获取和触达的用户数据打通，集中起来进行清洗、分析和利用。所以 CDP 就成为企业第一方客户数据管理的系统平台。

SCRM 系统或者 CDP 并非是替代 CRM 系统，三者在应用层级方面有明显不同。SCRM 系统侧重用户互动，CRM 系统侧重于业务管理，CDP 侧重于数据管理。所以，在企业条件允许的情况下，一个在大数据和人工智能时代完整的客户关系管理系统解决方案，应该将 SCRM 系统、CRM 系统和 CDP 都考虑在内。

（3）按业务模式区分 CRM 系统类型

在酒店和旅游业，均存在 ToC 和 ToB 两种业务模式。客户关系管理系统在运营规律上通常遵循客户转化漏斗模型，通过 CRM 实现提升每一个层级的转化率。由于 ToC 和 ToB 业务特点的不同，导致客户主体、产品与服务、销售周期、购买决策和过程、销售流程、业务协同、支持过程都不同，客户转化漏斗模型也有所区别。所以企业在 CRM 解决方案选择上，也要区分清楚是适用于 ToB 模式还是 ToC 模式。

在酒店业，宴会和销售系统（Sales & Catering System）就是适用于 ToB 业务的，侧重于销售商机管理、销售流程、销售活动、销售协同、业绩管理等功能；而会员管理系统则是适用于 ToC 业务的，侧重于客户画像、营销活动、忠诚度奖励计划等功能。

【本节概述】

客户关系管理系统是借助于多种数字技术来帮助企业收集和分析客户数据和信息，并利用有效的数据和信息来驱动和协调企业跨部门进行全接触点管理、客户体验运营和客户协作建立。客户关系管理系统的主要功能包括营销过程自动化、销售过程自动化和服务过程自动化三大业务系统，分别负责在营销漏斗上不同接触点上的客户，并将与客户互动过程中收集到的数据进行汇总、分析，然后再次将有价值的信息输出给营销过程自动化、销售过程自动化和服务过程自动化系统，以便不断帮助企业优化客户关系的质量。

不同性质的企业在客户关系管理系统功能上有不同的诉求。以酒店业为例，单体酒店的客户关系管理系统的主要功能是客户历史资料记录、客户服务、客户调研、售后调研、销售管理。对于酒店连锁集团来说，客户关系管理系统需要打通集团和成员酒店的诸多业务系统，并围绕中央预订系统（CRS）和客户忠诚度管理系统（LPS）进行建设。

企业要根据自身的需求选择合适类型的客户关系管理系统。CRM 系统的类型可以按照使用对象区分为运营型、分析型和协作型；按照数据应用层级来区分为 CRM 系统、SCRM 系统和 CDP；按业务模式区分为 ToB 和 ToC 两大类。

【主要术语】

1）客户关系管理系统：借助于多种数字技术来帮助企业收集和分析客户数据和信息，并利用有效的数据和信息来驱动和协调企业跨部门进行全接触点管理、客户体验运营和客户协作建立的系统。

2）ABC 技术：人工智能（AI）、大数据（Big Data）和云计算（Cloud Computing）的简称。

3）CRS 系统：中央预订系统的简称，即 Central Reservation System。

4）LPS 系统：客户忠诚度管理系统的简称，即 Loyalty Program System。

5）运营型 CRM 系统：使用对象是参与客户关系建立和维护的业务人员，使用场景是以业务为导向的场景，包括营销自动化、销售自动化和服务自动化。

6）分析型 CRM 系统：使用对象是管理层，使用场景是通过对客户相关数据进行采集、汇总、分析，从而为企业的发展提供决策。

7）协作型 CRM 系统：使用对象是客户和企业业务人员，使用场景是管理需要双方协作完成的任务。

8）SCRM 系统：社交型客户关系管理系统的简称，即 Social Customer Relationship Mangement。

9）CDP：用户数据平台的简称，即 Customer Data Platform。

【练习题】

一、自测题

1）在企业中，销售线索、潜在客户、成交客户和忠诚客户通常是由哪些部门负责的？

2）客户关系管理系统在企业日常运营中的作用有哪些？

3）客户关系管理系统有哪三大业务功能？

4）单体酒店的客户关系管理系统有哪些应用功能？

5）酒店集团的客户关系管理系统建设包括什么内容？

6）客户关系管理系统按照使用对象有哪些类型？

7）客户关系管理系统按照数据应用层级区分有哪些类型？

二、讨论题

1）请讨论 ABC 技术给营销和客户关系管理系统带来了哪些变化和发展趋势？

2）请讨论 ToB 和 ToC 业务模式的详细区别，并分析 ToB 和 ToC 业务的客户关系管理系统应该具备哪些功能并有哪些区别？

第二节 客户忠诚度管理系统

1. 客户忠诚度管理系统的概念

在客户关系管理系统中，对于客户忠诚度的管理是核心，并且贯穿客户管理的整个生命周期。客户忠诚度管理在传统服务业，特别是航空业、酒店业、餐饮业、邮轮业、零售业都已经得到广泛的应用。随着消费者行为和服务流程日益线上化，很多针对 ToC 市场的电商平台也非常重视客户忠诚度管理系统的实施和应用。

客户忠诚度管理系统是企业用来管理忠诚计划（Loyalty Program）的软件系统。忠诚计划是企业基于对客户终生价值（Customer Life Time Value）的重视，为了培养客户忠诚度而建立的长期奖励计划，包括客户数据采集和分析、客户账户体系、客户成长体系、客户奖励兑换体系、客户个性化沟通管理和信息技术支持工具六个核心要素，见图2-5。

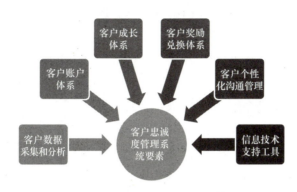

图2-5　客户忠诚度管理系统要素

"客户数据采集和分析"是客户忠诚度管理系统的基础，主要汇总记录并分析客户的人口属性、消费行为、兴趣偏好、互动情况等数据，形成有价值的信息。

"客户账户体系"包括会员卡和电子券的发行和管理。

"客户成长体系"由会员分级制度、奖励方案构成。其中奖励方案包括奖励内容和奖励规则。奖励内容包括积分、成长值、魅力值、经验值、勋章、头衔、虚拟货币、虚拟道具、排行榜等不同的奖励形式；奖励规则是用于计算客户消费行为或完成不同类型任务的奖励值。

"客户奖励兑换体系"是和客户成长体系相辅相成的，是针对积分、虚拟货币的商品兑换管理，主要表现是积分商城。

"客户个性化沟通管理"包括线上和线下一对一沟通渠道的管理，线上的沟通包括网站客服、APP客服、微信客服、短信推送、邮件推送、微信回复消息推送等不同形式；线下的沟通包括呼叫中心客服和面对面沟通。

"信息技术支持工具"是指用于忠诚度计划各个要素实施的支持系统，包括客户端和管理端。客户端是客户使用的工具，有会员俱乐部网站、智能手机客户端APP、微信公众平台等；而管理端就是企业客户忠诚计划管理人员使用的工具，即系统管理后台。

2. 酒店业客户忠诚度管理系统

酒店客户忠诚度管理系统，在酒店业通常称之为"会员管理系统"，英文为Loyalty Program System，简称LPS。如图2-6所示，LPS系统对内对接各个酒店的PMS系统和销售终端（Point of Sales，POS）系统，对外对接酒店线上门户，包括官方（会员）网站、微信公众平台和智能手机客户端APP。

（1）酒店会员忠诚度管理系统

酒店会员忠诚度管理系统是各大连锁酒店集团走向数字化转型的核心系统。酒店集团的会员忠诚度管理系统采购方式有自行开发、委托第三方定制开发、采购专业 LPS 系统三种模式。除了一些超大规模的酒店连锁集团，绝大多数酒店集团都是采购专业的 LPS 系统，个别有技术开发能力的酒店集团会在采购专业 LPS 系统的基础上进行二次开发。

图 2-6　酒店会员忠诚度管理系统架构简图

会员账户管理、积分奖励和使用、储值卡、电子券、会员商城和报表是 LPS 系统的基础功能模块。图 2-7 是酒店业某知名 IT 公司的 LPS 系统，该管理系统后台包括会员档案、账户资金、消费、券、积分、里程、定制报表和公共设置模块。

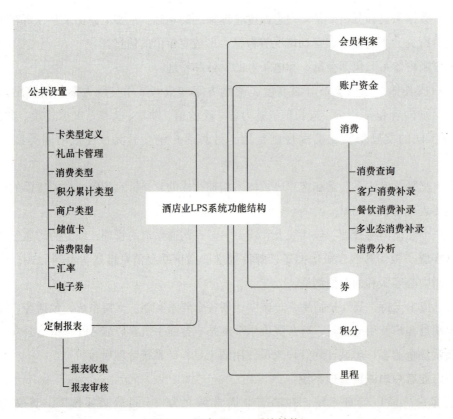

图 2-7　酒店业 LPS 系统结构

以酒店业另一知名客户管理平台——DOSSM 的 LPS 系统为例（DOSSM 即 Digital Operations by Smartphone and Social Media 的简称，是指借助于智能手机和社交媒体进行数字化运营。

DOSSM 首先是一个客户运营的概念，以移动互联网为基础，社交媒体为互动手段，以数据驱动运营的方法；其次也是酒店业一个 SaaS 云平台解决方案，包括 DOSSM–SalesTech 数字营销平台和 DOSSM–MarTech 数据化运营平台两大部分），该 LPS 系统后台包括会员忠诚度管理、生态圈营销、统计报表和会员门户四大部分。其中会员忠诚度管理用于 LPS 计划的各项要素的设置，包括基础设置、会员管理、预付及储值卡营销、卡券营销、社交商城管理等；生态圈营销管理是指将员工和会员这两大利益相关者作为个体分销渠道进行管理，包括全员营销和会员裂变营销，员工和会员通过在微信朋友圈成功分享商品信息、成功推荐会员注册均可以获得奖励；统计报表模块包括固定报表和自定义报表；会员门户包括会员网站管理、微信公众平台（包括公众号和小程序）管理。具体见图 2-8、图 2-9。

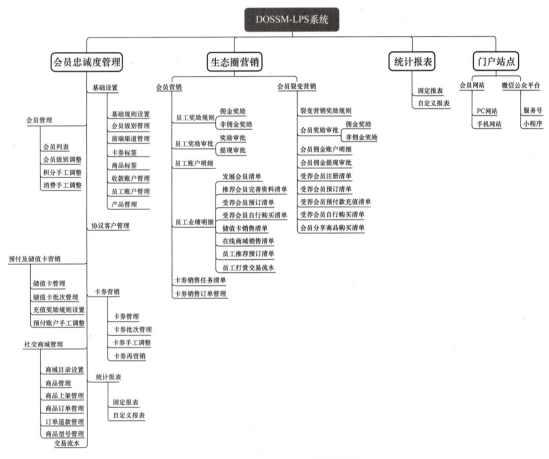

图 2-8　DOSSM-LPS 系统结构图

DOSSM–LPS 系统的主要设置如下：

📁 会员计划基础设置

① 会员计划标识及基础规则：会员计划名称、会员计划标识、积分价值和有效期设置、预付卡功能开启及卡号规则、会员注册和审核方式设置、微信服务号关联设置、会员卡设计。

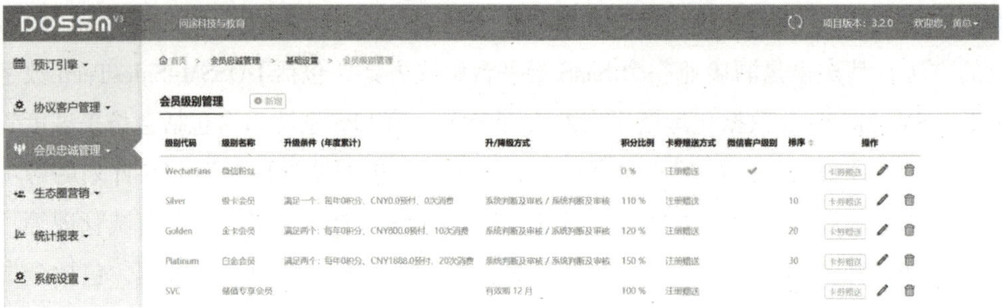

图 2-9 DOSSM-LPS 系统后台

② 会员级别管理：会员级别名称及代码、升级条件和方式、积分比例、会员账户卡券礼包。

③ LPS 前端（客户端）设置：网站、APP、微信服务号、微信小程序、POS 销售终端等。

📁 会员管理（见图 2-10）

① 会员信息列表：会员账户概况、会员交易记录、会员成长足迹、会员分组管理。

② 会员账户调整：会员级别调整、会员积分调整、会员消费记录调整。

图 2-10 DOSSM-LPS 会员管理

📁 预付及储值卡营销（见图 2-11）

储值卡管理是会员管理系统的重要模块，储值卡（Stored Value Card，英文简称 SVC）也称为单用途商业预付卡。根据中华人民共和国商务部令 2012 年第 9 号《单用途商业预付卡管理办法（试行）》将其定义为"企业发行的，仅限于在本企业或本企业所属集团或同一品牌特许经营体系内兑付货物或服务的预付凭证，包括以磁条卡、芯片卡、纸券等为载体的实体卡和以密码、串码、图形、生物特征信息等为载体的虚拟卡"。

① 储值卡批次管理：储值卡批次新增、储值卡名称及代码、适用会员级别、购买升级设置、储值金额设置、销售金额设置、发行数量、储值卡充值方式设置、储值卡图文字说明、储值

卡批次使用状态、储值卡关联卡券。

② 储值卡管理：储值卡激活、出售、会员关联、关闭、冻结。

③ 储值账户调整：储值账户手工调整。

④ 储值卡充值奖励规则设置：储值奖励范围、储值赠送礼券设置。

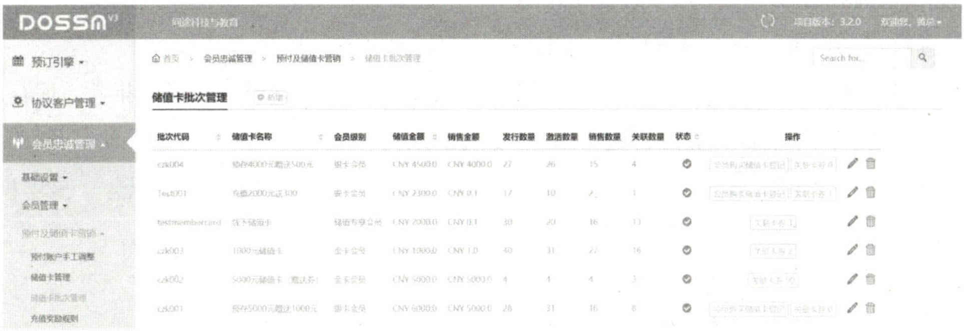

图 2-11　DOSSM-LPS 储值卡管理后台

📁 电子卡券营销（见图 2-12）

电子卡券是指消费者购买商品或者参与某项促销活动，享受某种特殊权益的数字化凭证，是互联网时代的会员系统不可缺少的营销工具。电子卡券适用场景广泛，为了区分不同用途和场景的电子卡券，用正规、严格的卡券批次来确定面向同一批用户、同一批制作、同一批发行的同种卡券。

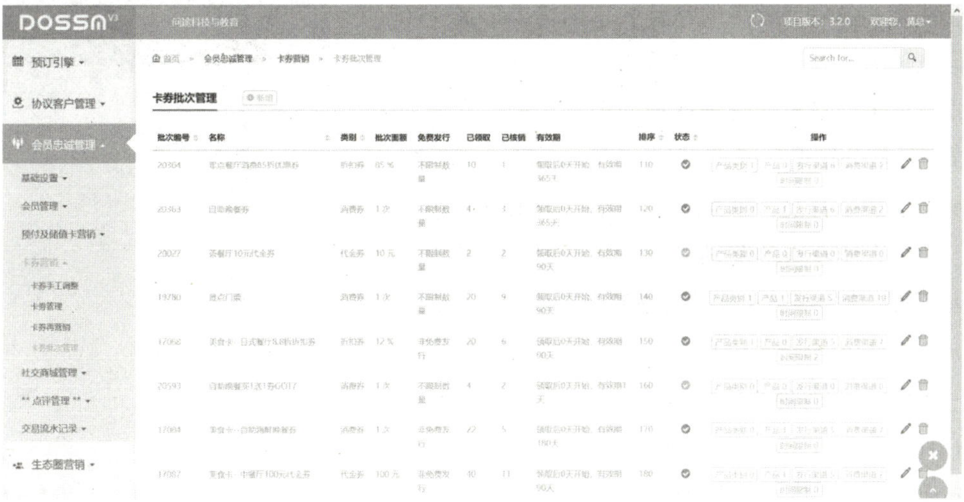

图 2-12　DOSSM-LPS 电子卡券管理后台

① 卡券批次管理：卡券批次新增、卡券名称、类型（代金券、消费券、折扣券）、卡券面额、卡券发行数量、最低适用金额、卡券免费领取限制、卡券核销限制、转赠限制、使用对象限制、卡券有效期、卡券描述说明、卡券批次使用状态、卡券适用产品类型、卡券适用产品；卡券发行渠道、卡券消费渠道、卡券时间限制。

② 卡券管理：卡券查询、卡券核销管理。

③ 卡券再营销管理：根据会员的卡券使用日期范围、最近使用卡券、卡券核销次数、卡券核销类型、卡券核销产品范围、卡券分享次数等行为对会员进行卡券的精准推送管理。

④ 卡券手工调整：对个体会员、分组会员、分级会员进行卡券发放、确认和拒绝设置。

📁 在线商城管理

① 商城目录设置：商品目录层次、目录标识、目录名称、图标及排序。

② 商品管理：商品名称、图片、简介及说明、销售日期、秒杀开启、是否推荐、库存周期、购买数量限制、排序设置、商品订购 URL 及专属二维码。

③ 商品型号管理：型号代码、型号名称、发货方式、销售价格、抵扣积分、拼团模式、库存数量、积分奖励、员工专售、排序设置。

④ 商品上架管理：商品上架操作。

⑤ 商品订单管理：订单列表、订单查询、订单处理。

⑥ 订单退款管理：自动退款和手动退款操作。

和传统的酒店会员忠诚度管理系统不同的是，DOSSM-LPS 系统将员工、会员作为一个分销渠道进行管理。员工和会员只需要在微信中向朋友（圈）分享酒店的商品小程序或者 H5 页面并成功产生了交易，或者推荐朋友注册成为会员，都可以根据预设的规则获得现金、积分、电子卡券、储值金额的奖励。在 DOSSM-LPS 会员忠诚度管理系统中，把这种营销模式称为"生态圈营销"，即企业、员工、客户共同形成一个基于销售业绩和会员发展效果的利益共享网络，形成一个在线信息传播、客户发展和产品销售的生态系统。这种模式丰富了会员忠诚管理计划的内涵，虽然在本质上是属于微信分销返利模式，但在 DOSSM-LPS 系统中，无论是员工还是会员，每个人在分销层级中都是平级关系，每个人所获得的奖励只能来自下方一级和二级的销售，而非金字塔式的多级分销或传销关系。

DOSSM-LPS 全员营销和会员裂变营销功能如下：

📁 全员营销管理（见图 2-13）

① 佣金奖励规则：奖励规则类型（对象）、奖励金额、审批方式（自动审核、人工审核）。

② 非佣金奖励规则：奖励规则类型（对象）、奖励类型（积分、卡券、预付款）、奖励数量、审批方式（自动审核、人工审核）。

③ 奖励管理：奖励明细、审批、提现。

④ 业绩明细：发展会员清单、打赏（小费）交易

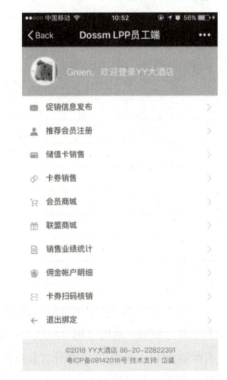

图 2-13　DOSSM-LPS 全员营销员工端

流水、发展会员清单、推荐会员完善资料清单、受荐会员预订清单、受荐会员自动购买清单、储值卡销售清单、在线商城销售清单、推荐（客房）预订清单。

⑤ 卡券销售任务及订单管理：任务名称、礼券批次、销售金额、折扣比例、开始及结束日期、任务说明、订单管理。

⑥ 营销信息发布：发布标题、发布内容、发布时间、发布状态管理。

📂 会员裂变营销管理

① 奖励规则：奖励规则类型（对象）、适用会员范围、奖励类型（现金、积分、卡券、预付款）、奖励数量、审批方式（自动审核、人工审核）。

② 奖励管理：奖励明细、审批、提现。

③ 业绩明细：受荐会员注册清单、受荐会员（客房）预订清单、受荐会员预付款充值清单、受荐会员自行购买清单、会员分享商品购买清单。

（2）酒店会员门户网站和移动端应用程序

酒店官方网站、微信公众平台（包括服务号和小程序）和智能手机客户端APP是会员忠诚度管理系统的对客服务平台。专业的LPS系统会提供API（Application Programming Interface，应用程序接口）和官方网站、微信公众平台和APP对接，从而实现客户无论是通过官方网站、微信公众平台或者是APP均可以进行注册、登录、预订、领用卡券、参加活动、积分兑换、查看会员消息等。API全称为Application Programming Interface，即应用程序接口，用于负责一个程序和其他软件的沟通，通过预先定义的函数完成一个软件组件或是一个Web服务与外界进行的交互。API也是一套协议，规定了不同软件组件之间沟通的方式和规则。

更为重要的是，当会员使用官方网站、微信公众平台或者APP时，会员的使用行为能够被客户关系管理系统记录下来，从而可以通过会员的点击、浏览等行为对客户的偏好进行分析，完善用户画像，从而能够为会员提供个性化的精准营销方案。

如图2-14（官方网站会员中心）、图2-15（智能手机客户端上的会员中心）和图2-16（微信公众平台会员账户）所示，会员线上服务的主要功能包括：

① 会员注册及登录：会员注册、会员密码找回、会员登录、退出登录。

② 会员计划说明：会员权益、会员成长体系说明。

③ 会员账户：会员姓名、联系信息、会员级别、电子券数量、积分余额及明细、储值余额及明细、会员卡、会员账户信息修改。

④ 会员预订及订单管理：会员预订、订单管理。

⑤ 会员商城：商城产品列表、商城产品积分兑换数或价格、积分兑换商品、积分+现金购买商品、现金购买商品。

⑥ 会员信息及沟通：会员促销活动、会员福利信息、会员公告、帮助与客服信息、问题与建议。

图 2-14　酒店官方网站会员中心

图 2-15　酒店智能手机客户端上的会员中心

图 2-16　微信公众平台会员账户

【本节概述】

客户忠诚度管理系统是企业用来管理忠诚计划（Loyalty Program）的系统工具。忠诚度计划是企业基于对客户终生价值（Customer Life Time Value）的重视，为了培养客户忠诚度而建立的长期会员奖励计划，包括客户数据采集和分析、客户账户体系、客户成长体系、客户奖励兑换体系、客户个性化沟通管理和信息技术支持工具六个核心要素。

典型的酒店会员忠诚度管理系统后台包括会员忠诚度管理、生态圈营销、统计报表和会员门户四大部分。其中会员忠诚度管理是 LPS 计划的各项要素设置，包括基础设置、会员管理、预付及储值卡营销、卡券营销、社交商城管理等；生态圈营销管理是指将员工和会员这两大利益相关者作为个体营销渠道进行管理，包括全员营销和会员裂变营销，员工和会员通过在微信朋友圈成功分享商品信息、成功推荐会员注册均可以获得奖励；统计报表模块包括固定报表和自定义报表；会员门户包括会员网站管理、微信公众平台管理和智能手机客户端 APP 管理。

【主要术语】

1）客户忠诚度管理系统：企业用来管理忠诚计划（Loyalty Program）的软件系统。

2）忠诚计划：是企业基于对客户终生价值的重视，为了培养客户忠诚度而建立的长期奖励计划。

3）生态圈营销：企业、员工、客户共同形成一个基于销售业绩和会员发展效果的利益共享网络，形成一个在线信息传播、客户发展和产品销售的生态营销系统，包括以员工为个体分销渠道的全员营销和以客户为个体分销渠道的全民营销。

4）会员储值卡：Stored Value Card，简称SVC，也称为单用途商业预付卡。根据中华人民共和国商务部令2012年第9号《单用途商业预付卡管理办法（试行）》将其定义为"企业发行的，仅限于在本企业或本企业所属集团或同一品牌特许经营体系内兑付货物或服务的预付凭证，包括以磁条卡、芯片卡、纸券等为载体的实体卡和以密码、串码、图形、生物特征信息等为载体的虚拟卡"。

5）电子卡券：消费者购买商品或者参与某项促销活动，享受某种特殊权益的数字化凭证。

6）卡券批次：为了区分不同用途和场景的电子卡券，用正规、严格的卡券批次来确定面向同一批用户、同一批制作、同一批发行的同种卡券。

7）API接口：全称为Application Programming Interface，即应用程序接口，用于负责一个程序和其他软件的沟通，通过预先定义的函数完成一个软件组件或是一个Web服务与外界进行的交互。API也是一套协议，规定了不同软件组件之间沟通的方式和规则。

8）DOSSM：Digital Operations by Smartphone and Social Media的简称，即借助于智能手机和社交媒体进行数字化运营。首先，DOSSM是一个客户运营的概念，以移动互联网为基础、社交媒体为互动手段，以数据驱动运营的方法；其次，DOSSM也是由酒店及旅游业数字技术服务商——问途信息技术有限公司提出的SaaS云平台解决方案，包括DOSSM-SalesTech数字营销平台和DOSSM-MarTech数据化运营平台两大部分。

【练习题】

一、自测题

1）忠诚计划包括哪些核心要素？

2）客户成长体系中的奖励方式有哪些？

3）DOSSM-LPS系统由哪四大部分组成？

4）DOSSM-LPS系统中的会员忠诚度管理由哪些模块构成？

5）DOSSM-LPS系统和金字塔式的多级分销或传销系统有什么区别？

6）LPS系统的前端门户包括哪些？

7）LPS系统的前端门户通常有什么功能？

二、讨论题

请搜索"中国酒店60强"，然后选择一家经济型或中端连锁酒店集团、一家豪华酒店集团，在其官方网站上注册会员账号，进入会员中心。然后请讨论两个酒店集团的会员中心的功能分别有哪些并进行对比分析。

三、实践题

请根据图2-10 DOSSM-LPS系统结构图，将DOSSM-LPS会员忠诚度管理每个栏目中的功能进行详细的归纳，并整理出参数列表和使用说明。

第三节 社交型客户关系管理系统

随着社交媒体成为人们生活和工作中的主要沟通方式，消费者和企业之间的沟通方式也发生了革命性的变化，这就导致企业客户关系管理的模式也随之改变。这种改变就是社交型客户关系管理（SCRM）系统的出现，也有人翻译为"社会化客户关系管理系统"。

1. 社交型客户关系管理系统的概念

在本书中，对客户关系管理系统的定义是"借助于多种数字技术来帮助企业收集和分析客户数据和信息，并利用有效的数据和信息来驱动和协调企业跨部门进行全接触点管理、客户体验运营和客户协作建立的系统"。由于数字技术的进步，客户数据和信息的获取更加丰富和多样化，这就使得CRM系统有了更多的使用场景。SCRM系统的定义没有脱离CRM系统范畴，但不同之处是：SCRM系统是一种融合社交媒体传播、社交互动管理的新型客户关系管理系统。

从全接触点管理来说，传统的CRM系统没有考虑在移动互联网和社交媒体中的触点，而是以销售场景下的接触点为主要管理对象。在客户沟通上，以电话、电子邮件、短信沟通为主；在客户连接上，是仅仅记录客户的联系方式，在有营销需要的时候，再与客户联系。这种连接是单向的，而且数据是静态的，即便客户数据有变，也很难被及时更新。现今，移动端和社交媒体端的触点上的沟通是以移动终端设备和社交媒体工具为主的，特别强调和客户的移动终端设备（如智能手机或者平板）连接，并尽可能引导客户关注和使用企业微信公众平台（包括微信服务号和小程序）。因此，和传统CRM系统不同，SCRM系统的应用重点是放在移动互联网和社交媒体环境中的多触点沟通和连接。

从客户体验的运营角度来说，传统的CRM系统要让客户感知到企业品牌、产品和服务的价值，也是以电话、电子邮件、短信为主要方式向客户进行产品和服务内容传递；而要实现成功转化的目的，则依赖CRM中的活动管理和销售管理功能来实现。SCRM系统和传统CRM系统相比，主要依靠社交媒体向客户进行内容传递并可以进行双向互动，并通过社交互动过程中不断产生的数据进一步完善用户画像，判断客户的需求，进而向客户展示个性化的内容信息，以促进最终的转化。

从客户协作建立来说，传统CRM系统的客户协作机制主要是业务任务和忠诚度计划的协作，在忠诚度管理上，比较看重客户的重复消费行为；SCRM系统的客户协作机制在客户留存上更加看重客户在内容营销过程中的参与度和互动度；在客户拥护上鼓励客户通过社交媒体分享企业的内容和分销企业的产品。在忠诚度管理上，SCRM系统更加看重客户在态度上的忠诚度，即客户不一定非要有很高的产量，但需要有较多的互动和朋友圈推荐。

CRM系统和SCRM系统除了在客户关系管理的三个基本职责的实现方式上不同外，在管理对象方面也有差异。CRM系统的管理对象是企业的潜在客户和客户；而SCRM系统的管理对象除了潜在客户和客户外，还包括企业社交媒体账号上的粉丝。

从上述分析看，SCRM系统并非颠覆或替代传统CRM系统，而是弥补了传统CRM系统在移动互联网和社交媒体营销中与客户交互层面的不足之处，并提升了企业客户关系管理的能力。可以说，传统 CRM 系统侧重于业务运营层，而 SCRM 系统侧重于客户交互层。在酒店和旅游业，传统 CRM 系统仍然是客户关系管理必不可少的工具，但如果酒店和旅游业要在一个社交媒体时代面向新一代的消费者，需要借助 SCRM 系统提升企业在新时代赢得 Y 一代和 Z 一代消费者的能力。

二者的区别见表 2-1。

表 2-1 传统 CRM 系统和 SCRM 系统的区别

	传统 CRM 系统	SCRM 系统
应用重点	业务运营层的客户关系管理	客户交互层的客户关系管理
触点	销售接触点、服务接触点	社交媒体接触点
沟通对象	潜在客户、客户	粉丝以及具有粉丝身份的潜在客户和客户
客户连接方式	电话、电子邮件、短信 单向连接	关注社交媒体账号； 双向互动连接
客户培育方法	电子邮件营销、电话营销、短信营销、面对面拜访	基于社交媒体传递有价值的、有用的内容
客户转化方法	活动转化	内容转化
客户留存方法	客户忠诚度计划和促销活动	优质的内容体验和促销活动
客户拥护形式	潜在客户推荐	内容分享

除了上述区别外，这里还有一个重要差异需要注意：传统 CRM 系统是自成一体系的业务系统，但 SCRM 系统无法离开社交媒体对接单独运行。此外，由于社交媒体的类型和 API 接口开放性不一，不同定位的 SCRM 系统也会有很大的差异。

2. 社交型客户关系管理系统的功能

我国主要的社交媒体是"双微一抖"，即微信、微博和抖音。但微博和抖音是"弱关系（Weak Ties）"性质的社交媒体，社交互动和传播的用户之间没有很强的社会关系和纽带，但传播面会更广；而微信属于"强关系（Strong Ties）"性质的社交媒体，传播面有限，但更加侧重社交关系。因此，在我国，以微信社交媒体平台为主的 SCRM 系统就成为 SCRM 系统市场的主要形式，而且微信也将自己定位于一个开放平台，为 SCRM 系统的开发者提供了很多 API 技术接口。因此，在我国，SCRM 系统多和微信公众平台深度结合。

对于企业来说，如果使用微信公众平台去发布内容，是可以起到大众传播的效果，企业也可以通过微信公众平台的后台去了解图文阅读率和转化率，但是并不知道是哪些粉丝看过了。如果通过 SCRM 系统所具有的功能跟进发布后的传播路径，企业可以进一步知道所发布的内容有哪些粉丝看了，并通过持续的内容培育，可以了解用户的内容偏好。当了解客户的内容偏好后，就可以向用户个性化推荐其所感兴趣的内容。当一个客户对企业发过来的内容感兴趣，他分享了内容落地页，SCRM 系统可以通过客户的分享行为判断客户的忠诚度并可以分析分享所产生的裂变层级和效果。在传统 CRM 系统中，衡量一个客户的价值是以产量贡献为主的；但是在 SCRM 系统中，可能一个客户的产量贡献并不高，但是他多次分享，乐意为企业向其朋友圈传播企业内容，这个客户的社交关系价值对企业也非常重要。

综合上述，SCRM 系统的主要功能包括社交媒体管理、客户管理、互动管理、内容及活动管理、销售管理、客户分享管理和数据分析，见图 2-17。

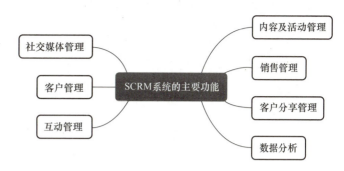

图 2-17　SCRM 系统的主要功能

（1）社交媒体管理

根据使用对象不同，社交媒体平台通常会为注册成功的个人、企业或者其他组织提供管理后台，用于账户内的粉丝管理、内容制作、内容发布和数据统计。由社交媒体平台提供的官方管理后台可以称之为"原生管理平台"。原生管理平台所提供的功能是满足用户通用型的需求，但对于企业和组织机构用户的个性化需求就很难满足了。不同的行业、不同的企业都有不同的应用场景和需求，因此，有的社交媒体平台就开放接口，允许拥有技术开发能力的第三方来开发更多的应用功能。这方面有代表性的就是微信公众平台。第三方开发者会根据微信公众平台提供的 API 接口进行定制化功能的开发，并由第三方管理平台接管微信原生管理平台的所有功能。接管的目的是基于用户体验的考虑，因为让用户同时登录两个管理系统去管理同一个微信公众平台会非常不方便。

对于 SCRM 系统来说，要实现和微信公众平台的打通，就必须要通过开发第三方管理平台来获得更多的数据和功能。

相关情况见图 2-18、图 2-19、图 2-20。

图 2-18　微信开放平台官方网站

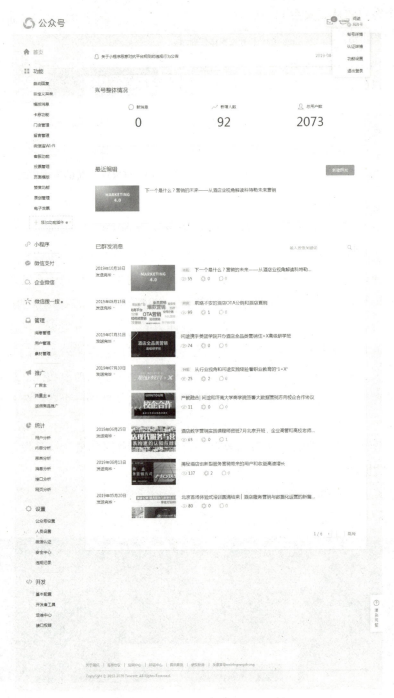

图 2-19 微信公众号原生管理平台

当 SCRM 系统和微信公众平台对接后,就可以为企业的微信营销提供原生管理平台所不具备的功能,比如多个微信公众号统一接入管理,对个体粉丝用户的菜单点击行为、内容浏览行为进行分析,并根据这些互动数据完善用户画像标签等。传统 CRM 系统与客户互动只能是通过电子邮件、短信、电话等方式,但是对接了微信的 SCRM 系统后,就可以使用微信的消息回复功能，采用微信模板消息、微信图文消息、微信文本消息、微信图片消息等方式向用户传递内容，并可以对用户点击消息内容的行为进行分析和标签化。

图 2-20　微信公众号第三方管理平台

（2）客户管理

在 SCRM 系统中，"客户"的所指范围比传统 CRM 系统要广，包括所对接的社交媒体平台的粉丝。在客户信息采集和记录方面，有传统 CRM 系统不记录的信息，如用户的社交媒体头像、用户画像标签、行为数据、社交关系分析、落地页访问和二维码扫码列表、基本信息（社交媒体 ID）、成长足迹等内容。这些基于社交媒体互动产生的个体用户数据采集是 SCRM 系统独有的功能。

对于用户画像标签，有的传统 CRM 系统也有这样的功能，但这些标签是消费行为所产生的标签。但 SCRM 系统的标签则多了基于内容访问、传播和分享行为、基于用户接触点行为产生的动态标签。

SCRM 系统的客户档案信息见图 2-21。

（3）互动管理

社交互动（Social Engagement）管理是 SCRM 系统的一个核心功能，用于运营人员和粉丝的日常沟通交流。以微信公众号为例，在认证后的微信公众号官方后台，就有客服功能的开通申请栏目，开通后就能实现可设置多达 100 名客服人员为粉丝提供服务。客服人员可以通过微信提供的网页版客服聊天工具实时回复粉丝的咨询。

图 2-21　SCRM 系统的客户档案信息

SCRM 系统可以接管微信官方后台的人工客服功能,见图 2-22。

图 2-22 微信官方后台的人工客服功能

此外,还可以利用微信的消息自动回复功能实现自助客服功能,见图 2-23。

（4）内容及活动管理

传统 CRM 系统比较重视营销活动的管理,并通过电子邮件和短信方式传递这些营销活动内容。SCRM 系统则以内容营销的角度"有温度"地传播有价值的内容和有趣的活动,比如微网站、微调研、微游戏等。SCRM 系统需要对这些内容进行制作和发布管理,并对访问这些内容的用户进行数据采集和分析,以用于下一步的客户关系管理行动。

SCRM 系统的重要意义是在互动过程中传播品牌,并实现销售转化。SCRM 追求在实现品牌传播同时达到销售转化的"品效合一"目标。因此,SCRM 的内容管理模块中非常重要的一个功能是落地页的管理。落地页（Landing Page）是用户点击营销广告或者软文中链接后进入的第一个页面,是连接内容和产品的载体。在 SCRM 中,落地页起着承接流量和转化用户的主要作用,是用户转化是否成功的核心环节之一。因此,企业必须高度重视落地页的设计。落地页的制作不仅是从艺术角度考虑美观,更为关键的是起到获客和订单转化的作用。一个好的落地页,通常能够回答如下几个问题：

① 这是给谁看的？
② 落地页上卖什么？
③ 为什么要选择它而不是其他的？
④ 为什么它值得信任？

图 2-23 基于关键词回复的
微信自助客服功能

⑤ 为什么要立即行动？

落地页主要分为点击型落地页和线索生成型落地页两种。点击型落地页是指在落地页上有行为召唤按钮让用户点击跳转到购买页面。这种落地页起到承接流量的作用，让流量被引导到落地页后，用户通过点击落地页上的按钮进行下一步操作。点击型落地页承接了整个流程，为其他页面做分发和转化。线索生成型落地页是指在落地页上有表单，让用户快速填写信息，起到收集销售线索的作用。

SCRM 的落地页管理见图 2-24。

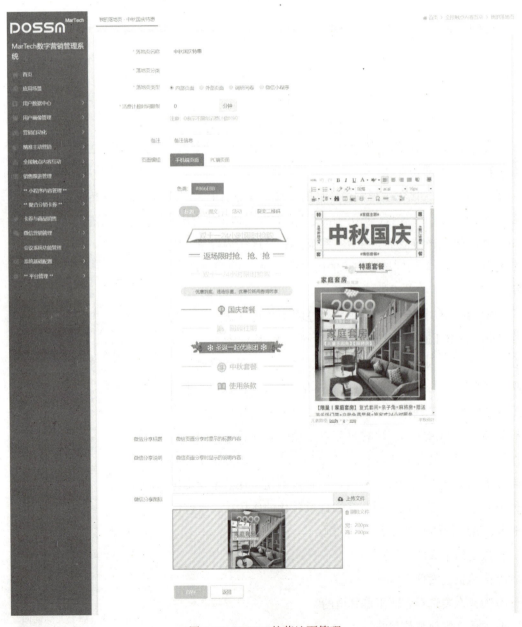

图 2-24　SCRM 的落地页管理

（5）销售管理

SCRM 系统是移动互联网和社交媒体时代的产物，当用户在移动端接收到企业对产品和服务的推广内容，可以同时进行产品订购和在线支付，这就让宣传推广和销售转化合二为一，即"品效合一"。

在我国，SCRM 系统的销售管理侧重于 H5 微商城或者小程序微商城的使用，如图 2-25 所示，在微信公众号中实现商城产品的预售和客房产品的预订。通过 SCRM 系统开展销售，用户可以将商城中的产品通过社交媒体进行分享，这使得企业可以开展裂变营销，借助于微商城具有的分享功能将产品延伸到客户的社交关系链。为了最大限度地刺激用户传播，分享有奖、电子优惠券、秒杀、拼团等方法在微商城得到广泛的应用。在福利和限量促销的刺激下，客户就变成企业的一个推广连接点，为企业低成本获客源源不断地做出贡献。

图 2-25　酒店微商城和客房预订

（6）客户分享管理

分享是人类常见的社交行为，人们通过分享实现表达想法、帮助他人、提升自身形象等目的。社交媒体是数字时代最普及的分享工具，因而从企业视角，鼓励用户分享将有助于企业品牌的快速传播。社交型客户关系管理系统的核心功能之一就是帮助企业设置分享的机制，从而促使用户在其社交网络中分享企业优质的产品和服务内容，为企业带来更多的潜在客户。

基于 SCRM 系统的分享营销见图 2-26。

图 2-26　基于 SCRM 系统的分享营销

（7）数据分析

数据分析能力是 CRM 系统的核心功能，数据分析贯彻了业务运营的各个环节。CRM 系统帮助企业做到业务全过程的数据跟踪，以便企业根据数据分析发现规律和趋势，并根据这些原始数据分析得出的信息去优化下一步的决策。

对数据进行分析同样也是 SCRM 系统的核心功能，但 SCRM 系统更加注重社交互动层面的数据分析，如内容营销的效果和客户互动行为统计。通过这些数据，可以发现通过社交媒体与客户互动的效果和趋势，从而不断优化内容营销、社交互动的策略。

基于 SCRM 系统的传播效果分析见图 2-27。

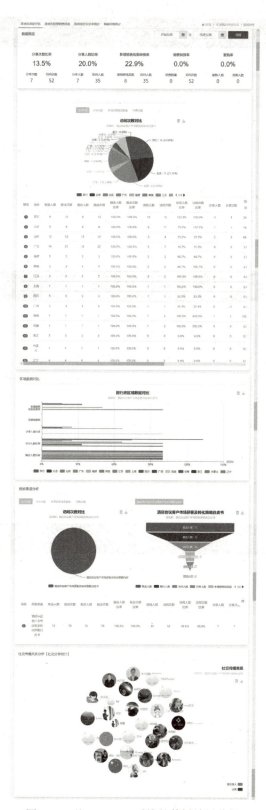

图 2-27 基于 SCRM 系统的传播效果分析

【本节概述】

SCRM 系统是一种融合社交媒体传播、社交互动管理的新型客户关系管理系统，其应用重点是在移动互联网和社交媒体环境中的多接触点沟通和连接。传统 CRM 系统和 SCRM 系统相比，在应用重点、接触点、沟通对象、客户连接方式、客户培育方法、客户转化方法、客户留存方法和客户拥护形式上都有显著的不同。并且传统 CRM 系统是自成一体系的业务系统，但 SCRM 系统无法离开社交媒体对接单独运行。

在我国，SCRM 系统多和微信公众平台深度结合。SCRM 系统的主要功能包括社交媒体管理、客户管理、互动管理、内容及活动管理、销售管理、客户分享管理和数据分析。SCRM 系统的重要意义是在互动过程中传播品牌，并实现销售转化，从而达到"品效合一"目标。

【主要术语】

1）SCRM：是一种融合社交媒体传播、社交互动管理的新型客户关系管理系统。

2）弱关系（Weak Ties）：社交互动和传播的用户之间没有很强的社会关系和纽带，但信息传播面会更广。

3）强关系（Strong Ties）：社交互动和传播的用户之间没有很一定的社会关系和纽带，信息传播面有限。

4）原生管理平台：由社交媒体平台提供的官方管理后台。

5）落地页（Landing Page）：是用户点击营销广告或者软文中链接后进入的第一个页面，是连接内容和产品的载体。

6）品效合一：在实现品牌传播同时达到销售转化的目的。

【练习题】

一、自测题

1）SCRM 系统在全接触点管理上有哪些特色？

2）SCRM 系统在客户体验运营上有哪些特色？

3）SCRM 系统在客户协作建立上有哪些特色？

4）SCRM 系统和传统 CRM 系统的区别有哪些？

5）SCRM 系统通常有哪些功能？

6）在我国，哪些社交媒体是强关系属性？哪些社交媒体是弱关系属性？

7）在 SCRM 系统中，为何要托管社交媒体原生管理平台？

8）和传统 CRM 系统相比，SCRM 系统在客户信息方面有哪些独有的数据采集内容？

9）一个好的落地页的衡量标准有哪些？

10）什么是点击型落地页？

11）什么是线索生成型落地页？

二、讨论题

请讨论 SCRM 系统对酒店和旅游业的客户关系管理有什么作用和意义？

三、实践题

请将 DOSSM-SalesTech 系统中有关 SCRM 系统的每个栏目中的功能进行详细的归纳,并整理出相关参数。

第四节 用户数据平台

客户关系管理对企业来说至关重要,客户关系管理的方法和工具也在与时俱进。在大数据、人工智能和云计算技术的驱动下,不断创新的数字营销工具给企业带来新的营销方法和渠道的同时,也让企业拥有了前所未有丰富的数据。作为数据采集、分析和使用的 CRM 系统因为客户端工具层出不穷、客户数据日益扩大和多样化,从而显得有点力不从心了。客户关系管理的系统工具不断发生演变,其中用户数据平台(Customer Data Platform,CDP)开始在客户关系管理中扮演重要的角色。

用户数据平台出现的背景,是因为通过传统 CRM 系统甚至 SCRM 系统去管理客户关系,企业会面临越来越复杂的营销环境所带来的诸多挑战。

(1)企业跨平台数据的整合

酒店和旅游业常用的客户端工具有官方网站、微信服务号、微信小程序、微信订阅号、微信企业号、APP、短信平台、电子邮件平台等。这些客户端工具可能都是由不同的技术服务商提供,相互之间并没有打通。更为关键的是,不仅仅不同的客户会使用不同的客户端工具,甚至同一个客户可能会在不同场景下使用不同的客户端工具,这就导致客户识别和客户数据分析的难度加大,因为绝大多数现有 CRM 系统和 SCRM 系统都无法解决由不同技术服务商提供而导致的跨平台数据整合。

(2)客户数据的完整性和全面性

任何一个企业都不可能迎合所有消费者,只能专注于合适自己的利基市场(Niche Marketing)甚至超细分市场。将客户细分的方法仅仅依赖 CRM 系统中的业务数据是不完整和不准确的,因为数据越来越碎片化,并来自线上和线下不同的业务场景和渠道,CRM 系统中的数据很难反映客户的真实画像。此外,CRM 系统仅仅针对已知的潜在客户和已经完成交易的客户进行数据分析,但无法做到多接触点数据的采集,例如对在传播过程中接触的用户进行数据采集并提供个性化体验,而这恰恰是数字时代企业开展精准营销和运营的关键。

(3)客户数据的时效性

即便 CRM 系统中储存了百万或千万级数据量的用户,但消费者的自身情况和个人需求还是在不断动态变化的。如果这些用户数据不能够常态化更新,反而会成为企业的数据负担。基于客户新鲜的数据满足客户当下的需求才能产生和建立高质量的客户关系。传统的 CRM 系统无法做到实时数据的采集和更新。

传统的 CRM 系统是负责业务层面的客户关系管理,SCRM 系统是负责交互层面的客户关系管理。两类客户关系管理系统都无法解决客户多接触点数据的整合、分析和利用的问题,这就导致企业在客户数据资源管理和利用上有很大的局限性。而用户数据平台（CDP）作为一种新型的、数据驱动的客户关系管理系统，则可以弥补 CRM 系统和 SCRM 系统在大数据时代企业客户关系管理上的局限性。

1. 用户数据平台的概念

用户数据平台是用于获取在整个消费者旅程（Customer Journey & Customer Experience Journey，简称 CXJ，是指从消费者对品牌感知到购买再转化到品牌拥护者或品牌大使的整个过程）中直接产生的与个人相关的第一方数据，并对这些数据进行分析和利用。第一方数据是指企业直接通过营销活动采集的关于人的数据。这个"第一方"是指数据的获取方式，此外还有第二方数据和第三方数据之分。第二方数据是指直接从拥有第一方数据的机构分享和购买的数据；第三方数据是指数据来源服务商通过向其他方采集再销售的数据。第一方数据通常来自企业自身的数字营销工具以及 CRM 系统所产生的数据，因此可信度、精准度和质量最高。

CDP 本质上是企业获取、管理、应用私域数据的系统平台。私域数据是指"企业与它的消费群体进行接触、沟通、互动与交易时产生并收集的个人数据及这些数据的打通与整合"，CDP 的目的是帮助企业更好地利用私域数据，实现更高水平的数字化营销和运营（纷析智库，2019）。

CDP 中的私域数据包括如下：

① 网页上访问者的行为数据。

② 下载企业自身 APP 的用户及其行为数据。

③ 企业自身小程序的用户及其行为数据。

④ 访问企业直接发布的 H5 页面的用户相关数据。

⑤ 广告展现和点击数据。

⑥ CRM 系统中的客户数据（个人信息、交易数据、售后数据）。

CRM 系统和 SCRM 系统也是用于第一方数据的收集、分析和利用，但是和 CDP 的区别在于 CDP 中的"Customer"和 CRM 系统以及 SCRM 系统中的"Customer"所指的范围不一样。CRM 系统中的"Customer"是指潜在客户和完成交易的客户；SCRM 系统中的"Customer"多是指关注社交媒体账号的粉丝；而 CDP 中的"Customer"不仅仅包括 CRM 系统和 SCRM 系统中的"Customer"，还包括更多接触点的用户。例如，在企业直接发布的落地页上填写信息的人、下载企业 APP 的用户、在官方网站下单但是取消的客人，还包括下载企业 APP 但没有留下任何联系方式的用户、访问微信公众号但没有关注的用户、曾经关注过微信公众号但是取消关注的用户等。因此，CDP 中的"Customer"远比 CRM 系统和 SCRM 系统中的"Customer"要更加宽泛。此外，CDP 并不强调一定要储存客户的个人验证信息（Private Identified Information，PII），比如姓名、手机号码、电子邮箱等。CDP 可以用匿名 ID 来标识每一个接触的人，因为当这些人在使用企业提供的第一方数字营销工具时，尤其在移动端，每个人手机中的设备号和社交媒体的 ID 都是独一无二的，CDP 可以通过接口采集到这些个体用户的 ID 来标识用户，而不一定需要采集到个体用户的姓名和联系方式。CDP 与传统 CRM 系统有相似之处,但也存在显著的差异,最大差异是人群、接触点和应用的不同(纷析智库,2019)。

在表 2-3 中,对比了 CRM 系统、SCRM 系统和 CDP 的主要差异。还需要提及的是,CDP 不像 CRM 系统可以独立使用。CDP 是一个数据系统,数据来自于企业产生第一方数据的各个数字化工具。大多数情况下,企业的数字化工具不可能由一家服务商提供,因此,CDP 必须要和这些数字工具对接。

表 2-3 CRM 系统、SCRM 系统和 CDP 的主要差异对比

	CRM 系统	SCRM 系统	CDP
系统定位	业务运营	在线交互	资源管理
应用层级	操作层级	交互层级	基础层级
账户 ID	实名 PII 信息	社交媒体 ID; 实名 PII 信息	匿名 ID; 实名 PII 信息
人群	客户; 潜在客户	粉丝	1. 客户 2. 潜在客户 3. 粉丝 4. 企业第一方接触点所触达到的人
接触点	销售接触点; 服务接触点	系统对接的社交媒体接触点	1. 销售接触点 2. 服务接触点 3. 自媒体接触点 4. 线下连接线上的接触点
功能	1. 销售管理 2. 大客户管理 3. 会员管理	1. 销售管理 2. 社交互动 3. 内容营销	1. 营销管理 2. 销售管理 3. 人群管理 4. 社交互动 5. 内容营销 6. 营销自动化 7. 广告投放管理
数据属性	1. 长期数据 2. 静态数据 3. 非实时数据	动态数据	1. 长期数据 2. 动态数据 3. 实时数据 4. 全消费旅程数据
系统独立性	独立; 自成一体系	与社交媒体对接下可自成一体系	无法独立使用

CDP 作为一个数据应用和加工系统,负责对消费者旅程采集到的第一方数据进行整合和分析,然后从不同维度加工成标签,帮助企业更加懂得客户。由于 CDP 采集的数据范围更广,比 CRM 系统和 SCRM 系统更加有条件实现消费者的标签丰富性和精准性。但做到 360° 的用

户画像并非 CDP 的目标，从技术、伦理和法律层面，任何客户关系管理系统也实现不了真正意义上的 360° 用户画像。在应用层面，一个标签就是一个超细分市场，标签背后就是一组有类似行为的人群。针对细分后的人群可以采取什么营销行动？这就是 CDP 要解决的问题。

2. 用户数据平台的功能

在企业营销和客户关系管理工具体系中，CDP 是基础构建之一，为企业提供用户数据资产的管理。CDP 采集的数据都是属于企业的私域数据性质，产生于企业的客户管理和营销互动过程中。CDP 对这些来自不同接触点、不同渠道的用户数据进行分析和利用，不断驱动企业客户关系管理和营销工作。

CDP 在企业整个营销和客户关系管理架构中的位置如图 2-28 所示。用户数据平台的核心逻辑就是数据获取和打通、数据分析和数据利用。数据获取和打通是将多触点的数据进行抓取；数据分析是对同一个客户的数据进行匹配，通过打标签来构建用户画像；数据利用有两个方向，一个是针对用户标签进行营销自动化，另外一个是将用户数据输出给第三方数据管理平台开展 Look-alike。数据应用的效果会用可视化报表（BI）的方式展示。

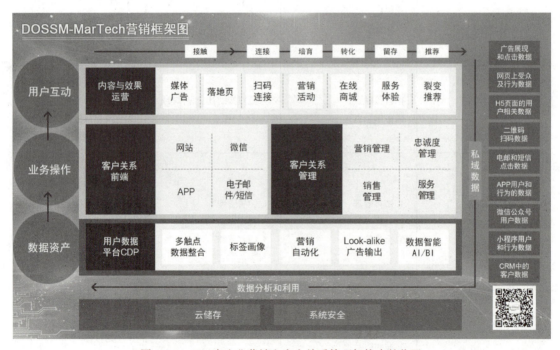

图 2-28　CDP 在企业营销和客户关系管理架构中的位置

上述架构图也说明了 CRM 系统、SCRM 系统和 CDP 的相互关系。CRM 系统位于中间层，负责业务；SCRM 系统位于上层，负责互动。而 CDP 位于底层，负责数据整合和利用。

（1）多接触点数据获取和打通

CDP 的首要功能是在不同的接触点上获取用户的相关数据。线上的接触点主要是官方网站、H5 网页、电子邮件、短信、APP、微信公众账号、小程序等，这些工具可能是由不同的服务商提供，CDP需要通过嵌入监测代码和埋点实现这些私域数据的收集。所谓"埋点（Event Tracking）"，是一种在数据采集领域中的常用技术方法，是指通过相关技术对系统中特定的用户交互、交易以及其他行为或事件进行捕获、处理和发送的整个实现过程。按照系统中埋点的位置，可分为前端（客户端）埋点与后端（服务器端）埋点；而前端（客户端）埋点按照实现方式，又可以细分为代码埋点、全埋点（也称无埋点）、可视化埋点。埋点数据采集的技术实现原理，是通过软件代码监听系统运行过程中发生的各种事件，并对需要采集的事件及其相应数据进行捕获、处理和发送。

相关情况见图2-29。

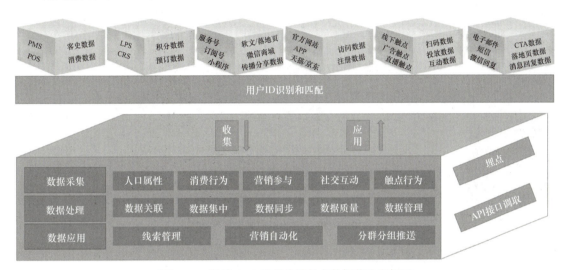

图2-29　通过CDP进行多接触点数据获取和打通

（2）构建用户画像

用户画像（User Profile）是用户信息标签化、可视化的展现，它由一系列描述用户行为特征的短语构成，即标签。没有标签，用户画像就无从谈起。CDP进行多接触点数据获取和打通后，就处理成标签，以便尽可能详细地描述个体用户的特征，预测用户未来的行为。每一个标签其实就是一组人群，用户画像使得企业拥有了细分客户和开展精准营销的能力。

相关情况见图2-30。

从技术层面上看，构成用户画像的标签有不同的类型。比如事实标签、模型标签、预测标签等。事实标签是基于单一事实或属性数据，或者基于公认的规则从事实数据中提取而得到的标签。模型标签是指在事实数据的基础上，按照一定的组合和逻辑判断模型或数据挖掘分析模型，经过推导得到的标签，而且对于不同的运营者和运营对象，同样的标签推导模型中往往包含有不一样的变量。预测标签则是基于用户的属性、行为、交易、位置和特征等等信息，利用大数据分析和人工智能技术，挖掘用户的潜在需求，并针对这些潜在需求配合企业的营销策略和营销规则而得到的标签，通常用于实现营销中在合适的时间、合适的场景将合适的内容推送给合适的用户。从运营层面上看，用户画像的标签根据数据实效性可以分为静态标签和动态标签。静态标签是面向长期不会发生变化的行为，比如性别、星座；而动态标签会面向动态变化的行为，比如用户活跃度。

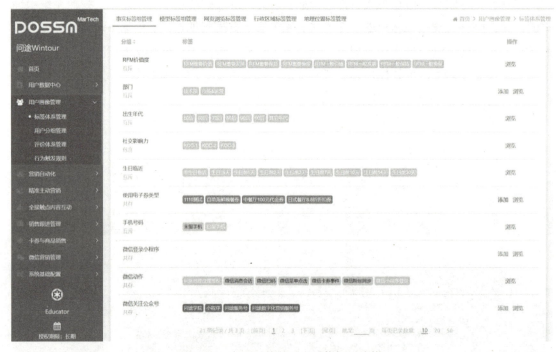

图 2-30　CDP 系统的用户画像标签功能

（3）营销自动化

CDP 的天然搭档工具是营销自动化（Marketing Automation，MA）。营销自动化是流程化、自动化执行营销任务的技术，主要在营销过程、服务过程和销售过程中根据预设的规则自动化地参与客户互动和体验。CDP 将加工好的数据输出给 MA，由 MA 去自动执行合适的营销任务。借助于营销自动化技术，CDP 就具有了更多的能力，如增强细分市场用户的个性化体验、促进全接触点营销获客、提升线上销售转化率、实现智能化服务营销、开展交叉及升档销售。

① 增强细分市场用户的个性化体验。CDP 能够根据标签分组实现内容的个性化传递。这个传递主要是借助于营销自动化技术实现。在旅游和酒店业有多个细分市场，CDP 根据标签将用户分组，然后由营销自动化工具向不同分组的用户群体提供不同的营销体验和个性化内容。

② 促进全接触点营销获客。CDP 会采集用户在不同接触点的数据。企业只需要根据接触点客户的需求策划好相应的"诱饵"，引导在触点上的用户点击、关注或注册，然后由 CDP 去采集正在互动中的用户的信息，并通过营销自动化技术及时响应用户的需求，实现接触点上的营销获客。

③ 提升线上销售转化率。在企业的线上销售界面，不同的访问者对产品的需求是不同的。CDP 可以在线上销售界面将分析到的访问者标签传递给营销自动化工具，从而在页面上实现

将合适的产品推荐给合适的人,实现销售转化率的提升。

④ 实现智能化服务营销。服务营销的模式主要有两类:一类是通过人工的方式提供个性化或者定制化的服务,还有一类是通过自助服务技术(Self-service Technology,简称SST)提供服务。借助于CDP,服务营销可以实现智能化的服务营销(Smart-service Technology),即根据用户的触点,判断用户所处的场景和需求,然后借助于营销自动化工具向用户传递个性化的服务信息。例如,对于一个第一次入住的客人,一个潜在的需求是寻找酒店周边的吃喝玩乐信息。客人在客房内通过微信扫一扫床头柜上的二维码,CDP会初步判断客人的来源地和性别,然后向不同来源地和性别的客人自动地推荐不同的目的地信息。

⑤ 开展交叉或升档销售。和智能化服务营销类似,当CDP将触达到的客人标签输出给营销自动化工具后,根据规则触发销售推荐,向对的客人在对的时间自动化推送对的产品或服务,从而实现交叉或升档销售的目的。

营销自动化的两个关键之处是营销过程的自动化和营销内容的精准化。其价值在于对营销过程中的各个环节和任务进行优先级排序,营销人员不用再手动整理各个营销任务,利用技术代替重复性的人力劳动,规模化地降低营销运营成本。可以说,营销自动化是一种的新的工作方式,以一种更有效、更有成本效益的方式管理营销和客户关系管理业务。

相关情况见图2-31。

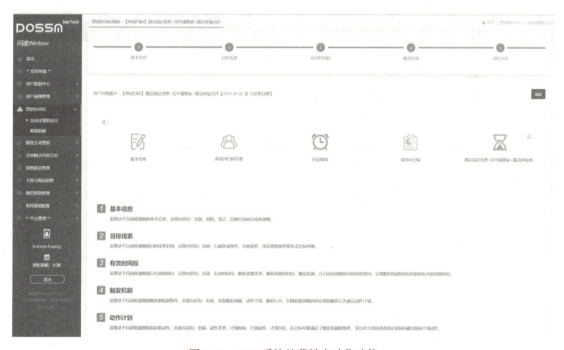

图2-31 CDP系统的营销自动化功能

(4)相似人群扩展营销

CDP的数据除了输出给营销自动化工具外,还有一个用途是输出给拥有第三方数据的广告平台，以便开展相似人群扩展营销（Look-alike）。CDP将所采集的人群数据传输给拥有大量第三方用户数据的广告平台（如DMP，Data Management Platform，特指第三方数据管理平台），然后去匹配第三方数据库中类似的人群，进行相似人群扩展营销（Look-alike），并对扩展后的人群进行广告投放，尽可能确保投放对象的精准性，实现广告投放效果的提升。具体情况见图2-32。

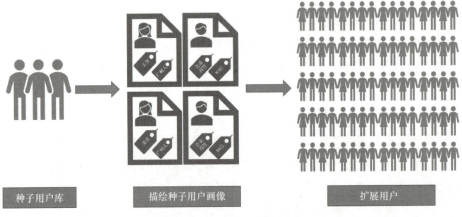

图 2-32　Look-alike 营销广告

【本节概述】

用户数据平台（CDP）作为一种新型的、数据驱动的客户关系管理系统则可以弥补CRM系统和SCRM系统在大数据时代企业客户关系管理上的局限性。CRM系统、SCRM系统和CDP在系统定位、应用层级、账户ID、人群、触点、功能、数据属性、系统独立性方面有显著的差异。CDP本质上是企业获取、管理、应用第一方数据（也称为私域数据）的系统平台，第一方的数据通常来自于企业自身的数字营销工具以及CRM系统所产生的数据，因此可信度、精准度和质量最高。

用户数据平台的核心逻辑就是数据获取和打通、数据分析和数据利用。数据获取和打通是将多接触点的数据进行抓取；数据分析是对同一个客户的数据进行匹配，通过打标签来构建用户画像；数据利用是针对用户标签进行营销自动化或者将用户数据输出给第三方数据管理平台开展Look-alike。CDP的首要功能是在不同的接触点上通过"埋点"等方式获取用户的相关数据并打通，然后处理成标签，以便尽可能详细地描述个体用户的特征和预测用户未来的行为。营销自动化是CDP的天然搭档，用于增强细分市场用户的个性化体验、促进全接触点营销获客、提升线上销售转化率、实现智能化服务营销、开展交叉及升档销售。CDP的数据除了输出给营销自动化工具外，还有一个用途是输出给拥有第三方数据的广告平台，以便开展相似人群扩展营销（Look-alike）。

【主要术语】

1）用户数据平台：是用于获取在整个消费者旅程中直接产生的与个人相关的第一方数据，并对这些数据进行分析和利用。

2）私域数据：企业与它的消费群体进行接触、沟通、互动与交易时产生并收集的个人数据及这些数据的打通与整合。

3）PII：个人验证信息（Private Identified Information），如姓名、手机号码、生日、身份证号码、电子邮箱等。

4）埋点：Event Tracking，是一种在数据采集领域中的常用技术方法，指通过相关技术对系统中特定的用户交互、交易以及其他行为或事件进行捕获、处理和发送的整个实现过程。按照系统中埋点的位置，可分为前端（客户端）埋点与后端（服务器端）埋点；而前端（客户端）埋点按照实现方式，又可以细分为代码埋点、全埋点（也称无埋点）、可视化埋点。埋点数据采集的技术实现原理，是通过软件代码监听系统运行过程中发生的各种事件，并对需要采集的事件及其相应数据进行捕获、处理和发送。

5）用户画像：User Profile，是用户信息标签化、可视化的展现，它由一系列描述用户行为特征的短语（称之为标签）构成。

6）事实标签：基于单一事实或属性数据，或者基于公认的规则从事实数据中提取而得到的标签。

7）模型标签：指在事实数据的基础上，按照一定的组合和逻辑判断模型或数据挖掘分析模型，经过推导得到的标签。

8）静态标签：面向长期不会发生变化的行为的标签，比如性别、星座。

9）动态标签：面向动态变化的行为，比如用户活跃度。

10）营销自动化：是流程化、自动化执行营销任务的技术，主要在营销过程、服务过程和销售过程中根据预设的规则自动化地参与客户互动和体验。

11）智能化的服务营销：Smart-Service Technology，根据用户的接触点，判断用户所处的场景和需求，然后借助于营销自动化工具向用户传递个性化的服务信息。

12）相似人群扩展营销（Look-alike）：将所采集的人群数据传输给拥有大量第三方用户数据的广告平台（如DMP，Data Management Platform，特指第三方数据管理平台），然后去匹配第三方数据库中类似的人群，进行相似人群扩展营销（Look-alike），并对扩展后的人群进行广告投放，尽可能确保投放对象的精准性，实现广告投放效果的提升。

【练习题】

一、自测题

1）通过传统CRM系统和SCRM系统去管理客户关系，企业还面临哪些挑战？

2）第一方数据、第二方数据和第三方数据有什么区别？

3）CDP中所指的私域数据有哪些？

4）CRM系统、SCRM系统和CDP中所指的"Customer"有什么区别？

5）CRM 系统、SCRM 系统和 CDP 在系统定位和应用层级上有什么区别？

6）CRM 系统、SCRM 系统和 CDP 的账户 ID 有什么不同？

7）CRM 系统、SCRM 系统和 CDP 面对的人群和接触点有什么不同？

8）CRM 系统、SCRM 系统和 CDP 的功能有什么不同？

9）CRM 系统、SCRM 系统和 CDP 在采集的数据方面有什么不同？

10）CRM 系统、SCRM 系统和 CDP 在系统独立性方面有什么不同？

11）360°的用户画像是否可以实现？

12）用户数据平台的数据利用方面有哪两个方向？

二、讨论题

营销自动化在旅游行业有什么作用？请根据某一旅游业态的消费者旅程进行应用场景描述。

三、实践题

请将 DOSSM-MarTech 系统中有关 CDP 每个栏目中的功能进行详细的归纳，并整理出相关参数和使用说明。

第三章　客户增长管理

【本章结构】

本章一共分为七节,第一节是客户增长模型,第二节是客户接触,第三节是客户连接,第四节是客户培育,第五节是客户转化,第六节是客户留存,第七节是客户拥护。

从本章开始,每一节的学习方式为先进行理论学习,然后再通过实验任务设计加深对理论认知和综合应用,实验任务设计见第六章"客户关系管理和运营的实验任务"。内容结构如下图所示。

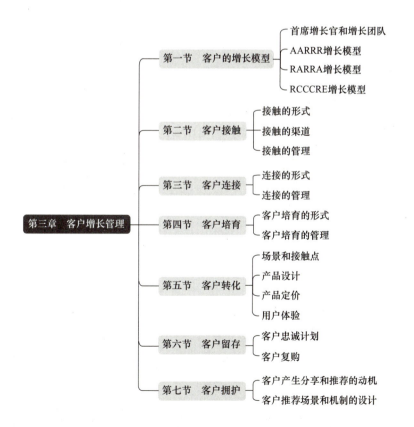

【学习目标】

学习层次	学习目标
知道层次 Knowledge	① 陈述用户增长模型； ② 陈述关键时刻 MOT 理论模型； ③ 陈述消费者旅程
理解层次 Comprehension	① 解释首席增长官； ② 解释增长团队； ③ 描述 AARRR 增长模型； ④ 归纳客户接触的形式； ⑤ 解释酒店业客户细分方法； ⑥ 归纳落地页设计的关键问题； ⑦ 描述 RMF 模型
应用层次 Application	① 对比 AARRR 增长模型和 RARRA 增长模型区别； ② 举例说明客户接触、客户连接、客户培育、客户转化、客户留存和客户拥护的应用场景； ③ 举例说明通过官网、微信公众平台、APP 是如何实现"客户连接"目的的； ④ 举例说明酒店业的蝴蝶型客户、挚友型客户、过客型客户和藤壶型客户； ⑤ 举例说明促使客户复购的方法
分析层次 Analysis	① 分析 RCCCRE 增长模型； ② 分析接触点有效管理的步骤； ③ 分析落地页开发的步骤； ④ 实践客户接触、客户连接、客户培育、客户转化、客户留存和客户拥护的相关任务； ⑤ 对比传统营销活动策划流程和数据化营销策划流程的步骤； ⑥ 分析客户转化的条件和流程； ⑦ 对比开放型忠诚计划和限制型忠诚计划的区别
综合设计层次 Synthesis	① 设计酒店业的消费者旅程地图； ② 设计客户增长模型； ③ 设计酒店业用户画像的标签体系； ④ 设计客户价值的评价因子和模型； ⑤ 设计营销自动化的规则； ⑥ 设计产品打包和组合策略； ⑦ 设计交叉销售和向上销售的产品； ⑧ 设计产品定价方法； ⑨ 设计客户分层体系； ⑩ 设计客户积分计划； ⑪ 设计客户权益； ⑫ 设计促使客户复购率提升的活动形式； ⑬ 设计通过福利和利益留存客户的方法； ⑭ 设计并完成相关的实验任务

（续）

学习层次	学习目标
评价层次 Evaluation	① 评估客户增长过程中是否有违反和个人隐私保护相关的法律法规； ② 评价客户增长模型的每一个步骤（客户接触、客户连接、客户培育、客户转化、客户留存和客户拥护）的实施质量； ③ 评估微信关注欢迎语的质量； ④ 评价内容是否对客户有说服力； ⑤ 评估网页的用户体验； ⑥ 评估实验任务的实施结果

第一节　客户增长模型

客户关系管理的目的是实现企业的商业目标，用户增长毫无疑问是最核心的商业目标。用户增长有两个重要的内容：一个是新客户增长，目的是扩大有效客户规模；另外一个客户运营，目的是实现客户转化和客户拥护。为了实现用户增长的目的，企业需要在如下六个应用场景上考虑相关策略：

① 内容和体验（Content and Experience）。
② 营销（Marketing）。
③ 电子商务平台（E-Commerce）。
④ 销售（Sales）。
⑤ 服务（Service）。
⑥ 数据管理（Data Management）。

上述所有的策略都涉及企业不同的职能部门，没有一套适用的客户关系管理系统是无法进行有效客户关系管理的。上述六个应用场景都是新一代客户关系管理系统需要支持的应用范围，但仅有技术支持还不够，还需要组织架构和管理流程的调整。

1. 首席增长官和增长团队

在组织架构上，不少顶级公司为了增长这个目标甚至设立了专门的岗位。某世界500强跨国公司为了打造以增长为导向以及以客户为中心的公司，在2017年宣布撤销CMO岗位，设立首席增长官（CGO，Chief Growth Officer），统一负责全球市场营销、客户服务、企业战略、业务部门。首席增长官在更多的知名公司开始设立。首席增长官是"以不断变化的顾客需求为核心，将市场、产品、运营和客户服务通过一体化战略的方式来推动公司增长的核心管理职位"（张溪梦，2017）。除了CGO这个创新的岗位出现，很多顶级公司也成立了增长团队，增长团队的指导思想是最大限度发挥现有用户的价值，而不仅仅是只关注用户群规模的扩大。增长团队的成立是建立在打破不同业务部门"各自为政"而形成的彼此孤立的现象基础上的，由跨职能部门的人员抽调构成，包括增长负责人、产品经理、软件工程师、营销专员、数据分析师和产品设计师构成［埃利斯（Ellis）和布朗（Brown），2018］。

2. AARRR 增长模型

在客户增长的管理流程上,有不少增长模型被提出,用于指导业务和增长工作。其中,AARRR 作为一个广为人知的增长模型,一直被数字营销和运营人员所推崇。AARRR 是美国硅谷一位创业者戴夫·麦克卢尔(Dave Mcclure)在 2007 年提出的,用于解释用户增长漏斗的五个关键指标,分别是 Acquisition(获客)、Activation(激活)、Retention(留存)、Revenue(营收)、Referral(推荐)。五个关键指标是一个线性顺序,最终形成一个用户漏斗分析模型,见图 3-1。

图 3-1 AARRR 用户增长模型

在 AARRR 模型中,第一阶段是新客户获取(Acquisition)。搜索引擎优化、搜索引擎营销、二维码扫码关注、线下活动、在线广告、电子邮件营销、短信营销、内容运营等推广手段都是目前常见的获客渠道,目的是让潜在客户从不同渠道触达到企业的推广内容,并进入相关落地页。在这个阶段,获取一个新客户所花费的获客成本是否合理也是这个阶段成功与否的关键因素。酒店从 OTA 上获取一个新客户,要支付的成本包括 10%~15% 的佣金,如果参加 OTA 平台上的推广活动或者促销活动,获客成本可能更高,甚至相当于佣金翻倍。由于 OTA 获客成本太高,所以很多酒店开展在线直销,但在线直销需要自建系统、组织运营团队以及通过让利、在线广告和大促活动等方式获取新客户,这同样也需要花费不菲的获客成本。所以,企业要根据不同的渠道去计算获客成本,并根据获客成本优化获取渠道的结构。

AARRR 模型的第二阶段是用户激活(Activation)。让用户感受到"啊哈时刻"(Aha Moment,即惊喜时刻),也就是让客户发现产品核心价值,感到眼前一亮,无法拒绝使用产品的时刻(Ellis & Brown, 2018)。在这个阶段,部分用户将被激活,完成下载、关注、留资、注册、初次订购等某一行为,成为产品和服务的使用者。不少互联网企业根据日活(Daily Active Users,DAU,即日活跃用户数量)、周活(Weekly Active Users,WAU,即周活跃用户数量)、月活(Monthly Active Users,MAU,即月活跃用户数量)等指标衡量客户激活的效果,但这些指标对于旅游和酒店业这类低频消费的行业来说意义不大。在这个阶段,有三个要素影响客户激活的成功率。首要因素是产品和服务的质量,也就是用户体验是否优质,不仅仅是简单地满足用户的需求,而且是让用户喜出望外。其次,用户是否符合企业市场定位的要求非常重要。很多旅游企业用低价秒杀、团购等活动一次性带来大量的新客户,但这些新客户大多都是价格敏感型的消费者甚至是善于"薅羊毛"的"羊毛党",一旦价格恢复正常,这些"羊毛党"就会立即消失。所以,根据企业的目标市场定位选择合适的推广渠道以及推广方法很重要。最后,落地页的质量对用户是否能够顺利完成下载、关注、留资、注册、初次订购等行为是起着决定性影响的。落地页的设计要能够充分回答五个问题:"这是给谁看的?""落地页上卖什么?""为什么要选择它而不是其他的?""为什么它值得信任?""为什么要立即行动？"企业可以通过 DOSSM-MarTech 系统查看获取新用户的地域、性别、接触点等信息判断客户是否是目标客户，并跟进用户在从进入落地页到完成转化的每一个步骤的转化率，从中发现问题并进行优化。

AARRR 模型的第三阶段是客户留存（Retention）。部分被激活的用户对企业产生信任和依赖，积极响应企业的营销活动。在智能手机客户端 APP 的推广中，进行次日留存、7 天留存、30 天留存的评估是常见的现象。但在旅游和酒店行业，由于消费频次比较低，仅仅看一个用户的次日留存、7 天留存、30 天留存是没有意义的。旅游企业要根据自身营销内容和活动的推广周期、产品的消费规律去衡量客户留存的情况。对于大型的旅游企业或者连锁酒店来说，让目标客户在这个阶段加入忠诚度计划、用积分奖励计划刺激客户留存是非常重要的方法。对于中小型旅游企业或者单体酒店来说，则需要让目标客户持续关注微信公众平台，用优质的内容和精心设计的福利去吸引客户留存。通过 DOSSM-MarTech 系统分析新客户是否注册成为会员、是否在官方网站、微信公众平台有互动行为，这有助于帮助旅游企业发现客户留存中的问题，及时进行优化。

AARRR 模型的第四阶段是客户营收（Revenue）。从互联网公司角度来说，客户营收有三种基本方式，即流量变现、广告变现和数据变现。在这个阶段，客户终生价值（Life Time Value，简称 LTV）是企业非常看重的指标，也就是企业在用户的整个生命周期能够获得的总收益。企业要对付费用户比例、二次付费用户比例进行分析，评估客户营收的效果。此外，ATV（Average Transaction Value，即客单价）、ARPU（Average Revenue Per User，即每用户平均收入）及 ARPPU（Average Revenue Per Paying User，即每付费用户平均收益）也是用于评估不同渠道客户质量以及营销效果的常用指标。在旅游行业，客户营收就是指旅游产品和服务的消费。为了让客户产生交易，旅游企业会制定年度促销日历，通过多种促销活动和营销方法吸引客户产生交易。

AARRR 模型的第五阶段是客户推荐（Referral）。客户推荐是一种利用客户的社交影响力进行新用户获取的方式，是最具持续性和效益性的增长方式之一，是一种高度可衡量、可扩展的增长模式（张溪梦，2017）。消费者通过社交媒体分享和推荐内容是常见的行为，企业所需要重视的是，在为客户提供优质产品和服务的同时，设计好客户推荐的机制，让客户成为企业品牌的宣传大使，成为企业产品和服务的"编外销售员"。旅游行业是一个为消费者创造美好体验的行业，"有温度"的服务容易让消费者有分享的动力；旅游行业也是一个充满内容的行业，每个产品和服务背后都是故事，在线上提供优质的内容也容易促使消费者分享。社交电商技术的普及更让客户推荐变得极其简单，只需要将产品内容页面在社交媒体中分享即可，甚至可以生成带有个人标识的海报进行分享。由于旅游产品本身也具有独特的价值，在朋友圈中分享往往会有一定的效果，起到自用省钱、分享赚钱的目的。旅游企业可以通过 DOSSM-MarTech 系统分析哪些客户是有分享行为并洞察其为企业获客和带货的效果，这些消费者可以被视之为是关键意见消费者（Key Opinion Consumer，KOC），企业要注重日常的联系互动，进行精心培育。

3. RARRA 增长模型

AARRR 增长模型的提出是在 2007 年，当时还是互联网用户高速增长的时代，企业可以充分利用"互联网红利"来低成本获取新客户，所以 AARRR 增长模型的第一步就是新客户获取。10 多年后，智能手机几乎成为消费者生活的必需品，移动互联网和社交媒体的普及暗示着"互联网红利"时代的结束。在"马太效应"（Matthew Effect）的影响下，大的互联网平台几乎垄断了流量入口，旅游企业直接获取新客户的成本越来越高。此外，互联网上的竞争越来越激烈。2007 年，拥有微信公众账号的旅游企业可能还不多，现在，几乎每一个旅游企业都有自己的微信公众账号；2007 年，手机中能够预订酒店的 APP 还不多，今天，消费者的手机中能够预订酒店的 APP 不下 10 个。这种情况也非常容易导致客户的流失率高、留存率下降。因此，AARRR 在高获客成本和高流失率的环境中，增长模式受到挑战。托马斯·佩蒂特（Thomas Petit）和贾博·帕普（Gabor Papp）提出了一种优化的增长模型——RARRA。客户增长漏斗的五个关键指标依次是 Retention（客户留存）、Activation（客户激活）、Referral（客户推荐）、Revenue（客户营收）、Acquisition（客户拉新）。

RARRA 这个增长模型将 Retention（客户留存）放在首个阶段，凸显企业存量客户的重要性。企业需要狠抓产品和服务质量，将服务重点放在现有客户身上，对现有客户进行数据分析，了解客户的特征和偏好，从而为客户提供个性化的产品和服务体验。RARRA 模型的第二个阶段 Activation（客户激活）就是让客户发现产品的"啊哈"时刻；第三个阶段 Referral（客户推荐）是让客户分享和讨论产品；第四个阶段 Revenue（客户营收）是实现转化；第五个阶段 Acquisition（客户拉新）是激励老客户拉客户。RARRA 用户增长模型见图 3-2。

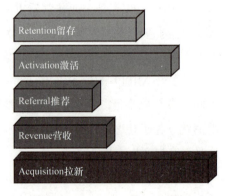

图 3-2　RARRA 用户增长模型

4. RCCCRE 增长模型

AARRR 和 RARRA 增长模型的适用对象多为互联网产品的营销和运营，而不是以线下运营为主的传统旅游和酒店业。互联网产品的使用环境都在线上，每一个阶段的发展都会产生海量的数据，通过数据可以找出每一个转化环节的问题并进行优化。数据是 AARRR 和 RARRA 增长模型的驱动力。对于传统的旅游和酒店企业来说，产品和服务的最终地点是线下场景，线上主要的应用场景虽然也是获客和转化，但获客和转化并非是围绕一个数字渠道，而是既包括多个线上渠道也包括多个线下渠道，既来自多个分销渠道，也来自多个直销渠道。因此，客户数据在旅游和酒店行业是非常分散的，单一渠道产生的数据并不能反映营销和运营的全貌。

在传统的旅游和酒店企业，客户获取、客户激活、客户留存、客户营收、客户推荐或者客户拉新的效果主要取决于企业线下的产品品质和服务体验。即便企业自身的数字化工具非常薄弱，只要在线下把产品品质和服务体验做好，在 OTA 的线上平台获得好评，客户增长依然会通过 OTA 平台获得不错的效果。

因此，除了从事旅游产品分销的互联网平台，传统旅游企业的增长模型不能够生搬硬套 AARRR 增长模型和 RARRA 增长模型。盲目使用数据驱动的 AARRR 增长模型和 RARRA 增长模型，只会带来渠道冲突和陷入"价格战"。例如，为了实现给官方网站或者微信公众账号获客的目的，很多酒店不得不大幅度让利，用低于分销渠道的价格吸引客户。为了实现客户激活和客户营收的目的，只能用超低价格的"爆款"或者"秒杀大促活动"来吸引客户。为了实现客户推荐的目的，只能通过用佣金鼓励员工分享转发产品海报和面对面转化现有客人的方式。加上酒店产品的消费频次低的特点，降价不降质就成为现在酒店获取线上用户增长的主要手段。线上运营形成了"无活动、不营销"的模式，间接"培养"了不少"羊毛党"。

旅游和酒店企业的客户增长模型并非不需要数据驱动，但数据驱动的方向应该是为客户带来更多、更好的数字化体验，并通过优质的线下产品和服务吸引和留住客户。为此，旅游和酒店企业应该采用 RCCRRE 的增长模型来进行数据化运营。RCCCRE 有六个关键指标，分别是 Reach（客户接触）、Connect（客户连接）、Cultivate（客户培育）、Convert（客户转化）、Retention（客户留存）和 Endorse（客户拥护），见图 3-3。

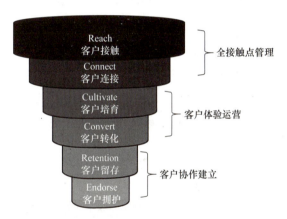

图 3-3　RCCCRE 用户增长模型

① Reach（客户接触）：旅游和酒店行业的新客户获取，更多需要利用多个的分销渠道和推广渠道来扩大接触面和增加接触点。

② Connect（客户连接）：无论客户在哪里接触，由于产品使用频次低，所以要抓住每一次接触的机会，将客户引导到线上，以便日后的互动。

③ Cultivate（客户培育）：客户转化需要一定周期，因而需要和客户保持互动，培养客户对产品和服务的认知和认同，以便客户产生需求后优先选择。

④ Convert（客户转化）：理解客户并积极为客户创造消费的理由和机会。

⑤ Retention（客户留存）：在体验产品和服务后，想方设法吸引客户再次光顾。

⑥ Endorse（客户拥护）：让客户通过自身社交关系网络传播优质的产品和服务。

RCCCRE 增长模型首先强调客户接触和客户连接，这是因为在旅游和酒店业的消费者旅程中，有着众多的接触点。企业通过全接触点管理建立"私域流量池"所需要的规模化客户数据。

然后，RCCCRE 增长模型的重点就是提升客户的数字化体验，即通过不断与客户线上互动实现客户培育和客户转化，最后通过客户协作建立来实现客户留存和客户推荐。RCCCRE 的六个关键指标也是通过数据驱动的，但如果用户数据过于分散，首先需要解决用户数据的打通、整合和合并的问题，只有解决了这个问题，才能洞察客户的需求，从而给客户带来精准而个性化的数字体验。

【本节概述】

客户关系管理的目的是实现用户增长。用户增长需要考虑技术、组织架构和管理流程的问题。从组织架构方面，首席增长官和跨职能部门建立增长团队是增长的保障，而增长模型是企业建立管理流程的基础。常用的增长模型是 2007 年提出的 AARRR 模型，由 Acquisition（获客）、Activation（激活）、Retention（留存）、Revenue（营收）、Referral（推荐）五个关键指标构成。当互联网红利结束后，AARRR 增长模型受到挑战，因为获客成本越来越高，竞争越来越激烈，用户增长的重点应该是运营好现有客户，于是 RARRA 增长模型被提出了，包括了 Retention（客户留存）、Activation（客户激活）、Referral（客户推荐）、Revenue（客户营收）、Acquisition（客户拉新）这五个关键指标。AARRR 和 RARRA 增长模型的适用对象多为互联网产品的营销和运营，而不是以线下运营为主的传统旅游和酒店业。因而，以全接触点管理、客户体验运营和客户协作建立三大客户关系职责为基础的 RCCCRE 增长模型被本书作者提出，包括六个关键指标，分别是 Reach（客户接触）、Connect（客户连接）、Cultivate（客户培育）、Convert（客户转化）、Retention（客户留存）和 Endorse（客户拥护）。

【主要术语】

1）首席增长官：以不断变化的顾客需求为核心，将市场、产品、运营和客户服务通过一体化战略的方式来推动公司增长的核心管理职位。

2）增长团队：以用户增长为目的跨职能部门成立的团队，包括增长负责人、产品经理、软件工程师、营销专员、数据分析师和产品设计师。

3）惊喜时刻（Aha Moment）：让客户发现产品核心价值，感到眼前一亮，无法拒绝使用产品的时刻。

4）DAU：Daily Active Users，即日活跃用户数量。

5）WAU：Weekly Active Users，即周活跃用户数量。

6）MAU：Monthly Active Users，即月活跃用户数量。

7）LTV：Life Time Value，即客户终生价值，企业在用户的整个生命周期能够获得的总收益。

8）ATV：Average Transaction Value，即客单价。

9）ARPU：Average Revenue Per User，即每用户平均收入。

10）ARPPU：Average Revenue Per Paying User，即每付费用户平均收益。

11）KOC：Key Opinion Consumer，即关键意见消费者。

12）马太效应：Matthew Effect，指强者越强、弱者越弱的现象。

【练习题】

一、自测题

1）为了实现用户增长的目的，企业需要考虑哪六个场景的相关策略？

2）增长团队通常由哪些岗位构成？

3）AARRR 增长模型有哪些关键指标？

4）客户获取的常见渠道有哪些？

5）本节中提到的客户获取的关键因素是什么？

6）有哪三个要素影响客户激活的成功率？

7）大型旅游企业和中小型旅游企业在客户留存策略上有什么不同？

8）衡量客户营收的常用指标有哪些？

9）什么是客户推荐？

10）RARRA 增长模型有哪些关键指标？

11）为什么有研究者提出用 RARRA 模型替代 AARRR 增长模型？

12）AARRR 和 RARRA 模型是否适用于传统旅游和酒店企业？为什么？

13）RCCCRE 增长模型有哪些关键指标？

二、讨论题

1）一个在线旅行社开发了一个 APP，提供酒店预订、机票预订、门票预订、周边游、主题游等旅游产品。请问用哪种用户增长模型合适？请说明如何实现每一个关键指标。

2）一个酒店委托第三方技术公司开发了微信公众账号，提供酒店预订、微信商城和会员服务，请问用哪种用户增长模型合适？请说明如何实现每一个关键指标？

【实验任务】

客户增长模型的实施是建立在技术平台的基础上，请通过如下实验任务完成以微信公众账号为基础实施平台的客户增长平台。实验注意事项、实验场景设计和实验关键步骤见第六章"客户关系管理和运营的实验任务"相关内容。

实验一：根据用户行为打标签的设置。

实验二：数据驱动的微信公众平台搭建。

实验三：微信公众平台的消息回复设置。

实验四：落地页的制作和发布。

实验五：向客户通过微信模板消息推送内容的设置。

实验六：电子优惠券和体验券的设置。

第二节 客户接触

客户接触是旅游企业客户增长模型的第一步，目的是将企业的品牌、产品和服务信息传递给公众，吸引公众注意力并访问。

早在 1898 年，美国学者 E.S. 路易斯（E.S.Lewis）就提出了 AIDMA 消费者决策行为模型。如图 3-4 所示，AIDMA 将消费者的决策模型分为 A——Attention（关注）、I——Interest（兴趣）、D——Desire（欲望）、M——Memory（记忆）和 A——Action（行动）五个步骤。根据 AIDMA 模型，企业首先需要引起消费者的关注，进而让消费者产生兴趣，接着部分消费者会产生消费的欲望并将该企业和产品记忆下来，当有需要的时候，就会采取购买行动。AIDMA 模式是一个漏斗型的模型，要求企业的营销重点首先是尽可能接触公众，接触规模越广，漏斗底层才会有越多的成功转化客户，见图 3-4。

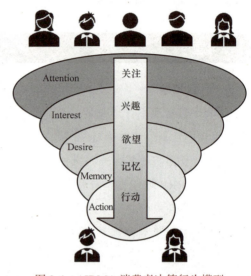

图 3-4　AIDMA 消费者决策行为模型

互联网时代之前，企业要获得公众的关注，接触的方法主要是广告，如纸媒广告、电视广告等传统媒体。数字时代，接触客户的方法从线下逐步转换到线上，接触的形式、渠道和工具层出不穷。

1. 接触的形式

如图 3-5 所示，接触潜在客户的形式包括广告接触、面对面接触、电话接触、网站接触、社交媒体接触和营销自动化接触等方式。广告接触、面对面接触和电话接触主要是企业主动发起；网站接触和社交媒体接触主要是消费者主动发起行为；而营销自动化接触则是计算机软件根据算法规则自动发起。

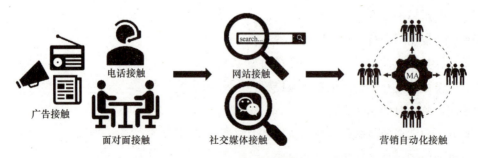

图 3-5　接触形式的变化

接触形式的变化是随着营销技术的发展而变化的。但这种变化并非是要完全替代传统方法，而是营销技术提升了接触的效率。传统的接触形式，如广告、电话和面对面，都需要经验丰富的营销和销售人员；网站和社交媒体接触则依赖企业获取流量的能力；而营销自动化则是通过数据的获取和分析能力个性化接触潜在客户。

采用什么样的形式接触潜在客户，还取决于所处行业、目标客户类型和接触目的。在 ToB 和 ToC 两个市场上的客户接触形式是不同的。在旅游和酒店业，ToB 市场主要是企业客户，酒店采用的接触形式主要是面对面接触（包括预约拜访、客户宴请、客户联谊会等）。但在 ToB 市场，基于营销自动化技术的接触形式逐渐受到企业重视。在 ToC 市场，通过广告、网站、社交媒体与潜在客户进行接触是主要的形式，但营销自动化接触形式提升了接触时候客户的个性化体验，也逐渐得到更多的应用。

在数字时代，接触的主动权已经不完全由企业掌握，越来越专业的消费者逐渐掌握了接触的主动权，消费者希望只有在有需要的时候，企业才能够及时进行接触。因此，一方面，企业需要在消费者旅程中精心策划每一个接触点的接触方案，以客户需求为导向，引导客户进行主动而积极的接触；另外一方面，企业要善于利用营销自动化工具，在合适的时间和合适的接触点，向合适的用户采取合适的接触行为。

2. 接触的渠道

企业接触客户的渠道是多样化的，类似于将传播媒体分为自有媒体（Owned Media）、赢得媒体（Earned Media）、分享媒体（Shared Media）和付费媒体（Paid Media），接触渠道也包括这四类，即自有接触渠道（Owned Channels）、免费接触渠道（Free Channels）、分享接触渠道（Shared Channels）和付费接触渠道（Paid Channels）。自有接触渠道是指企业可以自己控制和自行管理的接触渠道；免费接触渠道是指由第三方免费帮助企业进行潜在客户接触的渠道；分享接触渠道是指通过客户自发性的点评和内容分享而带来潜在客户的渠道；付费接触渠道是指企业付费购买的接触渠道。潜在客户接触渠道的比较见表 3-1。

表 3-1 潜在客户接触渠道的比较

	自有接触渠道	免费接触渠道	分享接触渠道	付费接触渠道
定义	企业自行控制和管理的接触渠道	第三方免费帮助企业进行潜在客户接触的渠道	通过客户自发性点评和内容分享而带来潜在客户的渠道	企业付费购买的接触渠道
举例	销售团队； 官方网站； 微信服务号； 微信小程序； 自建 APP； 短信平台； 许可电子邮件； 自建微信群； 店内广告	KOL 免费推广； 合作媒体事件报道； 联盟合作企业联合推广	内容分享平台； 第三方社群； 点评网站； 客户推荐； 客人社交媒体分享； 员工分享	KOL 收费推广； 第三方分销平台； 搜索引擎营销； 网络广告； 社交广告； 户外广告； 活动赞助

（续）

	自有接触渠道	免费接触渠道	分享接触渠道	付费接触渠道
优势	接触渠道稳定； 随时在线； 可信度较高； 费用可控； 接触群体精准； 容易获取个体用户数据	可信度较好； 费用低廉	可信度高； 接触面较广； 接触渠道多样化； 费用可控； 接触群体精准； 客户参与度高	接触面广； 传播迅速； 按需定制接触方案； 数字广告渠道可选精准触达群体
劣势	接触面窄； 运用难度大	接触渠道不可控； 接触群体不确定； 不容易获取用户数据	接触渠道不可控； 有可能产生负面影响	接触效果不可控； 费用较高； 用户数据封闭

在实际运营中，企业需要根据自身的情况来选择合适的接触渠道组合。例如，对于一个新开业的酒店，OTA、KOL 等付费渠道可以提供更多新的客源，但酒店需要引导客人到自有渠道进行下一次接触。对于一个运营中的酒店，需要考虑如何通过点评、内容分享平台来获取更多的潜在流量。在大多数情况下，这四种方面组合使用，相互补充。

3. 接触的管理

每一次营销的开始都是接触，都是通过研究人与人、人与物之间的接触，来提升后续营销的效率和成功率。因此，企业需要对接触进行有效的管理，目的是确保有效的连接。

为了确保接触的有效性，在接触管理上要注意三点：第一是将客户细分作为有效接触管理的基础；第二是接触的重点放在消费者旅程中的接触点上；第三是重视落地页在与客户线上接触中的重要意义。

（1）将客户细分作为有效接触管理的基础

每一个细分市场都是代表一群有相同或者类似需求的人群，不同的细分市场的接触点、在接触点上的需求和价值主张都有显著的差异性。因此，在进行客户接触前，首先要确定客户细分的类型，以便针对不同价值主张的客群设计合适的接触计划。企业在进行客户细分时，首先从客户需求角度进行划分（Segmentation），然后选择目标市场（Targeting），再进行定位（Positioning），这就是由美国营销学者科特勒提出的 STP 营销战略，见图 3-6。从实际运营角度来说，企业不可能服务所有的细分市场，只能选择少量细分市场以便集中资源获得竞争优势。

图 3-6 STP 营销战略

企业需要根据自身所处的社会和自然环境、产品和服务能力选择细分市场定位，将具有相同需求、价值、偏好、特征或者行为的客户进行分类，以便提供针对性的产品和服务解决方案。市场细分是客户关系互动管理的先决条件，它既是技术，也是艺术，是为了发现并确定目标市场，从而进行定位和制定市场营销组合策略。企业在进行客户细分的市场，要考虑获取客户数据的可行性、接触客户的难易程度以及细分市场的成长性和盈利性。

客户细分的维度包括但不限于人口属性、性别、地域、社会阶层属性、年龄、人生阶段、兴趣偏好、客户价值等。某酒店集团对细分市场划分的建议如图3-7所示。

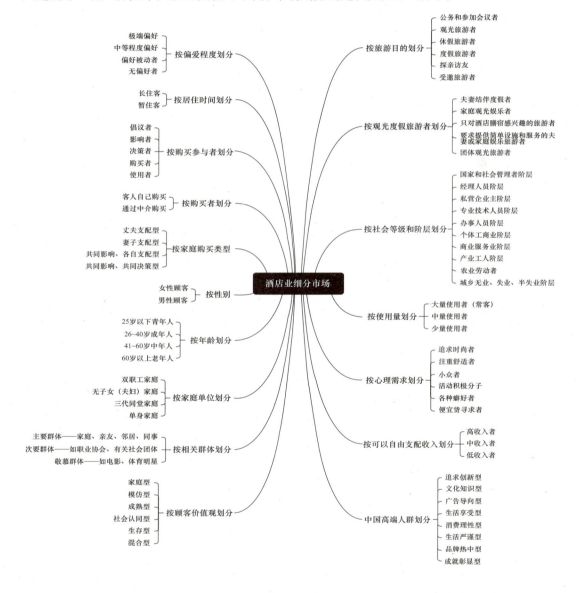

图 3-7　酒店业细分市场划分方案

确定好市场细分标准后，企业才可能根据每一个市场细分的人群提出最合适的接触方法，以便于提升企业与客户接触的效率和效果。在进行市场细分时，企业还要注意避免出现如下错误：

① 为细分而细分，细分客户群后没有具体的行动方案。
② 一成不变，不跟踪客户变化。
③ 盲目复制其他企业的细分方法。
④ 不考虑客户行为因素和客户的变化：如客户的资产、规模大小都会发生变化。
⑤ 仅仅按照销售的产品细分或按照自然属性细分。

（2）接触的重点放在消费者旅程中的接触点上

接触管理的重点是接触点的管理，特别是在关键时刻（Moment of Truth）的接触点。北欧航空公司（Scandinavian Airlines Systems）前 CEO 卡尔森将"关键时刻"定义为"任何时候，当一名顾客和一项商业的任何一个层面发生联系，无论多么微小，都是一个形成印象的机会"［卡尔森（Carlzon），2016］。MOT 的概念被提出后，宝洁、谷歌等公司和研究者在这个概念基础上提出了 Stimulus（刺激时刻）、ZMOT（Zero Moment of Truth，零关键时刻）、FMOT（First Moment of Truth，第一关键时刻）、SMOT（Second Moment of Truth，第二关键时刻）、UMOT（Untimate Moment of Truth，终极关键时刻）等概念。这五个关键时刻连起来就成为基于 MOT 理论的消费者旅程，见图 3-8。

图 3-8　基于 MOT 理论的消费者旅程

在 MOT 这五个关键时刻中，企业的品牌、人、产品、营销方法和工具会和（潜在）客户发生接触，彼此间产生的联系就是接触点，不管在购买前、购买中还是购买后，接触点都不会消失［舒勒（Schuller），2016］。

菲利普·科特勒 2019 年 10 月在北京的科特勒未来营销峰会上阐述对营销革命 4.0 的建议，就是要基于消费者旅程，不过是使用 5A 模型来绘制消费者旅程，如图 3-9 所示，以此来确定接触点并进行有效的管理。

企业都需要在消费者旅程中找到接触点，并进行有效的管理工作，否则在这个接触点上的客户就有可能流失。在酒店业，企业和客户之间有一个较长的消费旅程，品牌信息、促销信息、产品和服务、宣传资料、企业员工都和客户有很多接触点，并分布在被刺激 Stimulus——搜索时刻 ZMOT——购买时刻 FMOT——住店体验 SMOT——分享 UMOT 这五个关键时刻中，见图 3-10。

图 3-9　基于 5A 模型的消费者旅程

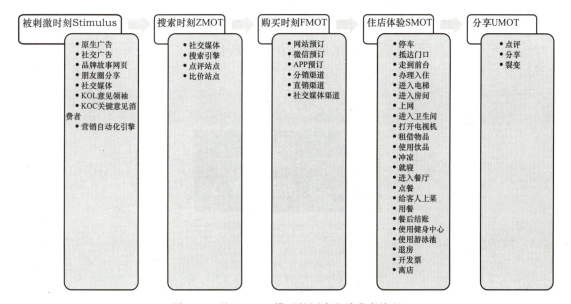

图 3-10　基于 MOT 模型的酒店业消费者旅程

如图 3-10 所示，每一个接触点对客户印象的影响都至关重要，但是很多企业的组织架构是以职能为导向的，每个部门仅仅只是负责某一方面的接触点，如酒店业，客房部只是负责前厅和房务的接触点；餐饮部只是负责餐厅的接触点；市场部负责传播的接触点；销售部负责交易的接触点。整个用户旅程是"割裂"的，这就不利于对消费者旅程的接触点进行整合管理。菲利普·科特勒建议 CEO 应该具有 Marketing Everywhere 思维，即 ME 型 CEO，营销要做到无处不在，为客户创造价值。

为了确保能够有效地管理接触点，可以按照如图 3-11 所示的步骤实施。每个步骤又分为 2~3 个子步骤。需要特别注意的是，对接触点的有效管理并不是管理接触点上消费者行为或者员工行为，而是对接触点上的消费者互动体验的设计。

（3）重视落地页在与客户线上接触中的重要意义

在现实工作中，当需要接触一个（潜在）客户，销售人员需要拜访客户。在数字时代，有个类似销售人员的角色，就是"落地页"（也称之为"着陆页"或者"引导页"）。落地页是访问者在网上看到有感兴趣的带有链接的信息,如广告、标题、图片、文字等,进行点击后被链接到的第一个页面。访问者点击落地页的目的主要有三个,即了解详细信息、响应行为号召和填写表单,如图 3-12 所示。

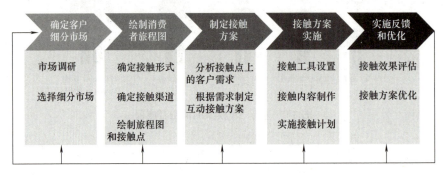

图 3-11　接触点有效管理的步骤

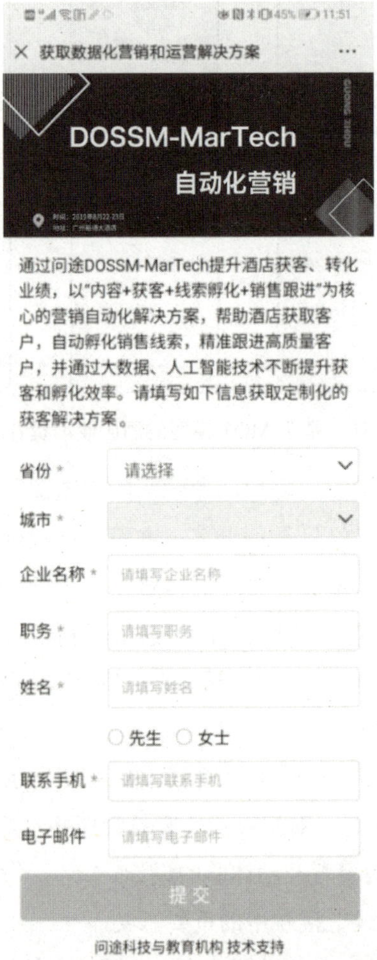

图 3-12　落地页示范

落地页是将企业品牌、产品和服务与（潜在）客户连接的载体，相当于企业在互联网络中的销售代表。对于数字广告而言，落地页是数字广告转化的第一生产力（杨飞，2018）。因此，落地页在设计和制作方面要给客户留下良好的第一印象并有说服力，就需要能够回答客户五个问题，见图 3-13。

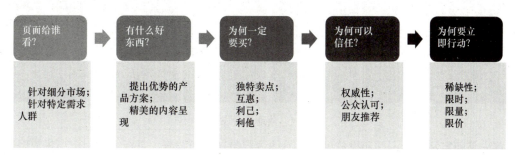

图 3-13　落地页设计的五个关键思考问题

① 页面给谁看：落地页作为网络世界中的"销售代表"，当然不可能同时面对所有的客户，因此一个落地页只是服务某一类人群。

② 有什么好东西：落地页要提出优势的产品和服务内容，并在内容呈现方面要重视用户体验。一般而言，视频体验效果好于图片，图片好于文字。落地页可以根据需要采用文字、图片和视频相结合的方式进行设计。

③ 为何一定要买：落地页需要阐述独特的销售卖点（Unique Selling Point，简称 USP），即获得什么具体的利益并强调和竞争对手之间的差异化优势；此外，落地页还可以阐述对访问者本人或者对访问者亲朋好友的价值；产品描述上要明确说明功能、性能、价格、体验价值或者带来的荣誉。

④ 为何可以信任：访问者需要看到落地页上推广的产品价值得到证明，为自己购买找到佐证。比如：页面上放上他人评价，或者标明"最受欢迎""好评如潮"；在微信 H5 分享传播中，可以通过接口在页面上加入推荐人账号信息，信息接触者可能因为朋友的推荐而购买；页面上加上名人或者专家的意见，因为消费者通常相信专家的意见；在落地页上放入成功案例、展示生产过程或者服务过程、展示荣誉和信誉都是比较好的获取信任的方法。

⑤ 为何要立即行动：落地页是产品和购买的连接点，因此要在落地页上呼吁访问者立即行动（Call to Action，简称 CTA，也称之为"行为号召"）。通过 CTA，直接告诉访问者希望他干什么？可以强调稀缺性、限量、限价或限时。在落地页设计的时候，行为号召在页面上的设计风格和放置位置非常重要。行为号召在页面上的体现形式通常是突出醒目的按钮图标，可以使用动词和祈使句，用对比色和色彩变化强调行动号召的紧迫性。行动号召的位置包括首屏号召、中部号召和尾部号召。行为号召在首屏，就要开门见山告诉用户希望他们干什么；中部号召要根据页面具体内容，请求用户进一步互动以实现阶段性目标；尾部号召是为完整浏览页面的用户准备。长页面要适当增加行动号召数量，避免使用弹窗。

为了确保落地页的质量，在制作和发布方面可以遵循如图 3-14 所示的步骤。

图 3-14　落地页开发步骤

首先是确定好目标人群和投放渠道，具体内容包括市场调研、目标人群确定、投放渠道确定、数据标签预设。其次是落地页内容策划，具体内容包括落地页构思、落地页原型绘制、落地页素材准备和核心文案内容确定。再次是落地页效果图设计和确认，包括行为号召、标题、微信分享自定义内容（图片、描述和标题）。再次是落地页编码和开发。再次是落地页测试。最后是落地页投放、数据分析和优化。

【本节概述】

客户接触是旅游企业客户增长模型的第一步，目的是将企业的品牌、产品和服务信息传递给公众，吸引公众注意力并访问。经典的 AIDMA 消费者决策模型也说明了客户接触的重要性，只有接触规模越广，成功转化客户就越多。

采用什么样的形式接触潜在客户，还取决于所处行业、目标客户类型和接触目的。客户接触的形式包括广告接触、面对面接触、电话接触、网站接触、社交媒体接触和营销自动化接触等方式。广告接触、面对面接触和电话接触主要是企业主动发起；网站接触和社交媒体接触主要是消费者主动发起行为；而营销自动化接触则是计算机软件根据算法规则自动发起。消费者希望只有在有需要的时候，企业才能够及时进行接触，营销自动化接触形式提升了接触时候客户的个性化体验，企业需要在消费者旅程中精心策划每一个接触点的接触方案，以客户需求为导向，引导客户进行主动而积极的接触；另一方面，企业要善于利用营销自动化工具，在合适的时间和合适的接触点，向合适的用户采取合适的接触行为。

接触渠道包括自有接触渠道、免费接触渠道、分享渠道和付费接触渠道。企业需要根据自身的情况来选择合适的接触渠道组合。为了确保接触的有效性，在接触管理上要注意三点：第一是将客户细分作为有效接触管理的基础；第二是接触的重点放在消费者旅程中的接触点上；第三是重视落地页在与客户线上接触中的重要意义。

企业在进行客户细分的市场，要考虑获取客户数据的可行性、接触客户的难易程度以及细分市场的成长性和盈利性。客户细分的维度包括但不限于人口属性、性别、地域、社会阶层属性、年龄、人生阶段、兴趣偏好、客户价值等。在接触管理上,企业都需要基于消费者旅程确定关键接触点,并进行有效的管理工作,否则在这个接触点上的客户就有可能流失。落地页是"数字广告转化的第一生产力",在设计和制作方面要给客户留下良好的第一印象并有说服力。

【练习题】

一、自测题

1) AIDMA 模型有哪些关键步骤?

2) 客户接触的常用形式有哪些?相互之间有什么区别?

3) 接触渠道有哪四大类?请详细说明每一类的定义、优势和劣势,并举例阐述。

4) 为了确保接触的有效性,企业在接触管理上要注意哪三点?

5) STP 营销战略是什么意思?有什么意义?

6) 酒店业客户细分的维度有哪些?

7) 在进行市场细分的时候,企业要注意避免犯哪些错误?

8) MOT 理论有哪些关键时刻?

9) 5A 模型有哪些步骤?

10) 什么是 ME 型 CEO?

11) 进行接触点有效管理的步骤有哪些?

12) 访问者点击落地页的目的有哪三个?

13) 落地页要能够回复客户哪五个问题?

14) 落地页的开发步骤是什么?

二、讨论题

1) 请选择旅游或酒店业某个细分市场,根据如图 3-6 所示的步骤策划一个接触点的管理方案。

2) 在微信公众号中搜索一个旅游企业或者酒店的日常推文内容,根据用户在落地页上的三个主要目的,找出三类落地页,并进行讨论,点评这些落地页的优点和缺点。

【实验任务】

请根据本节学习的理论知识完成实验七和实验八。实验注意事项、实验场景设计和实验关键步骤见第六章"客户关系管理和运营的实验任务"相关内容。

实验七:基于消费者关键接触点的客户接触方案设置。

实验八:线下用户数据转化为微信端用户的方案设置。

第三节 客户连接

客户连接是旅游企业用户增长模型的第二步,目的是在接触到的消费者与企业之间建立双向互动的联系关系,并能够初步识别潜在客户,以便日后的个性化互动。

连接关系并非是新概念。在酒店业,为了拓展协议客户市场,销售人员需要设法获得销售线索(Leads),然后对销售线索进行合作机会分析和价值判断,找出潜在客户,并对潜在客户进行预约拜访,当被拜访的客户同意未来继续约见或者沟通,双方就建立了连接关系。这个潜在客户日后转化为成交客户的机会相对比较大。可以说,客户连接是最终实现客户转化的前置条件之一。

获取客户的联系方式是建立两者之间连接关系的标志。在线下,当销售经理获取有价值的销售线索后,可以通过面对面拜访、电话拜访等方式建立连接关系,但这种线下的连接关系是单向的,不一定能够获取潜在客户真实的反馈意见,不能在双方之间产生平等和参与感,不利于建立双方的感情。而通过线上,尤其是移动端和社交媒体端进行客户连接,就可以将两者之间的关系变成随时在线参与和双向互动的连接关系,有利于客户真实意见的获取和感情的建立。

1. 连接的形式

客户连接的形式包括线下连接和线上数字化连接。要实现最终的客户转化,线下客户连接通常按如下步骤设计,见图 3-15。

图 3-15 销售线索转化为成交客户的步骤

从上述五个步骤可以看出,销售线索甄别和转化为潜在客户这两个步骤就需要和销售线索建立连接关系,否则无法对其进行持续的培育直至成功转化为成交客户。在这五个步骤中,每一步都需要企业市场和销售人员坚持不懈的努力,才能确保最后的成功转化。在实施过程中,对企业还存在两个潜在风险:第一个风险是可能由于市场和销售人员的个人能力导致每一步的转化率太低;第二个风险是市场和销售人员的流动性导致企业和潜在客户的连接关系中断。

从销售线索到潜在客户的转化先取决于是否能够广泛获得足够的销售线索。以酒店业为例,销售人员传统的方式是尽可能拜访酒店周边的公司机构。此外,也会从主动来酒店拜访或者到酒店消费的客人中去挖掘是否有建立长期合作关系的销售线索。有些酒店会使用 CRM 系统去管理销售线索。随着销售活动的持续开展,新的销售线索不断增加,与此同时,之前接触的销售线索也不断"沉没"。CRM 系统中被录入的销售线索数据虽然会不断增加,但可能良莠不齐,导致无法判断线索继续跟进的价值。因此,仅仅在线下实现连接关系在数字时代是不够的,无论是 ToB 业务模式还是 ToC 业务模式,需要尽可能实现客户连接的数字化。

数字化连接客户的方法主要有三种,分别是在线注册、关注社交媒体账号、下载 APP 应用程序。数字化连接将使得企业能够通过数字渠道连接客户并随时响应客户需求以及和客户精准互动。

(1) 在线注册

企业的 CRM 系统和官方网站对接后,官方网站就具备为注册客户提供服务的能力。在线注册就是客户通过企业官方网站进行注册，系统会根据注册人在企业客户体系中的身份和等级在官方网站提供相应的服务。如图 3-16 所示，为注册会员提供积分、专属权益和会员礼遇等服务；如图 3-17 所示，为会员和合同商务旅客提供预订服务。

图 3-16　某酒店官方网站会员注册首页

对于网站运营商来说，当访问者在网站上访问的时候，可以通过 Cookie 技术（是网站服务器发送到用户的浏览器并保存在本地的一小块文本数据，它会在浏览器再次向同一网站发起请求时被携带并发送到服务器上）的手段去识别访问者的访问行为。如图 3-18 所示，该网站为了辨别用户身份，给进入网站的访问者都使用 Cookie 打上一个唯一标识 Cookie ID，除非这个访问者在浏览器设置中对 Cookie 进行阻止或删除，否则网站上用户的内容访问行为可以通过该 Cookie ID 被识别和分析。如图 3-19 所示，如果该访问者在网站上进行了注册，注册信息会和 Cookie ID 绑定，进而将访问者的访问行为和注册信息关联，这样就可以更好地了解注册客户的访问偏好，甚至可以根据访问者的访问偏好，提供定制化的访问内容。

图 3-17　某酒店集团手机网站（会员及合同商务旅客）预订首页

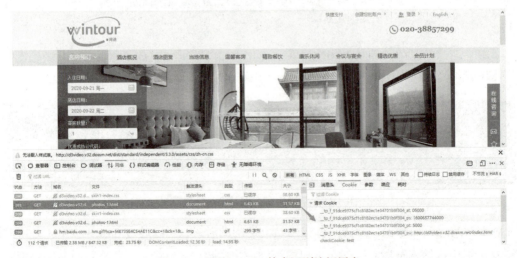

图 3-18　通过 Cookie 技术识别访问用户

图 3-19　通过 Cookie 技术将访问行为数据和注册信息关联

在线注册使得企业可以在官方网站上为每一个（注册）客户提供服务窗口，并可以通过 Cookie 技术去追踪访问客户在官方网站上的内容偏好，从而提供体验更好、更个性化的线上客户服务。值得关注的是，出于对个人隐私保护的日益重视，有些浏览器在设置中默认是开启隐私模式，这将限制在网页上追踪访问者行为的能力。

（2）关注社交媒体账号

社交媒体面向的不仅仅是个人使用者，企业也可以在社交媒体上开设官方账号。在微信中，企业的账号类型有微信服务号、微信订阅号、企业微信和小程序；在微博和抖音中，企业的账号会加上蓝 V 的标志；小红书也有专门针对企业的品牌号。当用户关注企业的社交媒体，与企业双向互动的连接关系就建立起来了。

在中国的各类社交媒体中，微信公众平台与企业的客户关系管理体系结合得最紧密，除了微信在社交媒体工具中的市场普及率最高外，还有微信为企业提供了丰富的接口，便于企业利用微信渠道建立、发展和维护客户关系。将微信公众平台作为客户连接的工具和渠道，还可以开展裂变营销，通过老客户为企业连接更多的新客户。

一旦用户关注企业微信公众平台，企业可以通过专业的 SCRM 系统或者 CDP 系统获取用户微信账号的开放 ID（Open ID）或者 Union ID，并将其作为识别用户的主要标识，见图 3-20。

图 3-20　微信 Open ID 或者 Union ID

在关注者与公众号产生消息交互后，公众号可获得关注者的 Open ID，每个用户对每个公众号的 Open ID 是唯一的，对于不同的公众号，同一用户的 Open ID 不同。Union ID 是用于同一个微信开放平台账号（如酒店集团可以申请一个微信开放平台账号）下多个公众号的用户唯一标识。

因而，让用户关注微信公众平台是开展数据化营销和运营的关键。表 3-2 是用户关注微信公众平台的方式举例说明。

表 3-2　用户关注微信公众平台的方式

名　称	关注方式	说　明
支付后关注	通过微信端刷卡支付、公众号支付、扫码支付和 APP 支付关注（前三种支付方式有默认关注公众号功能，APP 支付需要额外申请）	刷卡支付默认有推荐关注； 公众号支付和扫码支付需要 5 元以上才有推荐关注； 已经关注的不展示推荐栏； 服务号未设置头像的在 IOS 不展示推荐关注栏； 用户取消过关注的默认不勾选； 订阅号目前不支持默认推荐关注； 对于粉丝数大于 50 万名的公众号，支付成功后不默认勾选关注
公众号搜索关注	客人在微信中搜索和关注微信公众号	通过其他平台引流。很多自媒体平台不允许直接放置二维码，可以将微信账户名称写在账号简介中； 公众号名称需要符合 SEO 搜索规则，以便于被用户搜索到
扫描二维码关注	公众号文章底部或头部的关注二维码加一句话引导； 对线下宣传物料和产品包装上的二维码进行扫码后关注； 用微信对视频中的二维码扫码关注； 将带有二维码的页面截图后微信中识别关注	二维码需要加上合适的行为号召短语，引起客人扫码的兴趣和欲望
名片分享关注	直接的名片分享	公众号的定位和内容使得现有粉丝有分享的动力
图文页内名称点击关注	点击推文中的蓝色字体关注	微信推文优质的内容吸引阅读用户点击关注

（3）下载 APP 应用程序

当客户下载企业的 APP 应用程序时，运营商是可以通过技术手段获取用户移动端设备的某种唯一设备标识码，比如 Device ID、IMEI、UDID（Unique Device Identifier）等，具体的获取方式会根据安卓系统或者苹果系统的要求以及 APP 实际运营需要而定。APP 运营商获取移动端设备标识码，一方面用于下载和运营数据的统计，另外一方面用于打通用户的数据。

如图 3-21 所示，当用户在已经下载的 APP 上进行注册时，通常需要提供姓名、手机号码等联系方式。在用户数据系统中，可以将 APP 获取的用户设备标识码和用户注册信息进行关联。

当用户下载 APP 后，APP 运营商可以通过 APP 向用户定向推送信息。如果运营商将用户在 APP 中的操作行为进行跟踪分析，就可以实现向用户个性化展示或者推送信息。对于通过

APP 采集用户数据的商业行为，《中华人民共和国网络安全法》《电信和互联网用户个人信息保护规定》等法律法规和规章有严格的保护用户隐私的规定。中国国家互联网信息办公室、工业和信息化部、公安部、市场监管总局联合印发的《APP 违法违规收集使用个人信息行为认定方法》明确定义了如下六大类违规行为：

① 未公开收集使用规则。

② 未明示收集使用个人信息的目的、方式和范围。

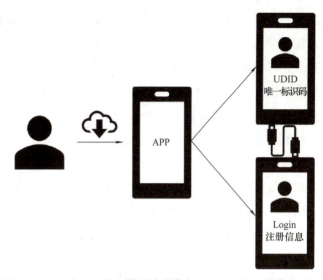

图 3-21　通过 APP 应用将用户设备标识码和用户注册信息关联

③ 未经用户同意收集使用个人信息。

④ 违反必要原则收集与其提供的服务无关的个人信息。

⑤ 未经同意向他人提供个人信息。

⑥ 未按法律规定提供删除或更正个人信息功能或未公布投诉、举报方式等信息。

根据法律规定，APP 运营企业需要遵循合法、正当、必要的原则，不收集与所提供服务无关的个人信息；收集个人信息时要以通俗易懂、简单明了的方式展示个人信息收集使用规则，并经个人信息主体自主选择同意；不以默认、捆绑、停止安装使用等手段变相强迫用户授权，不得违反法律法规和与用户的约定收集使用个人信息；在定向推送消息时，为用户提供拒绝接收定向推送的选项。

2. 连接的管理

连接客户的方式需要得到客户发自内心的认同并产生主动连接的欲望。如果是强制或者诱导客户进行连接，例如必须扫微信二维码才能领取奖品，这些做法会引起客户的反感，很有可能出现的后果是得不偿失，奖品被领取后，客人随即解除了对微信公众平台的关注。因而，在"客户连接"的管理上，要充分考虑如下的管理方式：

（1）移动互联网优先

在客户连接上，尽可能将客户通过移动互联网工具进行连接，因为只有在移动互联网上，才可以实现对客户的识别和对互动行为数据的收集及跟踪。对于在中国开展市场的企业来说，要将微信公众平台或智能手机客户端 APP 作为客户连接的优先工具。

（2）以用户需求为导向，在用户接触点上精心设计"诱饵"

要实现连接客户的目的，首先需要给客户一个理由。这个理由需要从客户的需求，包括从显性需求和隐性需求两个角度去分析客户在接触点上的行为和需求，然后针对客户在接触点中的需求提出相应的解决方案，并将解决方案制作成为引导客户主动连接的"诱饵"。如

图 3-22 所示，这家酒店针对参加婚宴的客人在餐位入座后对婚宴菜单有兴趣的心理需求，将传统的纸质宴会菜单制作为电子版并转化为二维码。客人在用微信扫码后，首先提示客人关注酒店微信公众账号，然后婚宴菜单可以通过微信图文消息等方式立即发送给客人。在这个接触点上，"婚宴菜单"就是一个"诱饵"。很多参加婚宴的客人都是本地人，这是酒店餐饮市场的主要目标客源。通过这种方式将本地用户连接到酒店微信公众平台，将有助于酒店餐厅与这些客人进行内容互动。

图 3-22　在婚宴接触点通过二维码菜单连接客人

（3）尊重个人隐私保护的相关法律，合法采集用户数据

2020 年，《中华人民共和国民法典》（简称《民法典》）由中华人民共和国第十三届全国人民代表大会第三次会议通过，并从 2021 年 1 月 1 日起施行。其中，《民法典》第六章为"隐私权和个人信息保护"。《民法典》第一千零三十四条规定："个人信息是以电子或者其他方式记录的能够单独或者与其他信息结合识别特定自然人的各种信息，包括自然人的姓名、出生日期、身份证件号码、生物识别信息、住址、电话号码、电子邮箱地址、行踪信息等。个人信息中的私密信息，同时适用隐私权保护的有关规定。"《民法典》第一千零三十五条规定了个人信息处理的原则和条件："处理自然人个人信息的，应当遵循合法、正当、必要原则，不得过度处理，并符合下列条件：（一）征得该自然人或者其监护人同意，但是法律、行政法规另有规定的除外；（二）公开收集、处理信息的规则；（三）明示收集、处理信息的目的、方式和范围；（四）不违反法律、行政法规的规定和双方的约定。"

《民法典》不仅强调对个人信息的保护，同时也立足于数字经济发展的现实需求，支持在法律框架下将个人信息作为数据进行开发和利用。只要遵循法律规定和原则，信息处理者就有权充分利用消费者个人信息。《民法典》为企业开展数据化营销和运营提供了法律依据。

【本节概述】

客户连接是旅游企业用户增长模型的第二步，目的是在接触到的消费者与企业之间建立双向互动的联系关系，并能够初步识别潜在客户，以便日后的个性化互动。连接的方式包括线下和数字化两种形式，但数字化连接是最为重要的。特别是通过移动端和社交媒体端进行客户"连接"，可以将两者之间的关系变成"随时在线参与"和"双向互动"

的连接关系，有利于客户真实意见的获取和感情的建立。并使得企业能够通过数字化渠道连接客户并随时响应客户需求以及和客户精准互动。

数字化连接客户的方法主要有三种，分别是在线注册、关注社交媒体账号、下载APP应用程序。在线注册使得企业可以在官方网站上为每一个（注册）客户提供服务窗口，并可以通过Cookie技术去追踪访问客户在官方网站上的内容偏好，从而提供体验更好、更个性化的线上客户服务；让用户关注微信公众平台是开展数据化营销和运营的关键，在关注者与公众号产生消息交互后，公众号可获得关注者的Open ID，并以此作为识别客人和追踪客户行为的标识；当客户下载企业的APP应用程序时，用户移动端设备的唯一设备标识码可以被获取，并以此作为识别客人和追踪客户行为的标识。

连接客户的方式需要得到客户发自内心的认同并产生主动连接的欲望。在客户连接的管理上，要以移动互联网作为连接的优先渠道，并以用户需求为导向，在用户接触点上精心设计"诱饵"。同时，在数字化连接客户的时候，要遵循相关的法律法规采集和利用用户数据，《民法典》为数字化营销和运营工作提供了法律依据。

【主要术语】

1）Cookie技术：网站服务器发送到用户的浏览器并保存在本地的一小块文本数据，它会在浏览器再次向同一网站发起请求时被携带并发送到服务器上。

2）Open ID：在微信公众平台中，一个以用户为中心的数字身份识别框架。

3）Union ID：在微信公众平台中，对于拥有多个移动应用、网站应用和公众账号（包括小程序）的开放平台，可通过Union ID来区分用户的唯一性。同一用户，对同一个微信开放平台下的不同应用，Union ID是相同的。

4）IMEI：International Mobile Equipment Identity，国际移动设备身份码的缩写。是由15位数字组成的"电子串号"，它与每台手机一一对应，每个IMEI在世界上都是唯一的。

5）UDID：Unique Device Identifier，唯一设备标识码。

【练习题】

一、自测题

1）线下连接用户和线上数字化连接客户的区别是什么？

2）线上数字化连接客户的方法有哪三种？

3）在官网上如何做到对访问者的识别？

4）通过微信公众平台如何做到对访问者的识别？

5）用户关注微信公众号的方式有哪些？

6）通过APP如何做到对访问者的识别？

7）《APP违法违规收集使用个人信息行为认定方法》中定义的六大类违规行为是什么？

8）《民法典》对个人信息的定义是什么？

9）《民法典》对个人信息处理的原则和条件是什么？

二、讨论题

请讨论如图 3-23 所示的某酒店针对亲子市场客户的活动宣传内容是否合适？请帮助该酒店设计一个客户连接。

图 3-23　酒店客户连接的分析案例

【实验任务】

请根据本节学习的理论知识完成实验九和实验十。实验注意事项、实验场景设计和实验关键步骤见第六章"客户关系管理和运营的实验任务"相关内容。

实验九：基于用户地理位置的用户互动活动设置。

实验十：通过许可电子邮件营销发展粉丝的设置。

第四节　客户培育

客户培育是旅游企业客户增长的第三步，是指对已经连接的客户进行分析，并通过持续的互动使得客户感知企业产品和服务价值的管理行为。客户培育实质上是在客户分析的基础上持续性地针对客户需求进行互动和个性化信息传递，目的是通过不断的互动与客户建立信任关系。

1. 客户培育的形式

客户培育是一个持续的过程，培育的结果是客户转化。在这个过程中，既有线下场景的培育过程，也有通过数字化渠道进行培育的线上培育过程。

（1）线下培育形式

线下培育的方式主要是针对客户进行加强关系、维系感情的营销活动。在旅游和酒店行业，常用的方法有预约拜访、客户宴请和客户联谊会。预约拜访是指为了特定目的，在和客户约定的拜访时间和地点进行拜访；客户宴请是指为了加强和客户之间的感情维系、商谈具体的业务而接待或邀请关键客户，并设宴招待的营销活动；客户联谊会是指为了感谢客户和加强与目标客户群体（包括老客户和老客户推荐的新客户等）的良好关系而举办的一种公关活动，目的是增加客户对于企业的忠诚度、对于产品和服务的黏合度，从而增加企业的各项收益。

在上述三种方法中，预约拜访是销售人员常规性的工作内容。原金陵连锁酒店总裁陈雪明将销售人员预约拜访客户的目的分为维护客户关系、了解客户需求、达成交易目的、加强沟通了解和建立合作关系五种目的。销售人员需要针对每一种目的分别制定流程。

例如，在以老客户和潜在客户为主要对象，目的为了解客户需求的预约拜访中，销售人员要注意如下事项和要求：

① 对客户所介绍的情况和打算都要认真聆听，即使有些安排并不在本酒店，也要表达理解的态度，同时销售人员要表达出对接待和服务客户的心愿及热忱态度。

② 拜访时注意不要让客户产生为难和尴尬的感觉，但要让客户感受到酒店可以保证为其提供更好的服务产品的能力和态度。

③ 拜访时，要尽可能多地了解客户的消费需求和动态。

④ 提前 5 分钟到。如果迟到，也需要提前 5 分钟告知对方准确抵达时间。

⑤ 拜访时，不要主动谈论竞争对手。

在拜访步骤方面，销售人员要遵循如下步骤：

第一步：通过电话预约客户，致电时要注意：

☞ 要用愉悦的口气，让对方感受到销售人员热忱服务的意愿。

☞ 约定拜访时长，10~15 分钟为宜。

☞ 具体拜访时间以客户时间为准，或者提供几个时间段让客户选定，并马上给予确认。

第二步：按照约定的时间登门拜访，提前 5 分钟到；如果迟到，也需要提前 5 分钟告知对方准确抵达时间。

第三步：见面时就要努力给客户留下良好的第一印象，销售人员需要：

☞ 见面时首先表示歉意。

☞ 寻找合适的话题和赞美的话题进行寒暄，以便活跃气氛和融洽关系。

第四步：询问客户使用酒店的信息状况和意向。在这个沟通过程中，要注意：

☞ 认真聆听客户的情况介绍，并提出关切的问题和细节，请客户作答。

☞ 如果客户没有确定意向，销售人员要表达对做好服务接待这批任务的愿望、信心和能力。

☞ 如果客户已经有安排，要表达出理解。

☞ 如果客户还没有具体定下来，销售人员要表达出保持密切联系的期望，请求客户一旦确定就告知。

☞ 如果客户有选择本酒店的意向，立即表示感谢、态度和决心，并了解更多的消费需求和细节。

☞ 再次就占用了对方时间表达歉意，再次表示感谢对方的接待和给予的机会，然后离开。

第五步：结束拜访，结束时要感谢客户为销售人员本人和酒店提供服务的机会。

第六步：回到酒店后，将拜访情况在客史档案中记录在案。对客户有在酒店消费的意向，做好相应的服务方案和报价，尽快地提供给客户。

针对以建立合作关系为目的的预约拜访，拜访对象主要包括在竞争对手酒店消费的客户、市场上有一定消费量的客户、酒店所在区域（5km 范围内为主）的企事业单位、非 A 类客户，但有潜力成为 A 类的客户。销售人员拜访时要注意如下事项及要求：

① 拜访的主要目的是确认客户潜力性。

② 事先对客户背景要有了解。

③ 拜访前要准备好适合客户消费需求的相关业务资料。

④ 在谈具体业务之前，要营造宽松融洽的谈话语境和气氛。

⑤ 用 5 分钟时间快速判定该客户是值得花 5 小时还是 5 分钟。如果有发展潜力，做好持续跟进的安排和政策；如果确认无潜力，仅仅将这次拜访作为礼节性拜访。

⑥ 拜访时间不宜过长，5~15 分钟为宜，沟通时发现重要信息时可以适当延长拜访时间。

在拜访步骤方面，销售人员要遵循如下拜访步骤：

第一步：找到和潜在客户有关系的老客户，可以考虑请老客户代为打招呼。

第二步：通过电话预约客户，在致电时，销售人员要注意：

☞ 电话中表现出渴望认识对方的意愿和提供优质服务的态度。

☞ 具体拜访时间以客户时间为准，或者提供几个时间段让客户选定，并马上给予确认。

第三步：按照约定的时间登门拜访，提前 5 分钟到；如果迟到，也需要提前 5 分钟告知对方准确抵达时间。

第四步：寻找合适的话题和赞美的话题进行寒暄，以便活跃气氛和融洽关系。

第五步：通过与客户交流快速判断客户是否有消费潜力，然后决定是否需要继续跟进。判断的角度如下：

☞ 客户本身是否有一定的消费能力。

☞ 客户层次和消费档次是否和酒店定位匹配。

☞ 客户是否有一定的预算。

☞ 对于客户消费的规模、所需产品和服务，酒店是否具备提供的条件和能力。

☞ 客户消费的档期对酒店业务来说是锦上添花还是雪中送炭。

☞ 客户现在选择消费的主体酒店与客户合作关系的密切程度。

☞ 客户对选择酒店的地理位置的要求。

第六步：销售人员向客户再次就占用了对方时间表达歉意，再次表示感谢客户的接待和给予的机会，然后离开。

第七步：回到酒店后，将拜访情况在客史档案中记录在案，并根据拜访情况，决定是否将拜访客户作为重点客户持续跟进。

通过上述预约拜访的注意事项和步骤，可见客户培育是一个日常性的工作，并且对销售人员的经验、沟通能力、应变能力、判断能力等要求都较高。整个拜访过程需要通过良好的沟通不断了解客户的要求和偏好，并用热情而诚恳的态度和客户建立良好的关系。在实际经营中，培育一个合格的销售人员需要较长的时间，而且由于市场上对销售人才的渴求，销售精英的流动性也比较大。随着消费者行为习惯日益在线化，对客户的持续培育可以借助于数据驱动的方式，以"计算机对人"的形式与客户进行互动。

（2）线上培育形式

线上培育的形式首先是对所连接的客户进行数据分析，然后将用户的行为用标签记录形成用户画像，再将客户根据标签（组合）分成不同的群组，最后根据不同的客户群组的需求设计个性化的内容策略、传递渠道和传递规则，以达到客户培育的目的。

在客户培育过程中，标签的匹配是关键步骤。图3-24是根据酒店业用户行为而设计的标签方案，从人口属性、接触点行为、互动行为、社交行为、营销行为和消费行为六个维度去定义标签。每一个标签或者每一组标签代表了一组有相同行为的人群。

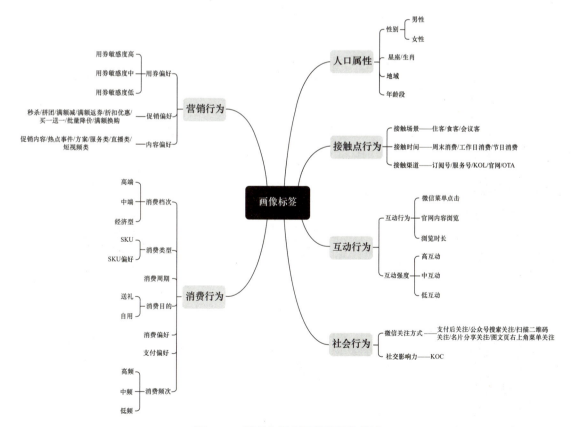

图3-24　酒店业用户画像的标签构成

在为所连接的客户打上标签后，可以通过营销自动化工具设置相应的规则，就可以自动向用户传递对的信息了。如图 3-25 所示，在整个消费者旅程中根据接触点上客户的需求进行个性化内容的传递，在合适时间持续向合适的客户传递有价值、有帮助的内容。

图 3-25　营销自动化进行个性化信息传递的流程

对于将客户分组的方法，除了对客户行为标签化后根据标签（组）进行分组外，还可以通过对客户价值进行量化评估后分组。如图 3-26 所示，通过访问页面次数、分享页面次数、访问页面时长、最近访问时间、最近分享时间等多个评估因子综合判断用户对于内容的活跃度，并根据量化的数值将用户进行排序，将用户根据活跃度不同进行分组。对于活跃度高的用户（排名在 20% 以内），可以优先邀请这些用户参与活动。

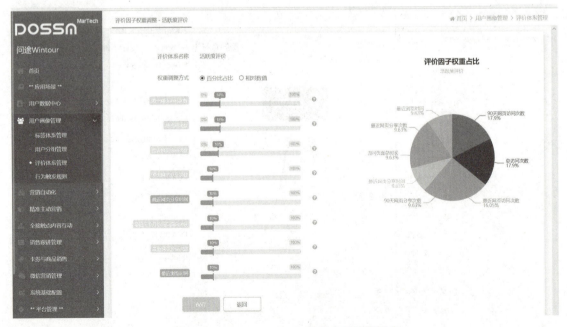

图 3-26　DOSSM-MarTech 中客户的价值评分

2. 客户培育的管理

客户培育需要有效的沟通和持续的互动,并在培育过程不断加深对客户的了解,以便更好地满足客户的需求。企业的营销和运营人员需要重视沟通工具选择、沟通内容设计和行为数据采集这三个方面。合适的沟通工具能给客户带来便捷的沟通体验;恰到好处的内容能够培养客户的信任感,加强企业产品和服务的说服力;对客户行为数据采集可以完善用户画像,以便营销活动能够投其所好。

(1)沟通工具选择

选择什么样的沟通工具需要根据客户连接的方式而定。对于通过网站注册的客户,沟通的方式主要是电子邮件和短信;对于关注微信公众平台的用户,沟通的方式是微信消息;对于下载APP的用户,沟通的方式是APP消息推送。对于一个同时使用同一企业的官网、微信公众平台和APP的用户,根据沟通场景选择某一个沟通工具。

电子邮件是国际上普遍使用的沟通工具。在客户关系管理中,企业将电子邮件常用于向客户进行问候、传递促销与活动信息、会员服务通知、订单状态通知等场景,以实现加强与客户的联系、促进客户关系的提升的目的。在我国,由于微信、QQ等即时通信(Instant Messaging,简称IM)工具的普及,电子邮件的使用率和打开率远不如即时通信工具。但在国外,由于没有一个能够垄断整个消费者市场的IM产品,电子邮件仍然是唯一一个能够跨平台连接不同用户的沟通工具。

短信在我国市场曾经是主要的沟通工具之一,但随着社交媒体和即时通信工具的流行,短信的使用场景逐渐转向身份验证和业务通知推送。各种广告和推销目的的短信,尤其是很多106号码开头的短信(106短信是指中国移动、中国联通和中国电信提供的网关短信平台)会被手机中的第三方平台拦截,所以短信沟通在客户关系管理中的使用效果难以得到保证。

在我国,电子邮件和短信均存在局限性,消费者广泛使用的微信就成为企业与客户沟通最为便捷的工具。通过微信公众平台与用户进行沟通的方式比较多,下面举例说明:

☞ 微信公众号关注欢迎语

当客户关注微信公众号后首先收到的是关注欢迎语,这是和用户的第一次交流,犹如一个销售人员进行陌生拜访,第一句话非常重要。精心策划和撰写的微信关注欢迎语有助于给用户留下良好的第一印象,激发用户使用微信公众号的兴趣。图3-27是微信公众号关注欢迎语的策划思路,一共分为四点。

图3-27 微信公众号关注欢迎语的策划思路

首先,要对关注的用户进行礼貌的问候,如图3-28和图3-29所示,向关注的用户打招呼,表示欢迎或祝福,让用户感受到这是一个有"温度"的公众号。

图 3-28　微信公众号关注欢迎语示范（一）

图 3-29　微信公众号关注欢迎语示范（二）

其次，向用户介绍公众号的定位及用途，如图 3-30 所示，用户能够立即判断公众号所提供的服务范围，并按照引导寻求帮助。

再次，公众号还可以告诉用户还可以做什么以及如何获得更多信息和福利优惠。如图 3-29 所示，用户下一步可以访问官网、免费注册会员、领取红包等。

最后，公众号可以利用关键词自动回复功能，针对不同需求的客户提供快速指引。如图 3-28

和图 3-29 所示，当用户根据指引回复关键词时，公众号立即回复对应关键词的内容。对于关键词判断时，如果关键词有较多相近的词汇的话也可组成词组，匹配其中一个关键词便可以触发消息回复。此外，还可以通过图文消息推送（见图 3-30），为客户提供个性化的体验内容。

在用户数据平台（CDP）的支持下，公众号的关注欢迎语还可以根据新关注用户的数据标签来个性化推送不同的欢迎语。例如，对于首次关注、取消关注后再关注、不同性别、不同的接触点，都可以设置相应的欢迎语。对于不同推广渠道，可以通过带参数的二维码来识别关注来源，并回复不同的欢迎语。

☞ 群发消息

微信公众平台服务号的运营商每个月有 4 次机会向关注的粉丝主动推送消息。而订阅号每天有 1 次机会向关注的用户主动推送消息。消息类型包括文字消息、图文消息、图片、视频、语音等。订阅号的群发消息折叠出现在订阅号的文件夹中，用户不会收到微信提醒；服务号的群发消息出现在微信聊天列表中，用户会像收到消息一样有微信提醒。如图 3-31 所示，每一次推送可以是单图文模式，也可以是多图文模式，但多图文最多可以添加 8 篇文章。

图 3-30　微信公众号关注欢迎语示范（三）

图 3-31　微信公众平台服务号每月推文示范

对于存在众多细分市场的旅游和酒店业来说，对用户不加以区分推送同样的内容，很多用户会感觉到"信息骚扰"，有可能导致用户取消关注。因而，通过微信向客户进行消息群发，理想的方法是将用户进行分组分群，再针对不同的人群发送定制化的消息。微信公众平台的管理系统中有分组的功能，但比较简单。企业借助于 DOSSM-MarTech 等 CDP 系统，可以将消息群发与用户标签及营销自动化功能结合，通过标签将客户分组，针对分组后的用户群体推送差异化的消息，从而将合适的内容在合适的时间推送给合适的用户。

☞ 菜单栏互动

微信公众平台服务号和订阅号的菜单栏也是与客户互动的重要工具。一个公众号最多可以设置三个菜单栏，每个菜单栏可设置五个子菜单。微信公众号的菜单栏可以设置成各个页面或者小程序的入口。

微信公众号的菜单栏可以根据客户的属性标签进行个性化菜单的展示，如图 3-32 所示。左侧图是针对连锁酒店潜在加盟商的菜单栏目设计；而右侧图是针对连锁酒店客人的菜单栏目设计。虽然都是同一个微信服务号，但是不同标签的客户打开菜单内容都可以差异化展示。

图 3-32　微信公众平台服务号个性化菜单

微信菜单栏目的设计对用户关注后是否有兴趣使用至关重要。如图 3-33 所示，某酒店集团微信公众号有约 23.12 万名粉丝，2019 年 11 月 ~2020 年 3 月期间开展了很多的营销活动和多次群发消息推送，但仅有约 5% 的粉丝（约 1.2 万名）点击了微信公众号的菜单。此外，这个期间，约有 10% 的用户取消了对微信公众号的关注。这些数据说明这个酒店集团微信公众号的自定义菜单设计并没有起到激活客户的目的。

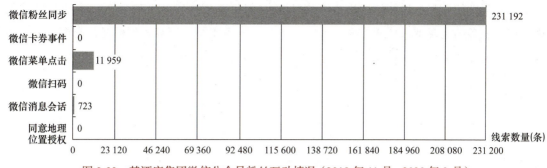

图 3-33　某酒店集团微信公众号粉丝互动情况（2019 年 11 月 ~2020 年 3 月）

微信自定义菜单栏的设计要以客户需求为导向。例如，在酒店业，客人访问微信公众平台的动机包括：获取酒店产品和活动信息、了解酒店周边生活信息、酒店最新优惠和活动计划、会员权益和福利等。对于新客人，其首次接触微信公众号的场景是在酒店服务场所，客房预订可能已经完成，客人所需要的是酒店周边的美食游乐信息、酒店正在举行的活动信息等，所以酒店的微信公众号需要注重本地生活、酒店活动方面的指引；而对于老客户，微信公众号的需求是下一次的预订优惠、会员计划等。如图 3-34 和图 3-35 所示，这两家酒店在进行自定义菜单设计的时候，都是以新客人和老客户的需求为导向的。

图 3-34　微信公众号自定义菜单

此外，微信也提供了通过底部菜单栏进行触发消息事件的能力，用户点击后可回复相关内容。结合 DOSSM-MarTech 平台，可以分析用户点击栏目的动作和频次，并根据这些行为数据触发相应的消息回复。比如一个用户在一段时间内多次点击某个栏目，或者一段时间内访问多个相同属性的栏目，说明这个用户可能对这个栏目指向的内容比较感兴趣，就可以向这类用户推送更多的信息或者优惠方案；再如，一个用户点击某个产品栏目但是没有订购，也可以触发营销自动化规则，向这个用户推送产品的限时优惠券，从而促进转化。

图3-35 北京贵都大酒店微信公众号自定义菜单

☞ 微信消息

微信公众平台支持根据用户的请求动作进行多种方式的消息回复，如微信模板消息、微信图文消息、微信图片消息和微信文本消息。

微信模板消息是微信为公众号运营者提供的消息推送功能，消息以固定格式的模板通知粉丝。

关于微信模板消息的使用规范，可以访问微信官方文档。在网站中微信官方制定了详细的使用规范和违规触发机制。

微信模板消息示范见图3-36。微信官方文档见图3-37。

微信图文消息回复是为认证公众号运营者提供的内容推送功能，内容以"标题＋小图片＋短描述"的方式通知用户；微信图片消息是为公众号运营者提供的内容推送功能，内容以单张图片的方式通知用户；微信文本消息是为公众号运营者提供的内容推送功能，内容以文字的方式通知粉丝。

微信图文消息、图片消息或者文本消息群发时，不占用微信规定的群发次数，但群发对象不是全部粉丝，仅针对公众号48小时内互动的粉丝进行不限次数推送。互动粉丝动作定义包括关注、对话、扫码、点菜单（弹出信息）等，只需满足其中一个动作均算。群发信息可以指向任意URL。

第三章 客户增长管理 103

图 3-36　微信模板消息示范

图 3-37　微信官方文档

如果企业有 APP 的运营服务，则可以通过 APP 向下载用户推送通知或者 APP 应用内消息，方法如下：

☞ 推送通知

仅针对下载用户在手机应用管理中设置了允许通知权限的 APP。当用户在不使用 APP 时，可以在用户手机主屏幕或通知区域中显示。这种模式的好处是可以通过消息的推送促使用户启动 APP。适用于作为激活长时间未打开 APP 应用的用户注意的工具。但要充分考虑用户的体验，以免形成对用户的"信息骚扰"。

☞ APP 应用内消息

与推送通知不同，应用内消息可以发送到整个应用用户数据库，而不仅仅是在设置中激活此选项的用户。但缺点是用户不启动 APP，就不会触发消息。主要用于发送与用户上下文行为相关的通知。与推送通知相比，APP 应用内消息更加符合用户的使用场景，有助于提升客户体验和转化率。

（2）沟通内容设计

在传统的客户关系管理时代，客户培育需要依赖有经验的营销和客户服务人员；在数字化时代，"内容"在消费者旅程中会比企业线下的员工有更多机会接触和影响客户。在客户关系互动管理的每一个步骤中，内容营销都是非常重要的。优质的内容可以帮助企业更好地接触和连接客户，对于成功连接的潜在客户，则需要借助于内容营销对客户持续培育，通过个性化内容互动让客户感觉到需求的被满足和愉悦，从而促进潜在客户决策、提升转化率。

恰当的内容营销策略是要根据所定位的细分市场客户去挖掘客户的需求，创造与品牌和产品相关的话题，并采取合适的内容呈现方式，包括但不限于文案、图片、视频、直播、知识分享等，在对的时间通过对的工具向对的客户传递对的内容。内容培育的目的是不断保持互动，让客户持续感知企业产品和服务的价值，为最终实现成交转化创造条件。

内容培育的策略实质上也是说服潜在客户的策略，因此，要从如下 11 个方面考虑去进行创意，以提升内容对客户的说服力：

① 针对超细分市场：针对一个特定客群去创造内容，而非全部客群。

② 相关性：创造的内容要和企业的产品和服务相关，以消费者和品牌诉求为核心。

③ 公众认可：创造的内容不仅要和企业产品服务相关，还要通过一些数据、案例、消费者点评等内容去佐证消费者对企业产品和服务的认可程度。

④ 名人效应：通过名人和专家现身说法去影响他们的拥趸。

⑤ 稀缺性原理：通过内容让消费者感受到产品服务的稀有或紧缺，促使客户立即行动。

⑥ 互惠性：如果在内容中有号召客户做任何付出之前，先说明给客户有哪些有价值的回报。

⑦ 公益性：让企业的内容和慈善、环保、利他性相关联，从而吸引客户参与。

⑧ 利益绑定：从消费者需求角度触发，创造的内容能够回答消费者 WIIFM 的问题（我能

从中得到什么，What's in it for me），内容要能向消费者提供帮助而非推销，要有助于改变客户的生活。

⑨ 故事性：挖掘与企业产品服务相关的好听、有趣或者有"温度"的故事，让客户产生分享的动力。

⑩ 参与性：创造和策划的内容能让客户有一起参与的机会。

⑪ 多媒体形式：文字、图片、视频等多种呈现方式。有调研表明，如果所有信息都是通过文字呈现，72小时后人们只记住10%。但是如果在其中增添一张图片，人们可以记住65%。

在一个信息爆炸的时代，人的大脑已经无法处理每天接收到的信息。因而，除了创造对消费者有帮助、有用、有趣的内容外，还需要考虑在传播时，如何让更多的人能够点击标题，并愿意在页面上停留更多时间完成阅读。在标题和内容创意技巧方面，互联网上有很多成功经验的总结，这里就不详细介绍了。由此可见，内容营销工作是客户关系管理工作的重要组成部分，也是从事客户关系管理工作的人员在移动互联网和社交媒体时代必备的技能。

（3）行为数据采集

每一次和客户的在线互动，实际上都会产生相关的数据。通过对这些行为数据的采集和分析，可以更进一步了解客户的行为偏好和参与程度，从而使得客户关系管理人员更好地为这些客户提供个性化的体验。因此，在通过内容培育客户的整个过程中，对客户互动数据进行收集并不断完善标签，是非常重要的工作。

传统的通过内容培育客户流程如图3-38所示。这个流程仅仅考虑了内容生产和发布这些最基本的职能，对客户接触内容的行为偏好缺乏收集。

图3-38　传统的通过内容培育客户流程

从客户关系的互动管理和数据化运营角度，通过内容培育客户的流程需要以用户数据采集为出发点。如图3-39所示。每一次和客户的互动，都要考虑三个问题：如何连接客户？需要采集客户哪些数据？基于客户的数据下一步用什么内容去响应？考虑好这三个问题后，再进行内容的制作和内容的投放。每一次的内容互动都是获客和培育客户的过程，在这个过程中，不断让数据沉淀下来，从而更好地了解客户，促进客户的转化。

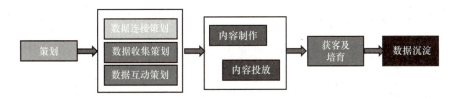

图3-39　从数据化运营角度通过内容培育客户的流程

【本节概述】

客户培育是客户增长的第三步，是指对已经连接的客户进行分析，并通过持续的互动使得客户感知企业产品和服务价值的管理行为。客户培育是一个持续的过程，培育的结果是客户转化。在这个过程中，既有线下场景的培育过程，也有通过数字化渠道进行培育的线上培育过程。线下培育的常用的方法有预约拜访、客户宴请和客户联谊会。线上培育的形式首先是对所连接的客户进行数据分析，然后将用户的行为用标签记录形成用户画像，再将客户根据标签（组合）分成不同的群组，最后根据不同的客户群组的需求设计个性化的内容策略、传递渠道和传递规则，以达到客户培育的目的。

在客户培育过程中，标签的匹配是关键步骤。在为所连接的客户打上标签后，通过营销自动化工具设置相应的规则，就可以自动向用户传递对的信息。对于将客户分组的方法，除了对客户行为标签化后根据标签（组）进行分组外，还可以通过对客户价值进行量化评估后分组。

在客户培育方面，要重视沟通工具选择、沟通内容设计和行为数据采集这三个方面。选择什么样的沟通工具需要根据客户连接的方式而定。在我国，电子邮件和短信均存在局限性，消费者广泛使用的微信就成为企业与客户沟通最为便捷的工具。通过微信与用户进行沟通的方式包括微信公众号关注欢迎语、群发消息、菜单栏互动和微信消息。对于成功连接的潜在客户，则需要借助于内容营销对客户持续培育，通过个性化内容互动让客户感觉到需求的满足和愉悦，从而促进潜在客户决策，提升转化率。内容培育的策略实质上也是说服潜在客户的策略。要从针对超细分市场、相关性、公众认可、名人效应、稀缺性原理、互惠性、公益性、利益绑定、故事性、参与性、多媒体形式等11个方面提升内容对客户的说服力。

从客户关系的互动管理和数据化运营角度，通过内容培育客户的流程需要以用户数据采集为出发点，对客户互动数据进行收集并不断完善画像标签。每一次和客户的互动，都要考虑三个问题：如何连接客户？需要采集客户哪些数据？基于客户的数据下一步用什么内容去响应？考虑好这三个问题后，再进行内容的制作和内容的投放。每一次的内容互动都是获客和培育客户的过程，在这个过程中，不断让数据沉淀下来，从而更好地了解客户，促进客户的转化。

【主要术语】

1）预约拜访：为了特定目的，在和客户约定的拜访时间和地点进行拜访。

2）客户宴请：为了加强和客户之间的感情维系、商谈具体的业务而接待或邀请关键客户，并设宴招待的营销活动。

3）客户联谊会：为了感谢客户和加强与目标客户群体（包括老客户和老客户推荐的新客户等）的良好关系而举办的一种公关活动。

4）106短信：中国移动、中国联通和中国电信提供的网关短信平台。

5）微信图文消息回复：为认证公众号运营者提供的内容推送功能，内容以"标题+小图片+短描述"的方式通知用户。

6）微信图片消息：为公众号运营者提供的内容推送功能，内容以单张图片的方式通知用户。

7）微信文本消息：为公众号运营者提供的内容推送功能，内容以文字的方式通知粉丝。

8）APP 推送通知：针对下载 APP 用户在手机应用管理中设置了允许通知权限的 APP。当用户在不使用 APP 时，可以在用户手机主屏幕或通知区域中显示。

9）APP 应用内消息：应用内消息可以发送到整个应用用户数据库，而不仅仅是在设置中激活此选项的用户。用户不启动 APP，就不会触发消息。主要用于发送与用户上下文行为相关的通知。

【练习题】

一、自测题

1）在酒店业，常用的线下客户培育方法有哪些？

2）销售人员预约拜访客户的目的有哪些？

3）线上客户培育的过程是什么？

4）客户培育在管理上要重视哪三个方面？

5）通过微信公众平台与用户进行沟通的方式有哪些？

6）如何策划微信公众号关注欢迎语？

7）微信消息回复有哪些形式？

8）微信图文消息回复的规则是什么？

9）微信图片消息回复的规则是什么？

10）APP 推送消息的方法有哪些？

11）内容营销策略是什么？

12）如何通过内容说服潜在客户？

13）传统的通过内容培育客户流程和数据化角度下通过内容培育客户流程有什么区别？

二、讨论题

1. 选择某一个知名旅行社或者国际品牌五星级酒店，关注其微信公众平台，对其关注欢迎语进行评价，并提出改进的意见。

2. 根据如图 3-39 所示的流程，从数据化运营角度，为旅行社或者酒店策划一个周末促销方案，并讨论数据连接、数据收集和数据互动的详细方法和流程。

【实验任务】

请根据本节学习的理论知识完成实验十一、实验十二和实验十三。实验注意事项、实验场景设计和实验关键步骤见第六章"客户关系管理和运营的实验任务"相关内容。

实验十一：细分市场中（潜在）客户价值评价体系的设置。

实验十二：在 ToB 市场根据客户行为自动提醒销售跟进的设置。

实验十三：针对 ToC 细分市场客户的线索培育设置。

第五节 客户转化

客户转化是客户增长管理的里程碑阶段，即潜在客户完成了购买行为或者完成了企业期望客户做的事情。客户转化的衡量标准主要是转化数量和转化率。转化数量是指实际下单客户的数量；而转化率是指实际下单的用户在总体访问流量中的比例。在客户增长模型的前几个阶段，包括客户接触、客户连接和客户培育，最终的目的都是提升转化数量和转化率。以购买为定义的转化效果取决于两个关键前提条件，一个是从接触用户数量到连接用户数量再到互动（培育）用户数量的逐层转化；另外一个是购买转化率的提升。转化率的提升关键要素包括产品设计、定价方法和用户体验三个方面。在实际的客户转化工作中，不同的场景和不同的接触点，产品设计、定价方法、用户体验这三个方面的具体内容都会不一样。

客户转化的条件和流程见图3-40。

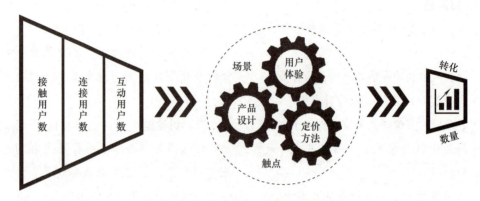

图 3-40 客户转化的条件和流程

1. 场景和接触点

场景是指外在的消费环境，由客户、空间、时间和事件四个基本要素构成，"空间"通常是指消费场所；"时间"通常是指消费时段；通俗地说，场景就是"什么样的客户在什么时间到什么地方干什么事情"。

酒店业场景具体见图3-41。

不同场景下，客户的心理状态不同，导致对产品和服务的需求也不同。在移动互联网时代之前，企业无法掌握客户在不同场景下的心理状态，更无法随时随地向客户推荐产品和服务；在移动互联网时代，企业对客户行为数据的实时获取、分析和利用成为可能，因此可以有条件通过数据采集和分析了解在相应场景下客户的心理状态和潜在需求。

"接触点"是指在具体场景中，企业的品牌、

图 3-41 酒店业场景

产品、人、工具、物品、事件等和客户的接触点。每一个接触点就是企业与客户之间的互动点。当企业分析到所在场景中的客户心理状态后，就可以在接触点进行互动，基于客户的心理状态和潜在需求给客户合适的刺激，促使转化目标的达成。要形成对客户刺激，可以通过产品设计、产品定价和用户体验三个方面来实现。

2. 产品设计

在产品设计上，首先要明确产品的概念，然后对产品的应用场景进行设计，包括对产品打包、产品组合、交叉销售和向上销售产品进行设计。

（1）产品概念

常用的产品概念是将产品分为核心产品、形式产品、期望产品、延伸产品和潜在产品，如图 3-42 所示。核心产品是指客户的需求；形式产品是指为了满足客户需求而提供的外在实质产品或服务组合；期望产品是指满足客户个性化需求的产品或服务；延伸产品是指客户购买产品时附加获得的各种利益或权益；潜在产品是指现有产品未来的潜在或发展状态。

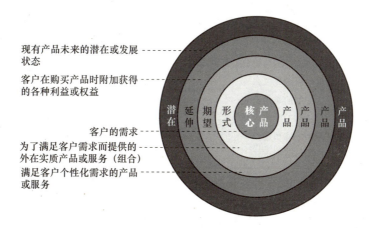

图 3-42　产品的整体概念

以旅游和酒店企业常见的亲子游市场为例，客户的需求以"陪伴"和"寓教于乐"为主，这个需求就是核心产品；形式产品有客房、儿童活动设施、美食体验、亲子课程等；期望产品是亲子主题装饰的客房、儿童欢迎礼等；延伸产品是会员服务、延迟退房等；潜在产品可能是将亲子游产品发展成为研学旅行产品。

上述产品概念对于在开发阶段的产品是有一定指导意义的，但在企业的实际营销场景中，转化是产品设计的终极目标。再好的产品概念，如果不能转化，也是失败的。在大多数情况下，企业产品已经成型，企业营销人员所需要做的是如何从传播角度去阐述现有产品的概念和卖点；从转化角度去让客户理解产品的价值。从传播和转化视角，产品的概念包括客户敏感点、产品构成要素和差异化卖点。在传播过程中，要围绕客户敏感点、产品构成要素和差异化卖点去组织内容，让接触到的客户快速感知到产品的价值，这样才能有助于转化率的提升。

以酒店举办的美食节产品为例，产品概念如表 3-3 所示。

表 3-3　酒店美食节的产品概念

酒店美食节的产品概念	
产品定义	根据季节、酒店自身的烹饪能力和第三方烹饪能力向客人提供酒店正常餐饮服务以外的带有主题性质的特别餐饮产品的安排，并以当地酒店较少提供的餐品种类和其风味的正宗性来满足客户的尝新、尝鲜或忆旧的需求
客户敏感点	☺ 美食节的主题与餐饮出品和质量的匹配性； ☺ 食材与烹饪方法的独特性； ☺ 菜肴装盆和器皿的独特性； ☺ 餐厅环境的布置和装饰； ☺ 美食节的文化性； ☺ 是否能够给客人特别的就餐体验和记忆； ☺ 是否能够给客人传播和分享的价值； ☺ 性价比
产品和服务要素	☞ 特别的烹饪用具和特别的餐具； ☞ 特有的食材和调料； ☞ 特别邀请的专业名厨； ☞ 新颖的用餐方法； ☞ 地域和文化特色的员工着装； ☞ 特色的服务礼仪； ☞ 符合主题的文化表演； ☞ 符合主题的影像视频和音乐； ☞ 特有的环境布置； ☞ 特别的就餐伴手礼
差异化卖点	● 美食节的主题； ● 与当地的文化差异； ● 同类主题是否在当地举办过

（2）产品打包

旅游企业在进行产品设计的时候，需要将不同的产品进行打包，使得打包后的产品具有高性价比，从而促进转化。此外，产品打包策略还有利于避免"价格战"和渠道冲突。成功的打包产品，往往需要考虑如下因素：

① 以一个核心产品为主，辅以相关联的产品和服务，但打包的辅助产品一般以售价高而成本低的产品和服务为主。在酒店业打包产品中，客房、棋牌室、桑拿、会议场地使用时间、自助餐、积分、优惠券以及对客人的礼遇都可以作为产品打包的辅助产品。

② 要以客户需求为导向，针对不同的细分市场，充分考虑产品和客户需求之间的匹配性和合理性，采用不同的产品进行打包。例如，曾经有酒店针对本地市场推出周末套票，含一张自助晚餐券、一次下午茶和一次健身中心体验券，其中自助晚餐是核心产品。这个打包产品在关联性和合理性方面都出现了问题，因为健身和丰盛的晚餐之间、下午茶和自助晚餐之

间存在匹配性不合理问题。

③ 打包产品要价格合理并考虑效益最大化，理想的情况是客人可以用最优惠的价格买到需要的产品和服务，而企业可以把闲置的产品和服务卖出去。

④ 产品打包设计要有一定的灵活性，以降低客户对消费不确定性的担忧。有统计表明，对于预售的包价产品，有 15% 的消费者因为种种原因在有效期截止前没有进行消费。如果在进行产品打包时，允许客户在使用时对个别辅助打包产品进行调整，在使用时间上可以拆分使用，在使用地域上可以跨区域使用，对客户的吸引力会更大。

⑤ 要对竞争对手的打包产品进行事先调研。产品打包的一个作用是将企业自身和竞争对手区别开来，但如果不事先进行调研，有可能会出现同质性产品组合。例如在圣诞节期间，酒店会推出圣诞套票，有一家酒店推出冰雪主题的圣诞晚餐，但销量不理想。后来发现同城市另外一家同档次的酒店也推出了类似主题，并且进行了提前预售。

（3）产品组合

产品组合是指企业根据市场和客户需求对产品线和产品品类结构的搭配。产品组合和产品打包的目的不同，产品打包的目的是创造性价比的价值来吸引客户；而产品组合的目的是调整产品结构来实现营销目标。企业在进行产品组合的时候，通常要考虑增加、修改、淘汰哪些产品（线）。

产品可以根据客户消费频次和定价分为高频高价产品、高频低价产品、低频高价产品和低频低价产品。在旅游业，周边游的产品比长线游的产品消费频次要高；在酒店业，餐饮产品比住房产品的消费频次要高。高频低价产品有助于获取用户，因为高频次需求产品有利于吸引客户关注，而低价有助于降低客户的决策难度。低频高价的产品对客户来说，属于重决策产品，利润高，频次低。所以在产品组合方面，可以考虑高频低价产品引流、拉新；再通过低频高价产品获取利润，如图 3-43 所示。例如，酒店的健身次卡、工作套餐都是高频低价的产品，而健身年卡、生日宴属于低频高价的产品。酒店可以先用健身次卡、工作套餐这类高频低价产品完成对新客户的快速转化，然后再在合适的时间向客户推荐健身年卡和生日宴这类低频高价产品。

（4）交叉销售和向上销售设计

在移动互联网生态中，客户购买链条变得更短。旅游产品的销售并非仅仅局限在客户旅游前这个阶段，在旅游中和旅游后，通过场景的设计和接触点的刺激，营销可以做到在整个消费者旅程中无处不在。便捷的移动支付使得每一个接触点成为转化点，交叉销售（Cross-Selling）和向上

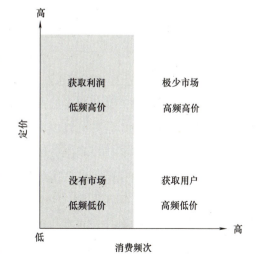

图 3-43 按消费频次和定价的产品组合

销售（Up-Selling）的产品设计就非常重要。

☞ 交叉销售

交叉销售是指对已经成功转化的客户在特定接触点上提供购买其他产品的建议，并努力达成更多交易。交叉销售对企业的好处显而易见，提升了对客户"钱包份额"的占有、提升客户终身价值（Life Time Value，简称LTV）、提高每个客户的平均订单价值（Average Order Value，简称AOV）、增加客户留存率、增加收益、提高利润以及获得更多的关于顾客购买产品或服务的可能性的数据。

交叉销售的接触点主要在两个阶段：产品购买阶段和服务体验阶段。产品购买阶段主要是指用户通过企业自有渠道或平台购买产品这个场景；服务体验阶段是指用户在企业自己的经营场地内进行服务接触时的场景。在产品购买阶段，要根据用户购买后的使用场景，分析用户还有什么潜在需求。比如当用户订购了客房，应该有可能会需要餐饮服务。在服务体验阶段，要根据用户在服务场所体验的时候，分析用户的潜在需求。在服务场所，用户通常对消费金额的敏感度不如订购阶段。这个场景过往通常是面对面销售完成，效果取决于服务人员的销售技巧、销售态度和口才，而现在可以借助于技术手段在场景中对客户进行连接、数据采集和分析，然后运用营销自动化工具向合适的客户在合适的时间自动推荐合适的产品和服务。

交叉销售的产品可以是已购产品或者服务的附加品、其他用以加强其原有功能或者用途的产品或服务。这里的特定产品或者服务必须具有可延展性、关联性或者补充性。

在客户购买阶段，可以向客户推荐与其已购买产品使用风险及保障相关的产品，比如客户购买了旅游产品，向其推荐旅行保险产品；或者向客户推荐与产品使用有补充关系的产品，比如客户购买了客房产品，向其推荐餐饮产品。

在服务体验阶段，可以向准备开始服务体验的客人推荐搭配的产品和服务。比如客户在酒店前台办理入住手续的时候，向客人推荐一个包括客房在内的套餐，说明只需要支付多少金额就可以获得另外一个服务产品的使用券。也可以向正在进行产品体验的客人提供一些免费试用的服务。比如向订房的客人提供一个免费的菜肴体验券，吸引他们到餐厅进行更多的消费。

☞ 向上销售

向上销售是指向已经选择并正在购买某一特定产品或服务的客户，或已经购买但还没有开始体验的客户推荐该产品或服务的升级品。比如，对预订了标准房的酒店客人，在客人抵达酒店前向其推送消息，告知可以再支付少量费用就升级到更高等级客房。向上销售的接触点也主要集中在产品购买阶段和服务体验准备开始阶段。在产品购买阶段，根据用户购买后的产品，向其推荐加价换购更高档次的产品，当然加价后的产品比直接购买要优惠。在服务体验准备开始阶段，向客户推荐加价可以获得更高等级的服务。

如图3-44所示，航空公司在飞机起飞前，通过微信模板消息向已经订购了机票的客人推送"139元起享受升舱"的向上销售产品。

无论是交叉销售还是向上销售，要注意避免在客户选择产品之前建议交叉销售或者向上销售，也要避免"轰炸"经历了多次交叉销售或向上销售的客户，已经在某一个接触点交叉销售或者向上销售过的客户在下一个阶段不用再针对同样产品进行交叉销售或者向上销售了。

3. 产品定价

在旅游和酒店业中，在市场上不仅仅存在产品同质化现象普遍、竞争激烈、分销渠道复杂、市场高度细分、用户需求不断变化、供给关系受季节和当地活动影响大等市场特点，主要产品也存在"易逝性"的特点（如酒店客房、机票、车船票等，都是在特定时间消费，时间一过，产品也无法被储存、转售和退回）并和质量及价值息息相关。旅游和酒店业的产品定价不仅仅是一种竞争工具，也是一门营销艺术。服务质量再好的产品，如果定价失误，转化就无从谈起。特别是当消费者购买行为从线下转到线上，价格透明度高，消费者对产品的线上定价会非常敏感。

图 3-44 向上销售的案例

定价方法首先和企业的经营方向息息相关。经营方向是根据企业现有的软硬件条件、产品和服务能力，确定企业以什么样的经营和管理形式来吸引和服务目标市场客户。在我国旅游和酒店业，业主（投资者）的目的非常多样化。定价方法根据经营方向不同采用不同的目标导向，常见的有以成本或利润目标、销售目标、竞争目标或者社会责任目标作为导向。例如，针对酒店客房产品的常见定价方法有千分之一定价法、盈亏平衡定价法、目标收益定价法（赫伯特公式法）等，它们都是以成本或利润为导向的定价方法。旅行社的定价常见的是以竞争或者销售为目标导向，以扩大市场占有率或者阻止竞争对手进入市场。

定价方法也和客户的接受程度息息相关。因此，也可以通过对市场和客户进行调研，从而确定产品的价格。常见的方法有 Garbor Granger 模型定价法（通过问卷调研等方式研究产品价格发生变化时，用户购买意愿的变化，从而找出销售额最大的价格点）、价格敏感度测试法（通过问卷调研用户对产品不同价格的接受意愿，找出用户能够接受的"最优价格"）、扩展的 Gabor Granger 定价法（在 Garbor Granger 定价法的基础上加入竞品价格变化对用户的影响调研）和品牌/价格交替选择模型（BPTO）定价法（测试产品价格和竞品价格变化时，对用户决策的影响，可以衡量品牌的相对价值）。

上述定价方式没有考虑具体的场景和接触点上的客户心理状态、特定需求和价格敏感度。例如，在旅游产品预订的时候，消费者因为预算的原因对产品价格通常比较敏感的，会反复比较机票、酒店客房等产品和不同渠道的价格；但是在旅途中，消费者对预算的敏感度就下降了，愿意花费更多的钱获得更好的服务和更多的体验，如美食、SPA、特色活动等。如果在旅游产品预订阶段，向客户推荐美食，客人未必有付费的意愿。因此，在不同的场景和接触点，客户的付费意愿不一样。换而言之，即便是相同的产品，在不同的场景和接触点，定价应该有所差别。这种根据场景和接触点而定的定价方法被称为差别性定价或歧视性定价。

在旅游和酒店业，由于渠道分散，产品组合多样化，差别性定价应用比较广泛。酒店同一种房型在不同的时间，面向不同类型的客户定价会不一样。酒店收益管理就是差别性定价的管理，在合适的时间向合适的客户以合适的价格销售合适的产品。

根据场景和接触点的不同，差别性定价的形式包括：

☞ 按客户身份差别定价

客户的身份不同，付费意愿和对价格的敏感性会不同。在旅游业，常见的形式是将门票、车船票价格分为成人票价、长者票价、儿童票价、学生票价、教师票价等；在酒店业，常见的形式是按照会员身份和等级、客户类型（如协议客户、非协议客户）进行差别定价。这种定价方法有助于满足不同价格敏感度客户需求并增加客户的黏性。

☞ 按行为特点差别定价

根据客户的订购、访问等行为进行差别定价。比如在网页端、APP订购端采集客户浏览和订购信息，对于仅仅浏览产品但是并没有产生订购行为的客户推送专属优惠券。按行为特点差别定价在大数据时代曾经被滥用。在线旅游经营者通过对消费者在网络上的行为进行分析，针对具有相应消费习惯的用户动态浮动加价，被称之为"大数据杀熟"。为此，我国文化和旅游部在2020公布了《在线旅游经营服务管理暂行规定》，明确禁止在线旅游经营者滥用大数据分析等技术手段，侵犯旅游者合法权益。

☞ 按购买时间差别定价

典型的方法是限定时间或者在固定时间的抢购活动，比如双"11"大促、"618"大促等。酒店业常见的还有"早鸟价格""阶梯式提前预订优惠""今夜酒店特价"（尾房销售）。按购买时间差别定价有助于吸引一些对价格敏感的客户。

☞ 按购买渠道差别定价

这种定价方法是将客户尽可能转向企业希望的销售渠道。比如在官方网站提供最优惠价格，以扩大直销的份额。这种定价方法使用的前提条件是企业对渠道具备管理能力，否则会导致价格在市场上过于混乱，最终损害企业利益。

☞ 按购买数量差别定价

常见的按购买数量差别定价的方法有团购、拼团、限量秒杀等。这种定价方法有助于客户裂变行为的产生。客户在优惠价格刺激和最低购买数量的要求下，会帮助企业向其亲朋好友进行推荐。

☞ 按购买次数差别定价

常见的按购买次数差别定价的方法有"首次购买优惠""购买第二件五折"等。这种定价方法有利于吸引新客户和刺激老客户重复消费。

☞ 按产品捆绑差别定价

常见的按产品捆绑差别定价的方法有"加 1 元升级""加 1 元多一件""买一送一""满减""满折""可拆分使用的套票""订购送积分""订购送券"等。这种定价方法有助于吸引不同需求的客户,并提升平均客单价(AOV)。

☞ 按产品属性差别定价

常见的按产品属性定价方法有"按不同景观定价""按不同楼层定价""按不同舱位定价"等。这种定价方法有助于满足不同预算的客户,使得企业有了更强的收益管理空间。

☞ 按订购流程差别定价

常见的按订购流程差别定价的方法有"注册后价格更优""同时预订更优惠""订购后抽奖"等。比如有的酒店为网上预订客房的客人提供更优惠价格的预订餐饮、康乐产品。香格里拉酒店集团在官方网站上提供自选包价服务,用户在预订客房的流程中,可以以更加优惠的价格预订餐饮、接送机等产品。

☞ 按库存数量差别定价

根据库存数量的变化动态调整价格,在酒店客房、航班座位、邮轮舱位等具有不可储存、易逝性和存量限制的产品定价方面比较常用,目的是尽可能提升收益。

4. 用户体验

基于购买目标的客户转化是一个连续的过程。在线上,无论产品设计得多么出色和定价方法多么刺激,用户体验(User Experience,简称 UX 或 UE)不理想,也会导致转化失败。国际标准化组织(ISO)所发布的 ISO 9241-210 是一套涵盖人机交互的人类工程学的通用标准,对人机交互、以人为本的设计、用户界面、用户体验、易用性等进行了标准制定。其中 ISO 9241-210 标准将"用户体验"定义为"人们对于针对使用或期望使用的产品、系统或者服务的认知印象和回应"。

美国互联网行业知名的信息架构专家彼得·莫维勒(Peter Morville)将用户体验总结为一个蜂窝状模型,称之为 Peter Morville Honeycomb,如图 3-45 所示,用户体验包括有用、可用、易查找、可信赖、无障碍访问、合意和有价值。

由此可知,要提升线上购买转化率,用户体验至关重要,而用户体验首先和视觉与交互的设计密切相关。在视觉与交互相关上,要遵循如下法则:

(1)费茨法则

费茨法则(Fitts' Law)是用来预测任意一点到目标中心位置所需时间的数学模型,被广泛应用于人机界面的交互设计。用户在页面寻找目标时,所花费的时间与当前移动点到目标的距离成正比关系,距离越远,花费

图 3-45 Peter Morville Honeycomb 用户体验蜂窝状模型

时间越长；而花费时间与目标的面积大小却成反比关系，目标越大，所花费时间越少。

所以，要让客户在落地页或订购页上尽快完成转化，在合理范围内，行为召唤（Call to Action，CTA）的按钮设计得要大，需要联系操作的控件设计得尽可能接近。

费茨法则应用案例见图3-46。

（2）席客法则

消费者喜欢选择，但讨厌做决定。席客法则告诉我们，增加选择数量将以对数方式增加决策时间。也就是说，给客户选择越多，客户做出决定花费的时间就越多；反之，给客户选择越少，客户做出决定花费的时间越短。因此，为了尽快实现转化，在订购页上不要给客户太多选择项。

席客法则（Hick's Law）见图3-47。

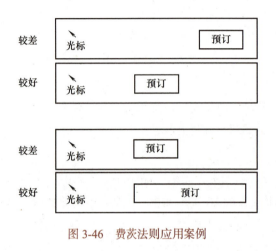

图3-46 费茨法则应用案例　　图3-47 席客法则

（3）古腾堡法则

古腾堡法则（Gutenberg Diagram）是用于描述人的浏览路径，通常是将左上角作为视觉起点，沿着对角线扫视到右下角结束，如图3-48所示。为了促进转化，落地页的左上角应该放上关键元素，而在右下角放上转换目的的行为召唤（CTA）按钮。右上角和左下角可以放一些相对次要的内容。

在本章第二节"客户接触"中介绍了"落地页"，第四节"客户培育"中介绍了11种内容培育策略。这些内容培育策略对于在客户转化环节中为用户创造良好体验是极其关键的。内容建设是影响客户付费的关键因素之一，内容包括活动详情、商品描述、评论、论坛文章、视频节目、直播节目等需要在产品中动态生成的信息（张溪梦，2017）。沃尔特（Walter）和艾琳（Erin）（2014）将内容培育策略总结如图3-49所示。

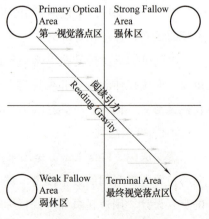

图3-48 古腾堡法则

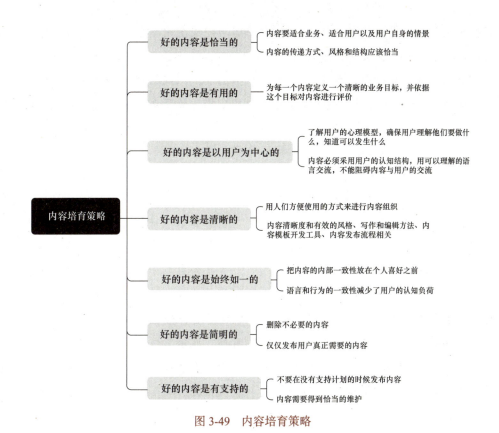

图 3-49　内容培育策略

用户体验直接决定了客户转化率的高低，如果能够提供超过客户预期的体验，让用户用最少的付出获得需求的满足，客户转化就有保证。在数字时代，用户体验不仅仅是一个设计概念，也是一个内容概念；它既是市场营销的概念，也是客户关系管理的概念。用户体验更是将设计、内容、市场营销、客户关系管理融为一体的艺术。

【本节概述】

客户转化是客户增长管理的里程碑阶段，即潜在客户完成了购买行为或者完成了企业期望客户做的事情。客户转化的衡量标准主要是转化数量和转化率。转化率的提升关键要素包括产品设计、定价方法和订购体验三个方面，并要结合场景和接触点的设计。场景就是"什么样的客户在什么时间到什么地方干什么事情？""接触点"是指在具体场景中，企业的品牌、产品、人、工具、物品、事件等和客户的接触点。在场景中和接触点上要基于客户的心理状态和潜在需求对客户进行合适的刺激，促使转化目标的达成。

从传播和转化视角，产品的概念包括客户敏感点、产品构成要素和差异化卖点。在传播过程中，要围绕客户敏感点、产品构成要素和差异化卖点去组织内容，让客户快速感知到产品的价值，这样才能有助于转化率的提升。

旅游企业在进行产品设计的时候，需要将不同的产品进行打包，使得打包后的产品具有高性价比，从而促进转化。产品打包策略包括：以一个核心产品为主，辅以相关联的产品和服务；要以客户需求为导向，针对不同的细分市场，采用不同的产品进行打包；打包产品要价格合理并考虑效益最大化；产品打包设计要有一定的灵活性；要对竞争对手的打包产品进行事先调研。

产品组合是指企业根据市场和客户需求对产品线和产品品类结构的搭配。产品根据客户消费频次和定价分为高频高价产品、高频低价产品、低频高价产品和低频低价产品。在产品组合方面，可以考虑高频低价产品引流、拉新；再通过低频高价产品获取利润。

便捷的移动支付使得每一个接触点成为转化点，交叉销售（Cross-Selling）和向上销售（Up-Selling）的产品设计非常重要。交叉销售是指对已经成功转化的客户在特定接触点上提供购买其他产品的建议，并努力达成更多交易。交叉销售的产品可以是已购产品或者服务的附加品，或者其他用以加强其原有功能或者用途的产品或服务。向上销售是指向已经选择并正在购买某一特定产品或服务的客户，或已经购买但还没有开始体验的客户推荐该产品或服务的升级品。交叉销售和向上销售的接触点主要集中在产品购买阶段和服务体验准备开始阶段。

定价方式需要考虑具体的场景和接触点上的客户心理状态、特定需求和价格敏感度。在旅游和酒店业，由于渠道分散，产品组合多样化，差别性定价应用比较广泛。包括按客户身份差别定价、按行为特点差别定价、按购买时间差别定价等10种差别定价方法。

要提升线上购买转化率，用户体验至关重要，而用户体验首先和视觉与交互的设计密切相关。在视觉与交互相关上，可以借鉴费茨法则、席客法则和古腾堡法则。用户体验不仅仅是市场营销的概念，也是客户关系管理的概念。用户体验更是将设计、内容、市场营销、客户关系管理融为一体的艺术。

【主要术语】

1）转化数量：实际下单客户的数量。

2）转化率：实际下单的用户在总体访问流量中的比例。

3）场景：指外在的消费环境，由客户、空间、时间和事件三个基本要素构成，即"什么样的客户在什么时间到什么地方干什么事情"。

4）接触点：指在具体场景中，企业的品牌、产品、人、工具、物品、事件等和客户的接触点。

5）产品打包：将不同的产品进行打包，使得打包后的产品具有高性价比，从而促进转化。

6）产品组合：企业根据市场和客户需求对产品线和产品品类结构的搭配。

7）交叉销售：对已经成功转化的客户在特定接触点上提供购买其他产品的建议，并努力达成更多交易。

8）向上销售：向已经选择并正在购买某一产品或服务的客户，或已经购买但还没有开始体验的客户推荐该产品或服务的升级品。

9）易逝性：在特定时间消费，时间一过，

产品也无法储存、转售和退回。

10）差别性定价：价格根据场景和接触点而定的定价方法，也称之为"歧视性定价"。

11）用户体验蜂窝状模型：也称为 Peter Morville Honeycomb，包括有用、可用、易查找、可信赖、无障碍访问、合意和有价值等七个要素。

12）费茨法则：用来预测任意一点到目标中心位置所需时间的数学模型。

13）席客法则：增加选择数量将以对数方式增加决策时间。

14）古腾堡法则：是用于描述人的浏览路径，是以左上角作为视觉起点，沿着对角线扫视到右下角结束。

【练习题】

一、自测题

1）以购买为定义的转化效果取决于哪两个关键前提条件？

2）转化率提升的关键要素有哪些？

3）如何对客户进行刺激以促进转化？

4）什么是核心产品、形式产品、期望产品、延伸产品和潜在产品？

5）从传播和转化视角，产品的概念有哪些？

6）成功的打包产品需要考虑哪些因素？

7）产品根据客户消费频次和定价如何进行划分？

8）交叉销售对企业的好处有哪些？

9）交叉销售的产品设计有什么要求？

10）交叉销售和向上销售要注意避免犯哪些错误？

11）差别性定价的形式有哪些？

二、讨论题

1）请根据表3-3的结构，选择酒店的某一产品（自助晚餐、餐饮外卖、下午茶、中秋月饼、健身房、婚宴、生日宴、游泳池）进行阐述。

2）访问某一个酒店网站或者微信公众平台上，搜索一个打包产品，然后根据本节提到的产品打包要考虑的因素进行评论。

3）根据本节提到的产品组合策略，为某一个旅行社线上销售策划一个产品组合方案。

4）为酒店制订一个交叉销售和向上销售方案。

5）根据差别定价方法，在旅游和酒店行业中分别找到对应的10个案例，并进行分析。

6）根据费茨法则、希客法则、古腾堡法则，在互联网上找一下具体的案例。

【实验任务】

请根据本节学习的理论知识完成实验十四、实验十五和实验十六。实验注意事项、实验场景设计和实验关键步骤见第六章"客户关系管理和运营的实验任务"相关内容。

实验十四：自动化交叉销售规则的设置。

实验十五：转化未成功客户再营销规则的设置。

实验十六：客户可拆分使用的旅游套票计划设置。

第六节 客户留存

客户留存是客户关系进入高质量的阶段，是指促使已转化成功的客户在后续时间继续支持和参与企业营销计划，并乐于在有需求的时候继续使用企业产品和服务的行为。因而，客户留存表现为两个方面：一个是客户加入忠诚计划；另外一个是客户进行产品复购。

1. 客户忠诚计划

（1）客户忠诚和客户忠诚度的概念

客户忠诚是指客户在有消费需求的时候，对某个企业的产品或服务有偏向性购买的行为。客户忠诚可以分为态度忠诚和行为忠诚两种模式。态度忠诚是指客户对企业品牌在心理上产生高度信赖和偏好，会长期优先选择该企业的产品或服务；行为忠诚是指客户对企业产品和服务持续的消费行为。态度忠诚未必会产生行为忠诚，行为忠诚也未必会产生态度忠诚。

例如，一个商务旅行者因为工作需要，每次出差必须要赶早班机，所以他每次都不得不选择机场附近的 A 品牌酒店入住。后来有一家他喜爱的 B 品牌酒店在机场附近开业了，他每次预订，都会优先选择 B 品牌酒店，只有在 B 品牌酒店满房或者价格上涨的情况下才选择 A 品牌酒店。当有朋友询问机场附近的酒店时，这个旅行者会毫不犹豫推荐 B 品牌酒店。这个旅行者对 A 品牌酒店表现出的是行为忠诚，因为地理位置和价格而选择 A 品牌酒店，并非出于对 A 品牌酒店的偏好；而对于 B 品牌酒店的选择就是因为态度忠诚，但一旦价格上涨，这个旅行者就会采取"不忠"的行为，虽然他会向他人优先推荐 B 品牌酒店。

图 3-50 客户忠诚度的构成要素

客户忠诚度是指客户对品牌信赖和行动支持的程度。通常包括三个要素，如图 3-50 所示，分别是客户对品牌的满意度、客户重复购买产品的频率、客户主动推荐或分享品牌信息的概率。

客户满意度和客户忠诚度是不能画上等号的。客户满意度是一个相对的概念，是反映客户期望值与最终获得值之间的匹配程度。客户忠诚是反映客户对企业的产品或服务的依恋或爱慕的感情。

例如，某商务客户对某酒店的服务非常满意，但因为工作地址变化未必会再来消费；而某客户总是选择某酒店的原因是因为地理位置，即便对该酒店服务质量不满意。

在客户忠诚度划分上，有一种分类方法是根据客户忠诚时间长短和未来潜在的盈利性将客户划分为蝴蝶型客户（Butterflies）、挚友型客户（True Friends）、过客型客户（Strangers）和藤壶型客户（Barnacles），如图 3-51 所示。

① 过客型客户：指低潜在盈利性的短期忠诚行为客户，既不具有态度忠诚，也没有行为忠诚。企业的产品和服务与其需求不匹配，消费带有偶然性。

图 3-51　客户忠诚度的划分

② 蝴蝶型客户：指高潜在盈利性的短期忠诚行为客户，不具有态度忠诚，行为忠诚也很短暂。虽然企业的产品和服务可以完美满足他们的需求，使得他们会在短期内进行较多次消费，即便获得满意的消费，但可能会很快转向其他供应商。

③ 藤壶型客户：指低潜在盈利性的长期忠诚行为客户。企业的产品和服务与客户需求的匹配度有限，消费金额虽低但消费频次高。

④ 挚友型客户：指高潜在盈利性的长期忠诚行为客户。企业的产品和服务与其需求非常匹配，消费金额较高而且长期（或定期）购买企业产品和服务。

以酒店业为例，典型的过客型客户是参加观光旅行的团队客人，这类客人消费客单价很低，住过一次后几乎不会再来第二次。针对过客型客户，企业只需要做好标准化服务，不需要进行关系投资，并尽可能向这些客人在接触点上开展销售推介，争取每一次交易都有盈利。典型的藤壶型客户是位于酒店周边的社会散客市场，给酒店的消费贡献量不多，但有长期的消费可能性。针对藤壶型客户，企业可以重点放在交叉销售和向上销售上，以便提升"钱包份额"。典型的蝴蝶型客户是外地的会议组织者，会给酒店短期带来包括客房、餐饮和会议在内综合性的收入，但下一次未必再来消费。针对蝴蝶型客户，企业在消费完成后，无须投入太多人力资源去专门维护，因为未来的转化率会非常低。典型的挚友型客户是本地的协议客户市场，尤其是 A 类协议客户，消费额高且消费次数多。针对挚友型客户，企业需要采用包括奖励计划、客户联谊会、客户宴请在内的方法维护其忠诚度。

忠诚度高的客户是企业最有价值的客户，因为客户忠诚度对企业有三个重要价值，分别是经济价值、数据价值和市场价值。

① 经济价值：客户忠诚度反映出客户从一个品牌转向另外一个品牌的可能程度，忠诚度和未来产生的消费行为息息相关。因此，善于建立和维护客户忠诚度的企业会获得更大的经济价值，创造更多的利润。

② 数据价值：客户忠诚度的运营需要通过 IT 管理系统才能实现，客户的各种数据，包括人口属性数据、交易数据、行为数据、营销数据、互动数据等都会被系统采集和分析，并可

以利用这些数据不断提升产品和服务能力。

③市场价值：忠诚度高的客户会成为企业免费而有效的"宣传大使"或"编外销售员"，他们会为企业的产品和服务在互联网或者人际关系中进行传播，为企业带来品牌知名度、美誉度的提升，并带来更多的潜在消费者。

（2）客户忠诚计划的概念

客户忠诚计划是企业为了与客户建立彼此忠诚的关系而设计的管理制度和行动方案。从企业角度，客户要为获得在企业的专属服务权益和待遇而付出对企业品牌的忠诚态度和忠诚行为；从客户角度，企业需要为客户加入忠诚计划并表现出的重复消费行为提供利益回报。

客户忠诚计划主要包括四个方面的内容，分别是参与计划客户的招募、客户分层体系、积分计划和客户权益。客户自愿注册并加入忠诚计划，以此作为双方建立"回报"关系的标志，客户给予企业更多的"钱包份额"（Share of Wallet），所获得的积分就越高，并能够兑换更高价值的奖品。此外，消费次数和金额越多，客户在企业分层体系中的等级就越高，获得的特殊待遇也越多。这种忠诚计划都是根据客户的行为忠诚来制定的，奖励是根据客户现在和以往的消费行为，并没有将客户未来的消费机会考虑在内。只有具有态度忠诚的客户，才会有更多的可能性在未来进行消费，或者将品牌推荐给亲朋好友。所以，一个没有将行为忠诚和态度忠诚都考虑在内的忠诚计划是无法实现消费潜力最大化的。

随着线上互动成为企业和客户主要的互动模式，这些互动可以反映客户的态度忠诚度。在技术支持下，评估客户的忠诚行为不仅仅是交易金额和交易次数，客户因为内容访问或者工具使用而投入的时间、精力等沉没成本也可以被评估。客户忠诚计划正在朝一套完整的、既包括行为忠诚又包括态度忠诚的用户成长体系发展。用户成长体系是建立在用户数据获取和分析模型的基础上，是用户可以自我评估、自我驱动的成长模型。用户成长体系根据用户旅程地图，找到用户成长的关键接触点，并在这些接触点上搭建激励规则，形成一整套驱动用户成长的运营机制。积分仅仅是激励用户成长的一种形式，除此之外还包括经验值、成长值、勋章、虚拟货币等多种激励方式。

在旅游业，忠诚计划的主要奖励模式还是以消费获取积分为主，但随着旅游企业客户关系管理的数字化转型发展，用户成长体系模型将会得到更多的应用。

☞ 参与计划的客户招募

从忠诚度方面，客户可以分为蝴蝶型客户、挚友型客户、过客型客户和藤壶型客户。对于任何忠诚计划的设计，都要考虑计划适用的对象有哪些？对于低盈利性的客户，如过客型客户、藤壶型客户，是否要纳入忠诚计划？这取决于企业的营销定位。有的企业为了提升忠诚计划的价值感，并将主要精力集中在特定细分市场，会采取限制型的忠诚计划，将招募目标锁定在挚友型客户，对参加忠诚计划的客户有特定的要求甚至需要付费加入；有的企业为了吸引更多潜在客户的关注并获得更多的口碑和市场占有率，会采取开放型的忠诚计划，对参加忠诚计划的客户资格不做要求。除了少量定位于高端客源市场的旅游企业和会所企业，大多数旅游和酒店企业实施忠诚计划时，对参与计划的客户招募都是采取开放型的忠诚计划。

开放型忠诚计划和限制型忠诚计划的优缺点比较见表 3-4。

表 3-4　开放型忠诚计划和限制型忠诚计划的优缺点比较

	开放型忠诚计划	限制型忠诚计划
优点	1. 吸引更多客户加入，有利于形成规模化效应； 2. 面向多个细分市场，获得更广泛的销售机会； 3. 更容易接触到潜在客户和竞争对手的客户； 4. 为企业带来更高的市场占有率和口碑效应； 5. 吸引不同渠道的客户加入忠诚计划，有利于开展直销	1. 让忠诚计划更加具有价值和吸引力； 2. 集中有限资源去服务特定细分市场，提高了盈利能力和竞争壁垒； 3. 与客户的沟通变得更加高效，对客户需求更加了解； 4. 有利于降低忠诚计划运营成本，并提升"钱包份额"； 5. 容易获得客户的反馈，并激励企业不断提升服务质量
缺点	1. 降低了忠诚计划的价值感； 2. 不能集中企业有限的资源去锁定目标细分市场； 3. 与客户沟通变得更加复杂，不容易了解客户潜在需求； 4. 招募低盈利性的客户会降低忠诚计划的投资回报率	1. 无法形成规模化的运营效果； 2. 为加入忠诚计划设置壁垒，会损失部分市场和销售机会； 3. 提高了客户的期望值，对企业的服务要求更加苛刻； 4. 需要为忠诚计划长期投入更多的预算

☞ 客户分层体系

Zeithaml，Rust，& Lemon（2001）提出过将客户根据市场细分和盈利能力进行分层的金字塔模型，见图 3-52。根据这个模型，企业需要将服务资源向铂金层级的高价值客户倾斜，因为这个层次的客户价值最高、盈利能力最强。

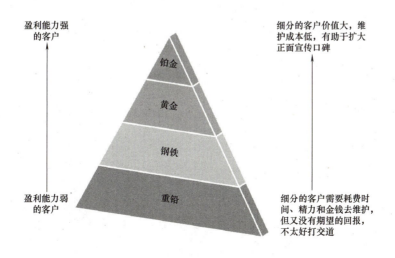

图 3-52　客户分层的金字塔模型

将客户按照金字塔模型进行分层或分级也是忠诚计划的普遍做法。根据会员的属性、行为和贡献将会员进行分级,并在产品、服务、价格、销售、沟通和流程上进行差别化待遇。对于企业来说,客户分层管理有助于识别有价值的客户,强化和最有价值客户之间的关系,提升这些客户的忠诚度和"钱包份额",从而获得更多的销售回报;对于客户来说,客户分层作为用户成长体系的一部分,为客户获得更多权益提供了明确的路径和动力。

在旅游和酒店业的忠诚计划中,3~4层结构的客户金字塔模型最为常见。根据3层金字塔模型,每个层级的合理客户数量比例从上层到下层多采用10%:20%:70%或20%:30%:50%的比例进行划分,具体的比例可以根据企业运营目标和策略调整。

将客户分为多少个层级主要取决于两个因素:一个是企业能够为不同级别客户提供的差异化待遇组合的能力;另外一个是客户的平均消费频次。对于低消费频次的行业,比如旅行、单体酒店,虽然客单价高,但是再次消费概率不大,如果设置太多层级,对客户来说是遥遥不可及的目标,就难以起到促进持续消费的目的。多层级分类比较适合高频消费行业,而且分级程度越高,位于顶层层级的客户忠诚度也会越高,但层级的多少需要考虑企业的实施能力。

仅仅根据客户的属性、行为和贡献将客户进行分级再差异化对待的做法是有缺陷的。比如,有的客户半年之前经常来消费,但最近6个月再也没有消费过了;有的会员一年前有一次大额的消费,但再也没有产生第二次消费了;有的客户是最近才加入的,消费过一次,但由于非常满意,未来可能会有更多次消费。

根据属性、行为和贡献的客户分级方法已经不能准确反映客户潜在的价值。在客户关系管理领域,RFM模型是衡量客户潜在盈利性和价值的经典工具。RFM模型通过评估客户的最近一次购买行为(Recency)、购买频次(Frequency)以及购买金额(Monetary)这三个指标来区分客户的价值。有最近一次购买行为的客户对企业的产品和服务印象最"新鲜",最有可能响应企业的互动;购买频次是指在统计周期内的消费总次数,它反映客户对企业的忠诚度,购买频次增加说明企业获得了更多的"钱包份额";购买金额是指在统计周期内的消费总额,它反映了客户的价值创造能力。

综合这三个指标,可以将客户按照图3-53所示,将每个指标分为高、低两种情况,构建出一个三维的坐标系模型,这样就把客户分为了8个群体,即重要价值客户、重要发展客户、重要保持客户、重要挽留客户、一般价值客户、一般发展客户、一般保持客户和一般挽留客户,如表3-5所示。通过RFM将客户群体分层后,就可以针对不同类型的客户采取不同的营销策略。比如针对重要保持客户,很久没有来消费了,但是历史消费金

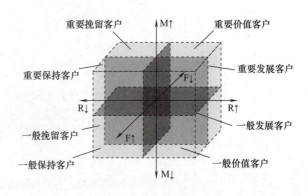

图3-53 RFM模型

额和消费频次都很高，这类客户有流失的风险，所以客户服务人员需要针对这类客户策划召回策略，比如以感谢其过往的消费贡献为名策划一次定向促销活动。

表 3-5　RFM 客户分层类型

RFM 群体类型	R	F	M
重要价值客户	高	高	高
重要发展客户	高	低	高
重要保持客户	低	高	高
重要挽留客户	低	低	高
一般价值客户	高	高	低
一般发展客户	高	低	低
一般保持客户	低	高	低
一般挽留客户	低	低	低

RFM 的分层方法不仅仅针对消费数据，也可以针对其他行为数据，比如互动数据、访问数据等。例如，通过对微信上客户的互动行为数据（对话、扫码、点菜单等互动行为）进行分析，将客户按互动价值进行分类，找出高互动的客群。将 R 值定义为最近一次互动，F 值定义为在统计周期内的互动次数，M 值定义为在统计周期内的互动时长，就可以将客户分割为重要互动价值客户、重要互动发展客户、重要互动保持客户、重要互动挽留客户、一般互动价值客户、一般互动发展客户、一般互动保持客户和一般互动挽留客户。

对于低频消费行业，基于消费数据统计的客户分级或者 RFM 分层方法都不太适合，在忠诚计划方面要尽可能做到扁平化管理，通过各种互动活动和沟通手段强化和客户的关系，重点关注客户服务品质和客户体验，创造良好的口碑声誉同时获得更多条件开展向上销售和交叉销售。

☞ 积分计划

积分计划是忠诚计划的重要组成部分，它不仅仅是衡量客户价值的重要标准，也是维系客户留存的主要手段。有效的积分计划对于企业忠诚计划的成功运营起着如下作用：

① 吸引新客户加入忠诚计划。

② 通过积分计划维系客户忠诚。

③ 通过积分计划将客户分层，识别最有价值的客户。

④ 通过对客户的消费和互动行为奖励促进客户持续消费。

⑤ 通过积分奖励规则引导客户发生企业所希望的消费行为。

⑥ 通过积分来补偿和安抚不满意的客户。

⑦ 通过积分使用情况来判断客户的活跃度并采取相应的措施。

⑧ 通过积分惩罚规则避免客户产生不利于企业利益的行为。

⑨ 为竞争对手设置竞争壁垒。

积分相当于企业发行的代币，具有一定的货币属性和价值。因此，对于企业而言，积分也是有成本的。在对客户进行积分奖励的时候，要合理确定积分的锚定价值，即参照真实货币的每一个累计积分的价值。积分计划的管理者要充分计算给客户的积分返利是否合适；而客户通过消费获得积分，也可以考虑自己的付出是否值得。这种是否值得的衡量方式就是看积分所能兑换商品的价值。积分价值和企业设置的回馈比例有关。不同行业的回馈比例差别比较大。航空公司的积分回馈比例在8%~10%左右，酒店业的积分回馈比例在5%~10%。换而言之，某个连锁酒店将积分回馈比例定为5%，每消费1元，获得积分数量可能是1个积分，但这1个积分在兑换时候可以抵扣相当于0.05元的价值。但实际运营中，忠诚计划的运营商并不需要花费0.05元的成本，因为运营商一般会使用边际成本（经营过程中利润平衡点处的经营成本，包括固定成本和变动成本）很低的商品进行积分兑换。比如酒店的客房、增值服务等，边际成本都很低，但给客户的感知价值却很高。

为了提升积分计划的吸引力，企业有必要借鉴如下原则与方法：

① 提供多种形式的积分获取方式，比如消费奖励积分、参与或互动行为奖励积分等。
② 提升积分回馈比例。
③ 提高兑换商品的感知价值。
④ 提供便捷的兑换渠道。
⑤ 提供更多类型的兑换商品选择。
⑥ 不断推出积分奖励活动。
⑦ 避免对积分采取贬值的策略，比如经常性的双倍积分计划。

在积分体系设计方面，还需要考虑机会成本的高低。在忠诚计划设计方面，常常规定积分的使用者是本人，而不能在不同人之间进行积分转增。比如某酒店集团会员A可能会将积分兑换成免费房，然后给客人B，从而使得本来有机会花钱消费的客人B使用了会员A的积分进行了消费。随着第三方交易平台的发展和互联网的便利性，这种"薅羊毛"的行为防不胜防，比如在一些二手交易平台上，就有一种豪华酒店客房的"房卡房"和"加同住"销售模式，会员A在二手平台上进行低价客房销售，客人B在平台上购买后，然后会员A用积分兑换免费房并预订，在客人B约定的抵达时间，会员A先在酒店办理所有入住手续，然后将房卡直接交给客人B，或者客人B可以在前台补登记自己的名字。

除了要精心考虑积分价值、边际成本和机会成本外，积分计划的设计还需要根据企业所属行业和目标客源的产品客单价、产品利润率、消费频次和参与积分计划的客户规模情况不同而进行不同的考量。航空公司和酒店连锁集团的客单价、利润率、消费频次都比较高，客户规模也比较大，可以采用较高积分回馈比例的积分计划来提升客户留存率和忠诚度。而单体豪华酒店的客单价、利润率虽然也比较高，但消费频次低、客户规模小，独立的积分计划就不如连锁酒店有吸引力，因此，单体酒店如果要采用积分计划，最好加入某个积分联盟计划。对于某一些从事特定旅游目的地的旅行社来说，比如专门从事南极旅游的旅行社，虽然客单价和利润率都非常高，但客户的消费几乎是一次性的，客户规模也不大，这种业态下的积分计划也难以成功，反而应该着眼于为客户提供高品质的服务和体验，获取客户的推荐价值（Customer Recommendation Value，CRV）。

☞ **客户权益**

客户权益是指加入忠诚计划的客户根据相应的层级获得的差异化待遇和优先关怀特权。积分计划是客户权益的一种体现形式，但并不是核心，重要的是如何设计一种"关系"来逐渐培养客户重复消费的激情，而不仅仅是累计和兑换积分。这种"关系"也就是通过客户权益来表现。

客户权益可以从不同的维度进行设计。从运营流程上，可以从产品和服务、活动、价格及优惠、销售支持、使用流程和互动沟通等六个方面进行设计。在产品和服务方面，企业能够提供哪些具有差异化和个性化产品、礼品及增值服务？在活动方面，企业能够提供哪些专属的活动？在价格方面，企业能够提供哪些差异化的定价方法、促销优惠、价格条件和支付条件？在销售支持方面，企业能够提供哪些差异化的销售渠道、销售工具以及专属销售人员？在使用流程方面，企业能够提供哪些高效而差异化的使用流程？在互动沟通方面，企业能够提供哪些高效、快速、直接、一对一的互动沟通方式？

在运营成本上，客户权益可以从物质权益和精神权益两个方面进行设计。物质权益包括优惠券、折扣、礼品、福利、抽奖、活动等；精神权益包括但不限于特权、礼遇、节日关怀等。

客户权益的设计往往会"包装"成为会员俱乐部的形式。会员俱乐部本质上是"客户关怀和客户互动中心"。在会员权益设计方面，需要以客户需求为导向，让客户体验到利益价值之外的关怀和归属。客户权益的设计成功与否就是看客户兑换或使用这些权益的比率或频次，只有这些权益被频繁使用，才能说明客户权益得到客户真正意义上的认可。

某高端连锁酒店成立了会员俱乐部，在讨论会员俱乐部设计方面，制定了一张如下规划清单：

1）会员俱乐部的设计

① 会员级别和晋级条件设计。

② 会员权益的设计：包括分等定级的差异化、与其他连锁会员权益的差异化、与非会员权益的差异化。

③ 会员积分计划：包括积分价值、积分获取方式、积分使用方式、通兑性、积分奖励计划的方式。

④ 会员产品和服务的设计：要针对性满足客户需求，考虑共性产品和服务的个性化体现。

⑤ 忠诚计划标识设计：忠诚计划的名称、会员级别名称、LOGO。

2）会员招募和发展计划

① 会员发展的渠道和工具。

② 会员发展的激励政策：如对员工发展会员的激励政策、针对老会员推荐新会员的激励

政策、通过第三方销售公司的合作政策。

③ 会员发展的转化政策。

④ 各类分销渠道转化会员的方法。

⑤ 战略合作伙伴间的转化，如会员联盟、同业联盟、异业联盟，并要考虑预订和结算设计的顺畅。

⑥ 广告宣传与推广：包括店内宣传，如店内海报、视频、房卡等宣传品推广；现场办理入会；店外推广；线上推广和办理注册手续；第三方渠道推广等。

3）会员服务

① 客户数据采集的优化：消费频次、消费量、消费时间、季节性、淡季还是旺季消费、间断性消费还是全年性消费、消费特点、消费种类、消费规格和档次要求、消费偏好、个人对产品和服务的要求。

② 会员社区的建设，包括会员间的社交和服务平台、会员对相关产品和服务咨询平台、会员联谊活动等。

③ 服务和产品承诺的兑现。

④ 服务和产品标准的一致性。

⑤ 不同级别会员的分类服务和产品提供。

⑥ 针对高等级会员的定制化服务：方便、快捷、专享的服务；会员专属通道和服务区、入会的便利性、其他专享服务。

4）会员营销

① 针对会员的营销活动：向会员在特定的时间、特定的方法、特定的价格进行营销。

② 针对会员的产品组合营销，包括企业内部产品组合营销、企业内部和第三方产品组合营销。

（3）客户忠诚计划的发展趋势

客户忠诚计划被旅游和酒店企业广泛使用，但越来越多旅游企业也发现，忠诚计划的重要组成部分，即会员权益和积分计划对旅游者品牌选择的重要性在下降。根据 Jenna（2018）的调研，客户服务质量、网站的易用性和在线评论比忠诚计划更容易影响旅游者决策，见图3-54。

传统的客户忠诚计划的核心是"消费获取积分，积分兑换奖品"。但客户的需求是多样化的，而且在不同的场景下、不同的人生阶段，需求都是不一样的。如果不能够准确洞察客户在不同场景下的内在需求，就难以影响客户的购买决策。在传

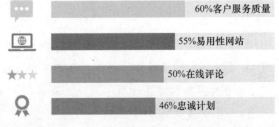

图3-54　高价值旅游者选择品牌的考虑因素

统的服务模式下，要洞察个体客户的需求，只能通过服务过程中与客户的接触、消费数据去了解客户的偏好，并提供个性化服务。这种模式是基于历史数据、静态数据，而没有考虑动态的需求变化、不同场景下的需求变化。而在移动互联网时代，客户数据的获取、分析和利用的技术越来越成熟，比如，结合用户数据平台（CDP）的动态数据获取和分析能力，可以不断丰富和完善用户画像，向客户提供"千人千面"的服务成为可能。数据技术的发展将推动忠诚计划从面对不同分层的客户，转向面对不同个性化需求的个体客户。

此外，由于年轻一代消费者成为忠诚计划的主要客群，适合年轻客群的游戏化和社交化模式也在深刻改变忠诚计划的运营模式。微信红包、签到获取积分等游戏化的互动方式以及分享有奖励、评论有积分等社交化的互动方式受到年轻一代客群的喜爱。在年轻一代消费者面前，信息是非常透明的，企业应该进一步开放忠诚计划，让消费者参与到忠诚计划的研发、设计和流程中，这样才能获得忠诚计划的持续成功。

2. 客户复购

在实际运营中，并非所有的客户都会加入忠诚计划。客户留存的另外一个表现形式是客户复购。要吸引客户再次消费，可以通过产品和服务创新、线上体验持续优化、活动留存、福利和利益留存、内容留存和消息提醒留存等吸引客户，见图3-55。

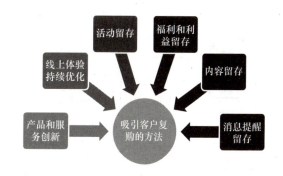

图 3-55 吸引客户复购的方法

（1）产品和服务创新

客户留存的基础是企业的产品和服务。旅游企业除了确保品质外，还需要紧跟消费者需求的变化，不断对产品和服务进行优化，增加产品价值和性价比，以吸引客户持续购买。在酒店业，产品类型包括客房类、餐饮及会议类、康体娱乐类和礼品类，每一类产品有更多细分的品种。酒店的硬件设施不可能随时变化，但在产品方面可以不断优化。例如，在餐饮出品上，酒店餐厅的菜品因为市场定位和厨师团队相对稳定，不可能大幅度改变，但也需要对每道菜品的原料选择、出品形式、口味特点、色彩搭配、造型呈现等不断进行创新优化，这样才能让老客户保持新鲜感。

除了不断对产品进行优化外，旅游企业还需要围绕细分市场客户的核心需求，不断推出新的产品和服务。例如，酒店打造亲子客房；餐厅推出有异域风情的美食节；旅行社不断开发新的旅游线路产品等。这都有助于提高客户留存的成功率。在产品组合方面，由于旅游产品的消费频次不高，所以要精心打造服务价值链上的高频产品，进行搭配高频低价产品和低频高价产品的组合，以此来吸引和留住老客户。

企业的产品和服务优化以及推陈出新也需要数据化驱动。传统的产品开发方式，是在市场调研的基础上对客户需求进行分析。有了用户数据的采集和整合后，企业对用户需求调研和分析有了数据支持，可以更加深入洞察客户需求，降低了新产品开发的风险。

例如，酒店产品列表见图 3-56。

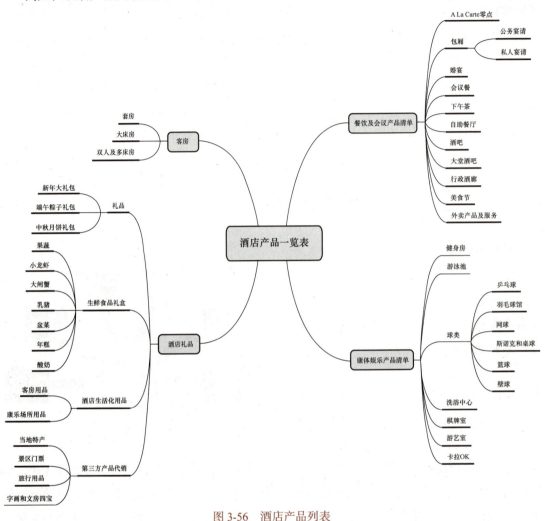

图 3-56 酒店产品列表

（2）线上体验持续优化

旅游企业的数字工具是面向客户的"第一窗口"，在这个虚拟的经营场所，用户体验的不断优化是确保客户留存的关键。消费者的注意力越来越短，如果在线浏览、订购的体验不佳，给客户使用过程中造成很多障碍，客户会毫不犹豫地将其抛弃。为了持续优化数字工具的用户体验，企业需要对官网、微信公众平台等数字工具上的用户访问行为进行数据洞察，分析客户在不同功能模块上的使用行为、访问量、活跃度和留存趋势，对于跳出率较多的页面进行流失原因分析和页面优化。旅游企业官方网站、微信微官网、预订系统、会员站点都是需要根据运营数据不断迭代更新的。

（3）活动留存

对于有趣、有用、有价值的活动，消费者是永远欢迎的。为了吸引老客户留存，旅游企业可以制定活动日历，针对老客户举办线上活动以及线上线下联动的活动，活动类型如图 3-57

所示。例如，酒店可以将每月固定的一天作为"会员活动日"，为老客户提供秒杀、拼团、领取电子优惠券等优惠，有条件的企业可以定期在线上给客户开设一些直播课程。以此来培养老客户的回访习惯，从而提升留存率。

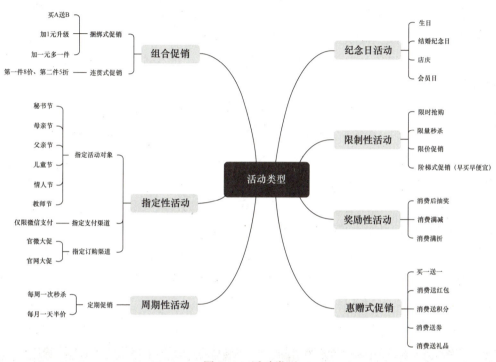

图 3-57　活动类型

（4）福利和利益留存

消费者在进行消费决策时，不仅仅是选择对自己利益最大化的产品，而且还会考虑沉没成本。例如，消费者曾经来某个酒店消费过，在消费后，酒店给客户发放了下次消费的优惠券。对于这个客户来说，下次产生同样的需求时，要更换一个消费地点，会面临未知的风险和不确定性，再加上还有该酒店未使用的电子优惠券，如果客户选择离开，无疑面临的沉没成本会较高。因而，旅游企业要注意针对老客户在合适的时机发送一些福利，如电子优惠券、代金券等，用福利和利益去增加客户离开的沉没成本。此外，积分、预售、提前充值（储值）、可拆分使用的产品打包套票都是提高客户留存的好办法，如图 3-58 所示，这些都是锁定了客户未来的消费。只要客户在其电子账户中发现还有未使用或者还在有效期内的积分、优惠券、储值金额、消费券等，客户离开的可能性就会大大降低。

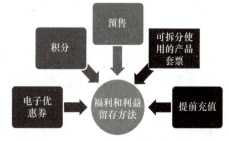

图 3-58　福利和利益留存客户的方法

（5）内容留存

很多旅游企业的微信公众平台运营多年，积累了数万甚至以十万计算的粉丝规模，但是每天访问微信公众号的老客户寥寥无几。这其中的原因就是内容缺乏吸引力。旅游业是给消费者带来美好体验的生活服务业，不缺乏优质的内容，但是缺乏能够创造和精准投放优质内容的运营能力。基于数据驱动，用户可以被精细化分群，不同群组的用户代表不同的细分市场，对内容的需求也不一样。旅游企业需要针对不同群组的用户创造定制化的内容，能让目标用户养成对应的阅读期待和阅读习惯。例如，旅行社可以针对不同的目标客群在不同的旅游季节推出不同的旅游目的地推荐和旅游攻略；酒店可以针对用户推出健康、养生等生活方式相关的内容。需要特别注意的是，内容原创性非常重要，切忌盲目抄袭或者东拼西凑。如果客户发现内容都是抄袭的，企业所提供内容的价值感会下降。

（6）消息提醒留存

在信息大爆炸的时代，人类的大脑是无法处理每天接收到的各种各样的信息的，这会导致消费者注意力的降低并容易健忘。所以，企业客户关系运营人员需要定期对用户进行唤醒，提醒用户有新的产品、活动、福利以及即将过期的优惠等。消息推送是唤起用户的有效手段。通过电子邮件、短信、微信、APP对客户进行精准消息推送和使用提醒，有助于客户留存。当然，推送精准性和推送频率非常重要，如果盲目推送或者推送频率过高，不仅无助于客户留存，甚至会产生负面效应，导致客户流失。

【本节概述】

客户留存是指已转化成功的客户在后续时间继续支持和参与企业营销计划，并乐于在有需求的时候继续使用企业产品和服务的行为。客户加入忠诚计划和进行产品复购是客户留存的两种表现形式。

客户忠诚可以分为态度忠诚和行为忠诚两种模式，客户留存要更加关注客户的态度忠诚。客户忠诚度是指客户对品牌信赖和行动支持的程度，可根据客户忠诚时间长短和未来潜在的盈利性将客户划分为蝴蝶型客户、挚友型客户、过客型客户和藤壶型客户。忠诚度高的客户是企业最有价值的客户，因为客户忠诚度对企业有三个重要价值，分别是经济价值、数据价值和市场价值。

客户忠诚计划主要包括四个方面的内容，分别是通过建立开放型忠诚计划或者限制型忠诚计划进行忠诚客户招募、通过建立客户金字塔模式或者利用RFM模型等方式将客户分层、根据企业具体情况设计积分计划和客户权益。由于数字技术的发展，客户忠诚计划正在朝一套完整的、既包括行为忠诚又包括态度忠诚的用户成长体系发展。

忠诚计划也需要不断发展和演变，因为忠诚计划的重要组成部分，即会员权益和积分计划对旅游者品牌选择的重要性在下降。客户服务质量、网站的易用性和在线评论比忠诚计划更容易影响旅游者决策。由于年轻一代消费者成为忠诚计划的主要客群，适合年轻客群的游戏化和社交化模式也在深刻改变忠诚计划的运营模式。

数据技术的发展将推动忠诚计划从面对不同分层的客户，转向面对不同个性化需求的个体客户。

客户留存的另外一个表现形式是"客户复购"。要吸引客户再次消费，可以通过产品和服务创新、线上体验持续优化、活动留存、福利和利益留存、内容留存和消息提醒留存等方式提升客户留存率。

【主要术语】

1）客户留存：已转化成功的客户在后续时间继续支持和参与企业营销计划，并乐于在有需求的时候继续使用企业产品和服务的行为。

2）客户忠诚：客户在有消费需求的时候，对某个企业的产品或服务有偏向性购买的行为，反映客户对企业的产品或服务的依恋或爱慕的感情。

3）态度忠诚：客户对企业品牌在心理上产生高度信赖和偏好，会长期优先选择该企业的产品或服务。

4）行为忠诚：客户对企业产品和服务持续的消费行为。

5）过客型客户：指低潜在盈利性的短期忠诚行为客户，既不具有态度忠诚，也没有行为忠诚。企业的产品和服务与其需求不匹配，消费带有偶然性。

6）蝴蝶型客户：指高潜在盈利性的短期忠诚行为客户，不具有态度忠诚，行为忠诚也很短暂。虽然企业的产品和服务可以完美满足他们的需求，使得他们会在短期内进行较多次消费，即便获得满意的消费，但可能会很快转向其他供应商。

7）藤壶型客户：指低潜在盈利性的长期忠诚行为客户。企业的产品和服务与客户需求的匹配度有限，消费金额虽低但消费频次高。

8）挚友型客户：指高潜在盈利性的长期忠诚行为客户。企业的产品和服务与其需求非常匹配，消费金额较高而且长期（或定期）购买企业产品和服务。

9）客户忠诚计划：企业为了与客户建立彼此忠诚的关系而设计的管理制度和行动方案。

10）用户成长体系：建立在用户数据获取和分析模型的基础上，是用户可以自我评估、自我驱动的成长模型。

11）RFM 模型：是衡量客户潜在盈利性和价值的工具，通过评估客户的最近一次购买行为、购买的频次以及购买的金额这三个指标来区分客户的价值。

12）积分锚定价值：参照真实货币的每一个累计积分的价值。

13）边际成本：经营过程中利润平衡点处的经营成本，包括固定成本和变动成本。

14）客户权益：加入忠诚计划的客户根据相应的层级获得的差异化待遇和优先关怀特权。

【练习题】

一、自测题

1）举例说明态度忠诚和行为忠诚的区别。

2）客户忠诚度包括哪三个要素？

3）客户满意度和客户忠诚度是否是同一

个概念?为什么?

4）在酒店业,举例说明蝴蝶型客户、挚友型客户、过客型客户和藤壶型客户分别有哪些?

5）客户忠诚度对企业有哪三个重要价值?

6）客户忠诚计划包括哪四个方面的内容?

7）开放型忠诚计划和限制型忠诚计划的优缺点有哪些?

8）客户分层管理有什么好处?

9）将客户分层主要取决哪两个因素?

10）RFM模型将客户划分为哪八个群体?

11）积分计划对于企业忠诚计划的成功运营起着什么作用?

12）为了提升积分计划的吸引力,企业有必要借鉴哪些原则与方法?

13）客户权益从运营流程上应该如何设计?

14）面对年轻一代消费者,旅游企业应该如何设计忠诚计划?

15）吸引客户复购有哪些方法?

二、讨论题

1）请讨论在旅行社行业中,过客型客户、蝴蝶型客户、藤壶型客户、挚友型客户分别有哪些细分市场?

2）请选择一个旅游平台,分析它的用户成长体系。

3）请选择国内外两个同档次酒店集团的会员计划,调研两个酒店集团的积分规则和奖品兑换的类型以及会员权益,并进行对比分析。

【实验任务】

请根据本节学习的理论知识完成实验十七、实验十八、实验十九和实验二十。实验注意事项、实验场景设计和实验关键步骤见第六章"客户关系管理和运营的实验任务"相关内容。

实验十七：会员忠诚奖励计划的设置。

实验十八：会员储值卡营销的设置。

实验十九：会员积分商城的设置。

实验二十：年付费会员权益卡的设置。

第七节 客户拥护

客户拥护是指客户成为企业品牌的"口碑宣传大使",将品牌内容进行分享或者将产品和服务推荐给他人的行为。客户转化和客户留存都是需要企业进行持续投入,才能获得良好的效果;而客户拥护是客户利用自身的社交影响力产生的自主分享或推荐行为,从而帮助企业放大获取新客户的能力。客户拥护的形式包括主动分享企业的信息、参与企业的产品分销计划,或者帮助企业进行产品的改进和优化。客户拥护行为会产生链式反应,当一个客户分享或者推荐给多个朋友后,其中一小部分又会分享或者推荐给其他的好友,从而以最低成本触达多个潜在客户（张溪梦,2017）。

在客户拥护体系的搭建步骤上，首先要分析客户分享和推荐的动机，然后设计分享和推荐场景和机制，再确定衡量分享和推荐效果的指标。

1. 客户产生分享和推荐的动机

通过社交媒体进行内容分享或推荐是常见的行为。总结下来，人们之所以进行分享或推荐，主要是基于如下十大动机（见图3-59）：

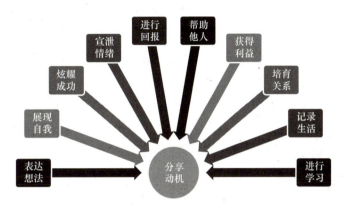

图 3-59 通过社交媒体进行分享的动机

① 通过分享表达想法：人们会通过借他人的内容进行分享来表达自己的观点和想法。

② 通过分享展现自我：人们会因为自己的好胜、面子、表现存在感进行分享，试图在线上向他人展示理想中的自我。

③ 通过分享炫耀成功：人们会因为自己的身份、社会地位、成就进行分享，表达自己的优越感。

④ 通过分享宣泄情绪：人们会因为对旅游或酒店产品的不满意或者满意的情绪进行宣泄或者表达。

⑤ 通过分享进行回报：人们会因为感激他人或者商家的付出而通过分享进行宣传和回报。

⑥ 通过分享帮助他人：人们会因为需要帮助他人而进行有用信息的分享。

⑦ 通过分享获得利益：人们会因为分享后自己能够获得物质或者精神方面的利益而进行分享。

⑧ 通过分享培育关系：人们会因为分享后能够建立或者培育与他人的社交关系，引起沟通的话题而进行分享。

⑨ 通过分享记录生活：人们会因为纯粹记录自己的生活事件而进行分享。

⑩ 通过分享进行学习：人们会因为收藏知识以便后续学习而进行分享。

在旅游和酒店业的实际场景中，客户的分享或者推荐动机会因为旅行目的不同而不同。当人们在进行观光、休闲或者度假的时候，"展现自我""炫耀成功""宣泄情绪""进行回报""获得利益""记录生活"会是常见的分享动机。但人们在进行商务旅行时，"炫耀成功""宣泄情绪""进行回报""培育关系"会是常见的分享动机。此外，也有研究表明，旅游中的客人会比住酒店的客人更加乐于分享,因为住酒店的客人更加在意隐私。

人们分享的内容从创作主体可以分为三个方面:一是客人自己创作;二是企业自己创作;三是KOL意见领袖合作创作。客人自己创造的内容更多是在服务体验过程中产生的自发行为。在以"弱关系"为特点的社交媒体中,如微博,是可以发现相关内容的;但对于以"强关系"为特点的社交媒体,如微信,是很难找到非关注客人分享的自己创造的内容的。所以,企业需要引导客户在与企业的持续互动过程中,分享企业自己创作的或者KOL意见领袖合作创作的营销内容,这样才能实现有效的数据跟踪,分析营销效果。

什么样的营销内容可以驱动客户进行分享或者推荐呢?从分享的场景分析,有三种情况可以让客户分享企业发布的营销内容:第一,需要让客户感受到分享内容对他人的用途;第二,通过分享给自己带来利益;第三,能够引起分享者和被分享者的话题。旅游和酒店企业在微信公众平台上发布的内容主要有:

① 产品优惠与促销类信息。
② 企业新闻和文化类信息。
③ 活动信息。
④ 福利信息。
⑤ 品牌与客人故事。
⑥ 客户关怀信息。
⑦ "蹭热点"信息。
⑧ 解决方案和攻略类信息。

每一次内容的制作和发布,其实都是在寻找合适的客户,并能够与客户建立联系以及影响和说服客户。所以,面向所有市场,无差别制作的内容常常难以引起客户的兴趣,不可能一篇内容能够满足所有细分市场客户的需要,所以需要针对不同的客户推送不同的内容。

旅游和酒店企业在微信公众平台上发布的内容可以借鉴KANO模型分类方法,根据对客户产生的价值感进行五个层次的划分,见表3-6。

表3-6 酒店微信公众平台内容创作的层次

类 型	价值感	相关内容
必备型内容	一旦提供,客户会认为理所应当,也不会提升价值感;但如果不提供,客户会感到关注该账号没有价值	无差别的解决方案和攻略类信息; 无差别推送的福利信息; 无差别推送的活动信息
期望型内容	一旦提供,客户会感到关注该账号更加有价值;如果不提供,客户会感到关注该账号没有价值	针对性的客户关怀信息; 针对性的解决方案和攻略类信息; 针对性推送的活动信息; 针对性推送的优惠与促销信息; 品牌与客人故事

(续)

类　　型	价值感	相关内容
兴奋型内容	一旦发布，客户会感觉到喜出望外；如果不提供，客户也不会感觉关注账号没有价值	针对性推送的福利信息； 针对性的"蹭热点"信息
无感型内容	无论提供与否，客户都不会在意	企业新闻和文化类信息； 无差别的客户关怀信息； 无差别的"蹭热点"信息
反感型内容	一旦提供，客户会感觉被骚扰和关注该账号的负面价值	无差别推送的优惠与促销信息

综合上述，要促使客户分享或者推荐企业的营销信息，就需要为客户创造期望型内容和兴奋型内容，并针对不同的客群提供不同的内容。

2. 客户推荐场景和机制的设计

在旅游业或者酒店业，客户分享或者推荐的 10 个动机可以进一步概述为：利己、利他或者建立自己与他人的关系。基于这三个动机，为了吸引客户推荐或者分享企业的营销信息，可以在场景上设计如下：

（1）基于利己目的的分享场景和机制

给客户进行一定的奖励，可促使客户分享。如图 3-60 所示，酒店从金钱利益角度去激励客户，只要成功邀请好友购买就可以获得相关的奖励。

这种利己目的的分享场景并非适用于所有客户，主要还是取决于分享的产品设计本身和激励力度。所设计的产品最好是时令性强、需求比较普遍的产品，比较容易提升客户分享后的订购转化率；激励力度与奖励比例以及产品客单价有关。

激励的方式有多种，除了金钱外，还可以使用积分、发放电子优惠券等，如图 3-61 所示，在 DOSSM-SaleTech 管理系统后台可以设置不同的激励方式。客户可以推荐朋友注册成为会员，被成功推荐的会员日后的消费金额在一定规则条件内可以给予推荐者一定比例的奖励；客户也可以分享商品信息给朋友，如果朋友订购了商品，分享者可以在一定规则条件内获得奖励。

图 3-60　基于利己目的的分享案例

图 3-61　基于利己目的的分享系统管理

（2）基于利他目的的分享场景和机制

让创造的内容对他人有所帮助，可以促使用户分享。如图 3-62 所示，作者将当下奢华酒店的外卖产品进行了整理并形成推文，这篇文章可以帮助人们快速了解哪些奢华酒店有外卖服务。可以看出，内容非常受欢迎，阅读量超过了 10 万+。所以，内容创作者可以针对不同需求的客户，设计相关的攻略型、知识型文章，促使客户自发性分享给他人。

图 3-62　基于利他目的的分享案例

（3）基于建立自己与他人关系的分享场景和机制

人们是需要话题来进行社交活动的，这种需求在很多情况下会成为客户推荐营销的动机，并引起病毒式的传播（张溪梦，2017）。如图 3-63 所示，通过分享自己的成就、经验到朋友（圈）中，从而创造相关话题。企业需要善于挖掘社会和行业热点，善于洞察客户社交的需求，从而策划更多的分享场景。

图 3-63　基于建立自己与他人关系的分享案例

【本节概述】

客户拥护是指客户成为企业品牌的"口碑宣传大使"，将品牌内容进行分享或者将产品和服务推荐给他人的行为。在形式上，客户拥护包括主动分享企业的信息、参与企业的产品分销计划，或者帮助企业进行产品的改进和优化。人们之所以进行分享或推荐，动机包括表达想法、展现自我、炫耀成功、宣泄情绪、进行回报、帮助他人、获得利益、培育关系、记录生活和进行学习。有三种情况可以让客户分享企业发布的营销内容：第一，需要让客户感受到分享内容对他人的用途；第二，通过分享给自己带来利益；第三，能够引起分享者和被分享者的话题。也就是利己、利他或者建立自己与他人的关系。基于这三个动机，为了吸引客户推荐或者分享企业的营销信息，需要在场景中进行设计。

企业需要引导客户在与企业的持续互动过程中分享企业自己创作的或者 KOL 意见领

袖合作创作的营销内容。每一次内容的制作和发布，其实都是在找到合适的客户，并能够与客户建立联系和影响客户。所以，面向所有市场，无差别制作的内容常常难以引起客户的兴趣，不可能一篇内容能够满足所有细分市场客户的需要，所以需要针对不同的客户推送不同的内容。

【主要术语】

1）客户拥护：是指客户成为企业品牌的口碑宣传大使，将品牌内容进行分享或者将产品和服务推荐给他人的行为。

2）必备型内容：一旦提供，客户会认为理所应当，也不会提升价值感；但如果不提供，客户会感到没有价值。

3）期望型内容：一旦提供，客户会感到更加有价值；如果不提供，客户会感到没有价值。

4）兴奋型内容：一旦发布，客户会感觉到喜出望外；如果不提供，客户也不会感觉没有价值。

5）无感型内容：无论提供与否，客户都不会在意。

6）反感型内容：一旦提供，客户会感觉被骚扰和负面的价值。

【练习题】

一、自测题

1）客户拥护的形式有哪些？

2）客户产生分享和推荐的动机有哪些？

3）酒店微信公众平台内容创作的层次有哪些？

4）举例说明如何基于利己目的设计分享场景和机制。

5）举例说明如何基于利他目的设计分享场景和机制。

6）举例说明如何基于建立自己与他人关系设计分享场景和机制。

二、讨论题

1）搜索一下自己的朋友圈，看一下朋友的分享，然后针对社交分享的10个动机分别举例。

2）调研一个酒店集团在微信公众平台上发布的推文内容，对比表3-6，分别找到对应的内容。

【实验任务】

请根据本节学习的理论知识完成实验二十一和实验二十二。实验注意事项、实验场景设计和实验关键步骤见第六章"客户关系管理和运营的实验任务"相关内容。

实验二十一：会员日裂变营销的活动设置。

实验二十二：全员分销和全民分销设置。

第四章　数据驱动的客户运营场景

【本章结构】

本章一共分为四节，第一节是酒店业的客户数据化运营；第二节是旅行社的客户数据化运营；第三节是会展公司和旅游 B2B 公司的客户数据化运营；第四节是旅游（酒店）集团的客户数据化运营。内容结构如下图所示。

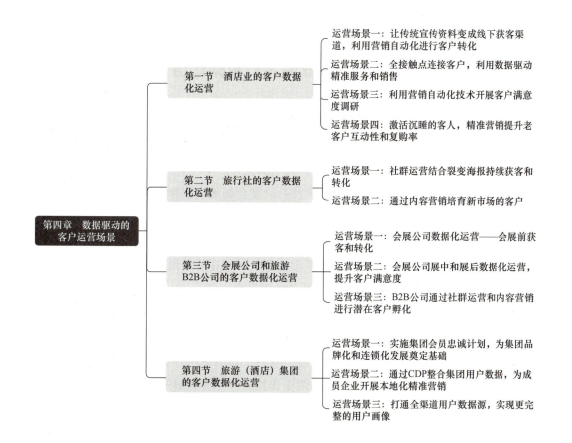

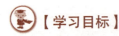
【学习目标】

学习层次	学习目标
应用层次 Application	① 举例说明酒店业的客户数据化运营场景； ② 举例说明旅行社的客户数据化运营场景； ③ 举例说明会展公司的客户数据化运营场景； ④ 举例说明旅游 B2B 公司的客户数据化运营场景； ⑤ 举例说明集团化旅游企业的客户数据化运营场景
分析层次 Analysis	① 实验酒店业的客户数据化运营任务； ② 实验旅行社的客户数据化运营任务； ③ 实验会展公司的客户数据化运营任务； ④ 实验旅游 B2B 公司的客户数据化运营任务； ⑤ 实验集团化旅游企业的客户数据化运营任务
综合设计层次 Synthesis	设计和建立旅游业不同业态企业的客户数据化运营体系和流程
评价层次 Evaluation	评价旅游业客户数据化运营的流程

第一节 酒店业的客户数据化运营

运营场景一： 让传统宣传资料变成线下获客渠道，利用营销自动化进行客户转化

香港某酒店地理位置优越，距离香港国际机场及主要消闲娱乐商圈如中环及尖沙咀，只需约 30~40 分钟车程。酒店提供 600 多间客房及会议宴会场地、数家餐厅、顶层恒温泳池以及健身中心。

内地客源是香港旅游业的第一大客源市场，随着微信在香港地区的普及，酒店非常重视微信营销。在酒店筹建阶段，酒店就注册了微信公众号并在香港地区率先使用用户数据平台 DOSSM-CDP 和营销自动化技术作为微信运营的管理系统。

酒店在 2019 年年底开业后，由于新冠肺炎疫情对酒店市场的影响很大，酒店首先将市场推广重点放在香港本地市场。根据香港地区用户的需求和习惯，酒店设计了各种各样的纸质宣传资料，如图 4-1 所示。在每一个宣传资料上，酒店不仅仅推广酒店微信公众号，而且都设置了带参数的二维码。这样起到两个作用：一个是统计每一个宣传资料的扫码人数，判断营销效果；另外一个就是对通过不同主题宣传资料的用户打上标签，以便后续的营销跟进。

第四章 数据驱动的客户运营场景 143

图 4-1 某酒店宣传资料及微信二维码推广

图 4-2 是说明通过这些宣传资料在统计时间内的扫码获客数量。可以看到，"通过长期住宿计划宣传单张扫码商业进入关注""通过 Welcome Letter 扫码进入关注 Trial Stay"和"通过酒店官网扫码进入关注"是连接用户最多的宣传方式。

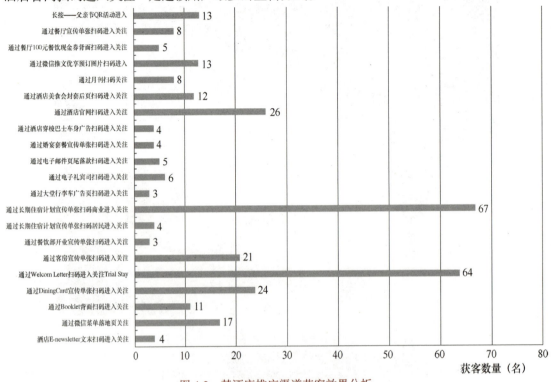

图 4-2　某酒店推广渠道获客效果分析

当客人通过这些宣传资料上的二维码扫码关注微信公众号后，酒店微信公众号会根据客人扫码的宣传资料内容个性化推送对应的产品和服务信息，从而提升了客人的体验感。此外，会根据扫码内容的不一样给这些客人打上相应的标签。例如，针对通过长期住宿计划宣传单张扫码商业进入关注的客人，可以打上标签"长期住宿计划关注"，后续可以将关于长期住宿计划的详细方案通过微信消息回复方式发给这些客人，如果客人打开了详细方案并且进行阅读了，酒店可以安排专人进行跟进以确定客人的意向。

通过上述应用场景描述，可以发现，互联网的普及使得企业的宣传手段发生了变革，纸质宣传资料已经让位给电子宣传资料，但并不意味着纸质宣传资料就退出了历史的舞台。在特定场景下，特别是在目标人群和地理位置都非常确定的情况下，通过纸质宣传品，传播路径短，信息内容完整，并且有意向的客人会保存下来，以待日后有机会再看。但纸质宣传品的弊端也很明显：难以有效评估纸质宣传品的推广效果且无法对留有纸质宣传品的客人进行后续的跟进。香港该酒店的做法就是在纸质宣传品中印制微信二维码，使得有兴趣的客人可以扫码进行联系，这样酒店不仅仅可以评估触达的效果，而且可以连接上有意愿的客人。

在商业环境中，有很多企业都会在纸质宣传品或者电子宣传品上印制二维码，但没有注重通过二维码进行客人数据采集、分析和利用。二维码实际上是接触客人和连接客人的一个接触点，在二维码中可以加上相关的参数，如图 4-3 所示。当客人扫带参数的二维码的时候，就可以判断客人的扫码场景和内容，结合客人的性别、区域的数据，可以策划向客人开展下一步的营销活动和个性化内容推送。

企业可以针对不同渠道、不同场合、不同接触点、不同需求、不同类型、不同时间段、不同载体、不同活动等都分别设置带参数二维码。通过带参数二维码连接客人同时还可以起到如下作用：

① 采集真实的互动和消费数据。
② 集合数据采集技术，识别用户。
③ 将合适的内容传递给合适的用户。
④ 评估对外宣传品（包括纸质和电子宣传品）的营销效果。
⑤ 结合营销自动化技术，赋予每个接触点营销跟进的能力。

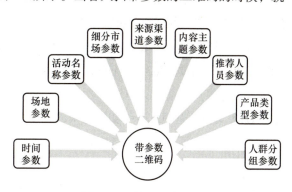

图 4-3　二维码的参数示例

【练习题】

一、讨论题

请大家收集一下附近旅行社门店、酒店、景区、商场中的纸质宣传品。然后讨论一下这些纸质宣传品是否能够有效获客？如果不能，应该如何改进？

二、实践题

请根据运营场景一的应用案例，通过 DOSSM-MarTech 创建一个完整的纸质宣传品营销自动化历程。

运营场景二：全接触点连接客户，利用数据驱动精准服务和销售

北京贵都大酒店是一家位于北京的高档商务会议型酒店，酒店的主要客源类型是会议客源和签署合作协议的公司客源。由于地理位置优越，会议市场和协议客户市场比较稳定。为了提升酒店的平均房价，酒店希望多拓展商务散客和休闲观光散客（Free Individual Traveler，简称 FIT，特指"自由个体旅行者"），而散客的预订习惯基本上是通过线上渠道，特别是通过在线旅行社（OTA）渠道进行预订。

因此，贵都大酒店和携程、美团等 OTA 都建立了合作关系。由于酒店服务品质优秀，网络口碑不断提升，通过 OTA 渠道预订的商务散客和休闲观光散客数量不断增加。在对客户数据进行分析后，酒店发现，不少散客的回头率比较高，但重复的预订还是通过 OTA 渠道，而每一次来自 OTA 的预订，酒店都需要支付 12%~15% 比例不等的佣金。为了提升客户的忠诚度，以及降低对 OTA 的依赖程度和销售费用，酒店在 2017 年成立数字营销部，负责会员发展、管

理和忠诚计划工作。数字营销部成立后，引进了DOSSM系统管理酒店的微信公众平台，将微信公众号作为在线预订和会员服务的平台。

酒店开展在线直销最大的问题是如何为官方直销平台获取流量。在线上，流量基本上为OTA拥有，酒店要获取线上流量，成本将非常高昂；而在线下，酒店却拥有为数不少的客户群体，无论客户从哪个渠道进行预订，都要到店内消费。因此，酒店的在线直销策略是首先做好OTA渠道的营销，吸引新的客人，并注重为OTA渠道的客人提供优质服务获取良好的网络点评分数。有了良好的网络口碑和第三方渠道不断输送的新客户作为基础，酒店的在线直销就有坚实的基础，数字营销部将直销的重点策略确定为：以服务营销为导向，在关键接触点将客人"连接"到微信公众号，并通过高价值感的会员权益和忠诚奖励计划吸引客人再次消费。

如表4-1所示，北京贵都大酒店从前厅、客房、会议、婚宴等客人的消费场景中确定关键接触点以及在接触点的客人需求，然后设计相应的服务策略和营销策略。服务策略是给客户创造良好数字体验的同时实现"连接"的目的；而营销策略是在"连接"客户后利用营销自动化技术为合适的客户在合适的时间传递合适的产品和服务内容，从而给酒店带来了后续的潜在销售收入。

表4-1　北京贵都大酒店接触点营销方案

接触点	客户需求	服务策略	营销策略
前厅	酒店增值服务和优惠服务	客人前厅扫码关注酒店微信公众号，获得增值服务内容以及相关电子优惠券	对于前厅扫码的客人，通过微信图文消息向客人自动推荐酒店内的"健步走"活动，完成活动任务，就可以获取积分并当场兑换礼品
客房内	酒店周边的吃喝玩乐信息	客人在客房内扫码，微信公众号自动推送酒店周边吃喝玩乐信息的落地页	根据客人的来源地域、性别，结合酒店餐饮产品的特色，在合适的时间通过微信图文消息或图片消息向客人推荐下午茶、特色菜内容
会议签到处	会议日程安排和酒店会议服务以及停车信息	客人在会议签到时扫码，关注微信公众号后，系统自动推送会议服务指南给扫码客人	向参加会议的客人推荐酒店的特色餐饮和包厢商务宴请服务
婚宴餐桌	婚宴菜单和新人的故事	客人在餐桌上扫码，关注微信公众号后，系统自动推送宴会菜单和新人照片以及故事	根据客人的来源地域，在未来向本地和周边地区客人推荐酒店的餐饮或假期促销活动

在一年左右时间，北京贵都大酒店的微信粉丝数量突破2万人，80%以上的粉丝都是通过在接触点的服务营销设计引导而来的。有了不断增长的粉丝规模，酒店会员忠诚度奖励计

划的成功实施就有了保证。2019 年，酒店自营渠道订房量突破 2 万间，年产生直接客房收益超过 1 600 万元人民币。

酒店总经理杨艳勇先生将酒店在数字营销方面的成功，总结有如下原因：

① 使用数据化运营和营销思维、技术和方法，成立以用户增长为目标导向的数据化营销和运营部门。

② 以服务营销作为用户增长的核心，基于用户历程精心设计与客人的互动。

③ 在互动过程中不断采集和分析用户，理解客人的需求，使用营销自动化技术进行个性化内容推荐，提升客人满意度，改进客人的决策过程，用数据驱动业务的增长和改进业务流程。

在移动互联网时代，将客人连接到移动端是企业与客户建立双向互动的客户关系的主要策略。如何将接触的客人连接到移动端，使得客人扫码关注微信公众平台或者下载企业智能手机客户端 APP，是与客人建立互动型客户关系的关键步骤，也是难点。

贵都大酒店对"客户接触"和"客户连接"策略进行了精心的策划。采用了"接触点——诱饵——内容"的连接方案。分析消费旅程中的用户接触点，在接触点上设置诱饵型内容，比如在酒店前台办理入住的客人对住店期间的增值服务有兴趣和需求；而客人办理完入住去到客房，可能正在考虑酒店周边的去处；参加会议的客人，需要了解会议的日程安排和酒店的会议服务；参加婚宴的客人，对婚宴的菜单和新人的情况会比较关心。酒店针对客人关心的这些问题提出了解决方案，并设置成为带参数的二维码，让客人扫二维码获取。客人扫码后，首先需要关注酒店的微信公众号，然后就触发了相关的解决方案内容推送。

当在接触点引导客人扫码获取所需要的内容后，营销活动并没有结束，酒店可以对连接上的客人进行初步的画像分析，比如客人的来源地、性别、消费场景，这些信息已经通过扫码完成了采集。接下来，就可以针对这些用户数据设计自动化的精准营销。一方面，针对正在消费场所的客人，可以开展交叉销售，推荐酒店其他产品和服务；另一方面，对客人进行筛选，开展后续的自动化营销，比如针对本地的客人推荐酒店的餐饮产品，对主要客源地为北京的客人推荐周末的休闲旅游包价套餐。如图 4-4 所示的流程，在接触点通过诱饵型内容将客人连接到移动端，然后对客人进行初步数据采集和分析，再即时响应客人的当下需求，最后向合适的客人开展交叉销售。这种方法不仅有助于"客户连接"策略的成功，而且通过为客户创造优质的数字体验，提升了客人的满意度，为酒店的会员忠诚度计划实施奠定了良好的基础。

推动企业创新的动力，永远是新的思想、新的模式和新的技术，数据技术和人工智能正在改变服务业的服务和营销模式。北京贵都大酒店分析细分市场的用户需求，然后有针对性地采集数据，基于数据背后的用户需求，运用营销自动化方法进行个性化的产品服务推荐，这就是酒店开展数据化营销和运营的有效策略。在营销活动方面，北京贵都大酒店将每一次营销活动视为一次营销创意的艺术。首先确定目标用户，然后制定活动目标，设计活动策略和所需要的技术工具，最后通过这样的方式策划活动。

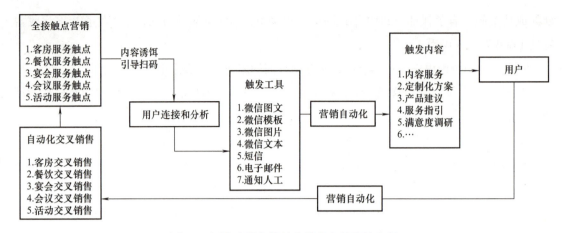

图 4-4　酒店在服务接触点获客和转化的流程

【练习题】

一、讨论题

根据图 4-4 的流程，分析旅游或者酒店行业的用户旅程中的某个关键接触点，设计客户连接方案和交叉销售方案。

二、实践题

请根据运营场景二的应用案例，在 DOSSM-MarTech 系统中进行内容的创建。

运营场景三：利用营销自动化技术开展客户满意度调研

HRC 酒店是一家位于二线省会城市中心商圈的豪华酒店。在这个寸土寸金的黄金地带，酒店方圆五公里，品牌酒店众多，竞争十分激烈。酒店的客源中，约 30% 来自在线旅行社（OTA），而通过 OTA 渠道预订的客人在 OTA 平台上的点评与酒店的口碑声誉、客户获取、平均房价都息息相关。所以，酒店非常重视对客人的关系维护。根据 OTA 的点评规则，客人在离店后二小时才能够进行点评，这使得酒店很难跟踪客人的点评意见。而客人一旦在 OTA 平台上留下了负面点评，酒店往往需要花费很大的精力去联系客人，向客人道歉并进行一定的补偿。为此，酒店高层决定在客人住店期间进行满意度调研，尽可能对有意见的客人在其离店前进行跟进。

问卷的收集有两种方式：第一种是入住当日在前厅或者客房内扫码关注了酒店微信公众号的客人，预设好第二天上午向客人通过微信文本消息推送问卷调研；第二种是在客房内直接扫点评二维码。如图 4-5 所示，酒店将问卷调研的二维码挂在客房内写字台的台灯上，并恳

图 4-5　酒店客房内的二维码问卷调研

请客人花费一点宝贵时间扫码点评，点评完成后，酒店会赠送一个小礼品表示感谢。

酒店没有采用第三方问卷平台设置问卷，而是采用 DOSSM 营销自动化系统设置问卷，因为酒店希望对不同评价的客人采取不同的跟进策略。客人扫码后，客人点击文字后就进入的问卷调研页面，客人填写完成后，需要输入手机号码，以便接受领取酒店赠送的小礼品或者电子优惠券的信息。

在问卷调研页面设计（见图 4-6）上，酒店主要采用标准化问题、排序问题、客户满意度评分 CSAT 和净推荐值 NPS（Net Promoter Score）来获取客户的反馈意见。

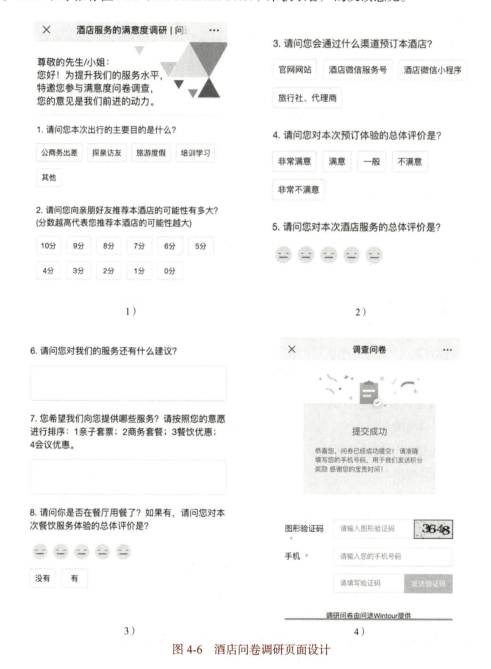

图 4-6　酒店问卷调研页面设计

CSAT 客户满意度评分是用于了解顾客对产品、服务的满足状态等级。一般采用五级态度等级，包括很满意、满意、一般、不满意和很不满意，相应赋值为 5、4、3、2、1。也可以采用七级态度等级，包括很满意、满意、较满意、一般、不太满意、不满意和很不满意，相应赋值为 7、6、5、4、3、2、1。

NPS 净推荐值适用于测量用户的推荐意愿，从而了解用户的忠诚度。使用从 0~10 分的 11 点量表，并将选择 0~6 分的定义为贬损者，选择 9~10 分的定义为推荐者，其他的是被动者。推荐者所占比例减去贬损者所占比例就是最终的 NPS 值。NPS 询问的是意愿而不是情感，对用户来说更容易回答。

问卷调研结合营销自动化系统，可以对不同点评结果的客人通过营销自动化系统进行后续跟进。如果客人对服务的评价是负面的，营销自动化系统会将这个客人的点评自动推送给指定的客户服务人员手机，进行人工跟进，处理投诉。如果客人对服务的评价是正面的，对推荐意愿高的客人，可以通过短信或者微信消息回复功能自动发送邀请其加入会员忠诚计划的邀请函。

酒店通过这种方式，平均每天可以获得 20% 左右住店客人的点评。这和之前在客房内放置纸质调研问卷，而回收率几乎为零形成了鲜明的对比。当然，酒店也发现，和客人在接触点的互动对点评率的提升至关重要。比如，要求前台员工在客人入住时以及离店时请求客人点评、在客房内二维码下设置诚恳的文字描述以及赠送小礼品，都促进了点评率的提升。

和传统问卷调研方式的最大不同是，在营销自动化技术支持下的问卷调研，不仅仅起到连接客户的作用，而且将客户的回复数据形成了标签，以便对客户开展后续的个性化服务跟进。此外，酒店还总结了如下的经验：

① 对于既微信关注又留有手机号的客人，优先通过微信发送，不需要再通过短信发送了，微信的体验比短信要好。

② 对于通过短信方式进入问卷落地页成功完成调研问卷的顾客，可以推送短信邀请其关注微信获得优惠券奖励。

③ 对于通过微信模板消息落地页成功完成调研问卷的顾客，可以推送一个图文消息让客人点击获得优惠券奖励。

④ 为了保证奖励切实给到答题客户，使用限定手机号或者微信 open ID 答题功能，这样能确保只有住店客人才能进入答题且只能答一次，领一次奖励。

⑤ 在发出调研邀请邮件后，回收进度并没有预期的好。所以在 4 天后，可以给未回复的客户再次发送邀请短信/微信模板消息。二次发送的内容要着重突出有奖励，吸引用户答题。

⑥ 满意度调研问卷选项不要"贪多"，尽量控制在 5 项以内，否则客人会失去耐心随便填写。并且，设计的问题避免倾向性和诱导性。

问卷调研是旅游和酒店行业为了了解客户对产品或服务的满意程度，比较服务表现与客户预期之间的差距，为产品和服务质量的提升和客户满意度的提升而提供数据依据的常见管理行为。它体现企业"以顾客为中心"的理念，并帮助企业制定客户满意度策略。

在酒店业，对服务质量的调研主要通过两个渠道，第一个是对 OTA 的点评数据进行分析和跟进；第二个是在客房内放上纸质的问卷调研表，通过回收问卷的方式了解服务质量。由于 OTA 的预订量越来越大，并且可以通过专业的系统及进行跨 OTA 平台的分析和跟进，所以受到各个酒店的欢迎。但缺陷是 OTA 渠道的客房预订数量占总预订数量的比例在酒店业平均约为 20%~30%，而且以客房消费为主，还有 70%~80% 的客房客人是通过非 OTA 渠道预订，比如会员、协议公司、会议、旅行社等，这些客人的意见收集如果通过在客房内的纸质问卷调研表，回收率会非常低。

综上所述：

① 将问卷调研这个服务质量调研的行为和客户连接为目的的营销行为关联，客人填写完问卷后，需要首先提供手机号码以便发送小礼品或者电子优惠券的领取方式，然后提醒客人关注微信服务号就可以领取和保存电子凭证。这样就实现了客户连接的目的，并为客户在用户数据平台上创建了相应的账户，以便后续向客户传递有价值的内容和活动信息。

② 将 CSAT 客户满意度评分、NPS 净推荐值、标准化问题、排序问题结合来使用可以有效获得客户的真实意见。传统的酒店服务质量问卷多数是 CSAT 客户满意度评分方法，但客户满意不等于客户忠诚，更无法判断客户的态度忠诚。而将 NPS 净推荐值纳入问卷，可以了解客户的忠诚度。

③ 通过问卷对客户可以分类，比如通过 NPS 的评分方法，可以将客户分为贬损者、推荐者、被动者，并在客户档案中打上相应的标签，以便对客户分群和进行个性化跟进。比如，对于推荐者的客户群组，酒店可以给予更多的个性化服务关注，将他们转化为酒店的"品牌宣传大使"。

④ 借助于营销自动化技术对不同评分结果的客户进行后续的跟进。对于不满意的客人，如果是通过传统的纸质问卷，只有等客人离店后才能通过人工的方式跟进，客人投诉很难挽回。如果采用营销自动化的方法，就可以将不满意的客人即时转人工客服跟进。对于满意的客人，可以系统自动发送会员俱乐部的邀请。

【练习题】

一、讨论题

请讨论如何才能提高问卷调研的回收率？

二、实践题

请将上述案例酒店的问卷在 DOSSM-MarTech 系统上创建，包括调研落地页、短信消息或者微信图文消息设计，并根据客人的评分结果设置营销自动化跟进的规则。

运营场景四：激活沉睡的客人，精准营销提升老客户互动性和复购率

华美程度假酒店位于某知名度假胜地，拥有 400 间客房，餐饮、会议和康乐设施。酒店每年接待 10 多万名住店客人，以亲子游、情侣游、闺蜜游、父母同游、奖励旅游等客人为主，平均入住天数为 2 天，周五、周六和节假日均会满房，工作日住房率不高。在客人办理入住手续的时候，酒店的前台员工都会请求客人留下手机号码，以便必要的时候联系。90% 以上的客人都会留下手机号码，前台员工会将客人的手机号码输入到酒店管理系统中（PMS 系统，Property Management System）。客人退房后，酒店会向客人通过短信的方式发送一个满意度问卷调研链接，收集客人对酒店的服务反馈。

酒店市场营销部王总监一直在思考，如何和这些曾经在酒店入住过的客人进行互动并提升工作日的入住率？虽然酒店 PMS 系统中有大多数住客的手机号码，但除了个别熟客外，酒店并没有很好的方法和这些客人保持互动。这些客人在酒店 PMS 中的数据也有局限性，大多数客人在客史档案中只有身份证信息和消费数据，如入住房型、房价、入住日期、预订渠道、消费金额、入住次数等。在对客人缺乏了解的情况下，向这些客人进行电话联系或者短信批量群发都可能会让客人感到"被骚扰"。虽然酒店也有会员系统，客人可以通过官方网站和微信公众平台注册成为会员，但每年新发展会员的数量也仅有 3000 多人。

王总监对营销技术有很强的敏感性，在接触到用户数据平台和营销自动化 SaaS 平台后，她和技术公司商量如何利用 PMS 系统中的住客数据提升客人回头率。很快，一个营销方案就策划出来了。首先，将 PMS 系统中的客人数据导入到 CDP 系统中，并自动给每一个客人打上标签，包括地域、性别、最近一次消费、入住时段（工作日、周末、暑期、节日）、房型、预订渠道（OTA、公司客、官网、会议组织者等）、预订价格体系等标签。然后根据标签进行用户分组，不同分组用户通过短信的方式推送不同的内容，内容以"活动福利"为主。客人需要到微信公众号领取相关福利，目的是将这些"离线"的客人引导到微信端，以便后续的互动。

酒店先后向用户发送过如下短信：

> 对于所有在一年内入住过的客人，短信内容如下：

尊敬的 ** 客人，感谢您入住过华美程度假酒店，恭喜您获得我们酒店推出的老客户专享预订优惠活动资格，官微预订获得免费升级券和代金券。即日起至 * 月 * 日，进入"华美程度假酒店"微信公众号──→"尊享礼遇"──→"老客户专享"活动页面，输入入住时登记的手机号码和姓名，即可获得参与资格。名额有限，先到先得。活动限本人参加，转发无效。详情见"华美程度假酒店"微信公众号。如不需要此短信，回复 qx#1【华美程度假酒店】

> 对于最近一年在周末入住过的来自主要客源地的女性用户，短信内容如下：

尊敬的黄小姐，感谢您入住过华美程度假酒店，恭喜您获得我们酒店推出的老客户专享"周末入住三晚，第四晚免费，预订两间免费接送机"活动资格！即日起至 * 月 * 日，进入"华

美程度假酒店"微信公众号——"尊享礼遇"——"老客户专享"活动页面，输入入住时登记的手机号码和姓名，即可获得参与资格。名额有限，先到先得。活动限本人参加，转发无效。详情见"华美程度假酒店"微信公众号。如不需要此短信，回复qx#1【华美程度假酒店】。

▷ 对于最近一年在工作日入住过的来自主要客源地的女性用户，短信内容如下：

尊敬的张小姐，感谢您入住过华美程度假酒店，恭喜您获得我们酒店推出的老客户专享"周日到周三入住二晚，第三晚免费，预订两间免费接送机"活动资格！即日起至＊月＊日，进入"华美程度假酒店"微信公众号——"尊享礼遇"——"老客户专享"活动页面，输入入住时登记的手机号码和姓名，即可获得参与资格。名额有限，先到先得。活动限本人参加，转发无效。详情见"华美程度假酒店"微信公众号。如不需要此短信，回复qx#1【华美程度假酒店】。

▷ 对于最近一年入住过的来自主要客源地的男性用户，短信内容如下：

尊敬的陈先生，感谢您入住过华美程度假酒店，恭喜您获得我们酒店推出的老客户专享"免费升级套房，免费机场接送"礼遇活动资格，给爱人、给家人一个惊喜！即日起至＊月＊日，进入"华美程度假酒店"微信公众号——"尊享礼遇"——"老客户专享"活动页面，输入入住时登记的手机号码和姓名，即可获得参与资格。活动不含周五和周六，名额有限，先到先得。活动限本人参加，转发无效。详情见"华美程度假酒店"微信公众号。如不需要此短信，回复qx#1【华美程度假酒店】。

通过上述短信营销活动，共计有近万名入住过的客人关注了酒店微信公众号，并在微信服务号上输入手机号码登记参与活动，给酒店带来了近千个订单。

按照营销界公认的常识，获得新客户的成本是获得老客户回头成本的数倍，所以企业必须要注重老客户忠诚度维护，也就是客户留存。客户留存有两种表现形式：一种是加入会员忠诚计划，另一种是复购。华美程度假酒店的做法是对客户首先进行分析，然后再对不同群体的客户通过短信的方式推送福利，目的是将这些客户引导到微信端。将客户引导到微信端，就和客户建立了连接，可以加强后续的互动管理，还可以实现微信端的即时购买。

在移动互联网时代，客人通过手机实质上已经连接了多个渠道。在大多数客人的手机中，OTA等旅行类的APP是必备的。旅游和酒店企业要实现客户的忠诚和留存，面临的一个挑战就是是否可以比OTA更高效、更精准地触达。

在本案例中，酒店的PMS系统保存了每一个住店客人的数据和联系方式，但无法和客人进行有效的沟通。这些存量用户有多个渠道可以预订酒店，为了实现精准触达，将客户引导到微信端，通过数据驱动和客户的个性化互动，就是一种有效的营销手段。

在企业中，非移动端的数据源并不少，比如一线部门获取的客户名单、销售部的潜在客户名单、企业天猫/京东等电商平台的用户名单，都是可以通过某种数据导入的方式汇总到企业的数据平台上，然后将用户分组进行个性化的内容传递，从而实现线上线下整合用户数据、基于个体用户数据驱动客户留存的目的。

【练习题】

一、讨论题

请讨论有哪些方法可以通过短信引导用户关注微信？

二、实践题

请将华美程度假酒店的上述营销方案在 DOSSM-MarTech 系统上进行设置。首先在系统中导入一个含有测试数据的 Excel 表格，然后打上相应的标签，对用户进行分群，不同的用户推送不同的短信内容；然后在 DOSSM 系统中设计相应的营销规则、电子卡券、微信菜单栏设置等；最后完整实现整个流程。

第二节 旅行社的客户数据化运营

运营场景一：社群运营结合裂变海报持续获客和转化

B 旅行社是为珠江三角洲的年经白领和家庭提供周边游的旅行社，产品以自助游、主题小团游为主，注重为客户提供个性、好玩、独特的旅游体验。

通过多年的经营，旅行社也积累了不少客户。在旅行社成立初期，获客方式是通过门店获客，在本地纸质媒体打广告、在小区和写字楼派发传单等方式。从 2018 年开始，B 旅行社的获客方式侧重于社群运营和社交电商。旅行社基于多年积累的客户资源组建了多个微信社群。每个社群都安排运营专员负责，社群运营专员的主要职责是每天搜索一些旅游攻略、旅游目的地介绍、精美图片并分享到群里，偶尔发一下红包，及时回复群里用户提出的问题。旅行社非常注重维护与老客户的关系。一方面，旅行社定期对老客户进行回访和问卷调研，根据客户反馈去优化周边游的产品打包和产品组合；另一方面，旅行社在由老客户组建的社群中不断发起一些优惠活动。在所组建的微信社群中，都会安排一些沟通好的老客户先入群。旅行社确定每周四为红包福利日，每次抢红包手气最佳的客户会得到优惠券或免费小礼品。此外，还不定期举行抽奖或者送福利活动，例如，为特定定制游旅游产品发放特定的优惠券、按月份发放的生日优惠券、针对小朋友的礼品券、针对不同节日和群体的优惠券等。通过这些措施，老客户的归属感和互动性越来越强，这些老客户也愿意在社群中互动和分享，这对提升社群的活跃度起着很大的作用。

针对客户需求，旅行社对周边游产品进行精心策划并在微信中进行发布。在具有裂变功能的系统支持下，所发布的产品可以被一键生成"海报＋二维码"结构的裂变海报。裂变的路径是推荐人快速生成一张个人专属海报，然后直接分享到微信群中或者转发给朋友。当社群中有其他用户对裂变海报上的产品感兴趣，只需要识别裂变海报上的二维码进入产品详情页面进行订购或者再次分享。如果有任何用户通过裂变海报的渠道成功预订旅游产品，旅行社可以针对分享者的转化结果进行奖励，奖励的方式包括以优惠价格购买旅游产品或者根据推荐产生的交易额按比例返现奖励。

裂变海报很快就成为 B 旅行社的主要销售模式，因为这种裂变营销方式经济实惠、转发便捷、订购路径短。由于旅行社的服务质量和产品得到老客户认可，很多老客户都积极响应，为旅行社带来了大量的订单和新客户。

在裂变营销上，旅行社也不断总结经验，优化推广效果。刚开始，在裂变海报上会写上"分享有福利"的描述，但因为涉嫌"诱导分享"，微信在后台对这种行为进行了警告。旅行社运营人员就在裂变海报内容和定价策略上进行优化，并在社群中对老客户进行福利说明，同样取得了良好的效果。

在裂变海报的内容设计上，B 旅行社总结出裂变海报的七大要素，包括：主标题、副标题、精美照片、信任背书、产品卖点、行动理由、二维码转化入口。

① 主标题：主标题是裂变海报是否第一时间吸引用户关注的重点，所以标题内容要直击消费者的痛点或者诉求，并用足够大的字体展示。

② 副标题：对主标题的说明，补充产品独一无二的卖点。

③ 精美图片：一张紧扣产品卖点的精美图片可以给用户瞬间留下深刻的印象，引发内心的共鸣。

④ 信任背书：通过公众认可、名人背书、游客实景照片等方式让客户感到服务和产品可靠，值得信任。

⑤ 产品卖点：用精心提炼的关键词或者关键短语说明产品和服务的内容以及卖点。

⑥ 行动理由：给用户一个理由，如优惠立减、限时、限量、限价等促使用户立即行动。

⑦ 二维码转化入口：识别二维码进行订购。

裂变营销成功的基础是好的产品和好的客户关系。旅游产品的核心不是外在的产品本身，而是客户内心的需求，并围绕客户需求考虑场景，再根据场景设计产品组合。此外对老客户的维护工作特别重要，裂变营销的核心概念就是以老带新，这就需要高度重视对老客户的维护和互动工作。B 旅行社的营销方式是"社群运营 + 裂变营销"。社群运营的目的首先是沉淀老客户资源，让这些老客户成为种子客户，通过社群的运营让种子客户更有认同感和归属感。旅行社先让种子用户入群，通过活动激发种子客户的活跃度。根据对种子客户的需求调研优化产品都是开展成功裂变营销的前提条件。

在社群中发放福利是激发社群活跃度的重要方法，B 旅行社通过定期发放福利券、针对不同用户需求和场景发放特定的福利券，都是培养客户习惯、获得客户情感认同的好方法。

裂变海报是说服用户分享和立即行动的工具。在海报策划上，首先要明确客户定位，然后根据客户定位策划海报内容，让内容能够引起目标客户的关注，进而产生兴趣，并产生立即行动的动力。所以，基于七大要素（主标题、副标题、精美照片、信任背书、产品卖点、行动理由、二维码转化入口）设计裂变海报架构是促使有效传播和裂变的重要原则，裂变海报架构见图 4-7。

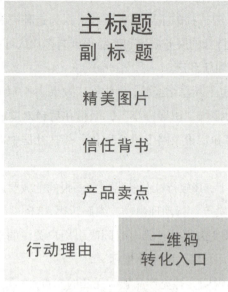

图 4-7　裂变海报架构

【练习题】

一、讨论题

请上网查一下微信是如何判断"诱导分享"的，然后讨论一下应该如何采取正确的裂变营销方式。

二、实践题

针对 B 旅行社所定位的目标客户市场，结合自己所在的城市，设计一个周边游的产品，并使用 DOSSM-MarTech 系统进行裂变海报的创意设计和制作。

运营场景二：通过内容营销培育新市场的客户

B 旅行社在周边游市场上通过数字营销和数据化运营初获成效，并且积累了稳定的客户资源。在调研中，很多老客户反馈，希望 B 旅行社不仅提供周边游产品，还提供更多目的地的产品，特别是境外度假产品。有了稳定的客源支持，旅行社在开拓多样化产品组合方面就有了信心。海外旅行产品和周边游产品不同，周边游产品旅行社可以直接采购，而海外旅行产品旅行社需要和旅游批发商、当地旅游局进行密切合作。随着中国出境游市场的蓬勃发展，市场竞争也非常激烈。B 旅行社的产品专注周边定制游，在产品开发方面，非常注重特色体验、有个性、独特和好玩。在海外产品市场选择方面，经过慎重的调研和分析，B 旅行社最终选择了一个非常"小众"的海外市场——北欧五国，即瑞典、挪威、芬兰、丹麦、冰岛。北欧的极光、冰川、童话、圣诞等都是很多中国消费者遥远而又熟悉的印象，不少人早就心之向往，想去北欧走一段不一样的路看一场不一样的风景。因此，北欧旅游产品也是以定制旅行、主题小团和自助游为主，这和 B 旅行社客源的特征及需求基本匹配。

作为一个小众旅游市场，北欧定制旅游产品对国内目标旅游者而言普遍比较陌生。B 旅行社经过多方准备，包括合作商洽谈，线路考察，最终确定了北欧定制游产品线路和组合。恰逢旅游展，B 旅行社联合当地旅游局，在展馆里派发北欧旅游的宣传资料，在宣传资料中介绍了不同主题的北欧游线路推荐。每个线路上都有一个带参数二维码，用户只需要扫码关注旅行社微信公众号，就可以立即以微信图文消息的方式获得该线路的详细介绍。对于用户扫码、点击了解旅游产品的行为，会在 DOSSM-MarTech 后台对客人打上"旅游展获客""对北欧游感兴趣""对 ** 主题游感兴趣"的标签。在第二天，对于这些客人，旅行社以微信图文消息发送了感谢信，并在信中引导需要对北欧行程进行定制的用户留下联系方式。对于留资的客人，DOSSM-MarTech 系统会转给销售人员进行跟进。

旅游展后，旅行社也将北欧线路介绍制成落地页分享到组建的客户社群中。每年的 10 月份到次年三月份是到北欧看极光的最佳月份，而 5~9 月份是北欧最美的旅游月份，昼长夜短，气候宜人，景色优美，有的地方进入极昼时期，日照时间达到 24 小时。运营人员也常会在社群中分享北欧风光美图、风景人文小视频、旅游攻略等落地页。在合适相关主题的旅游季节即将来临之际，旅行社会邀请有北欧旅行线路考察经验的员工和有北欧旅行经验的客户在社群中分享应季的旅游体验和经历，这种分享引起了社群中客户的热烈参与和讨论，整个社群都活跃起来了。当对内容感兴趣的用户点击阅读落地页后，DOSSM-MarTech 系统会根据客户对落地页的访问行为打上相应的标签。通过持续的内容培育，结合对访问内容属性和访问频次等数据分析，DOSSM-MarTech 系统对北欧游有兴趣的潜在客户进行评分。

在极光爆发的季节，B 旅行社推出极光摄影新线。旅行社将线路介绍和早鸟拼团价格精准推送给打上了"北欧旅行"以及"旅游摄影"等相关标签的用户；在 6 月份暑期来临之前，旅行社将精心策划的北欧亲子游线路推送给打上了"亲子游"标签的客户，系统自动发送拼团价格以及 1 000 元的限时使用电子优惠券。这种精准推送的方法极大提升了转化率，咨询不断，很快报名就满额。报名的客人大多数都是从周边游的老客户转化而来的或者是老客户带来的新客户。

在旅行社营销和运营中，如果获客有问题，一切都有问题；获客不是问题，一切都不是大问题。获客能力决定了旅行社经营的关键。

在旅行社细分市场方面，休闲、度假和观光是三个不同的细分市场。观光市场是以欣赏自然和人文风光为主要目的的客源市场；休闲市场是以娱乐、放松和教育为主要目的的客源市场；度假市场是以休憩疗养、度假放松为主要目的的客源市场，是休闲市场的最高层次。休闲度假市场的客源绝大部分都是非公务消费。

由于旅游者所处的年龄阶段、人生阶段不同，出游动机不同，可以进行市场细分，几个主要的细分维度如下：

① 根据动机细分，如亲子游市场、情侣游市场、养生游市场等。
② 根据兴趣细分，如美食体验、民俗文化体验、摄影之旅、购物之旅、灵修课程等。
③ 根据地域细分，如本地、周边（自驾车程2小时内）、外地等。

因此，旅行社对市场进行细分，并选择合适的细分市场非常重要，这决定了产品的定位。B 旅行社的目标细分市场是休闲和度假市场，其中亲子游市场是重点。在这个市场，旅游者有如下行为特征：

（1）决策者、购买者和使用者有可能不同

在家庭亲子游市场，决策者以母亲为主，父亲是购买者，但是使用者还包括孩子甚至老人。此外，每个利益相关者的诉求也不同，母亲选择的因素是寓教于乐，父亲选择的因素更多是补偿心理，孩子的选择因素主要是兴趣和同伴出行。

（2）存在一个犹豫阶段，会广泛搜索和比较旅游目的地和旅游产品

旅游者在做出休闲或者度假决策的时候，考虑的因素比较多，也需要提前规划，通常有个犹豫期，在这个犹豫阶段，会进行多次搜索和比较。还有很多问题需要解决，比如大家时间是否允许？行程应该如何安排？家人是否会满意？等等，这些都会是消费者重点关注的问题。对于休闲和度假旅游市场，有大量旅游目的地和产品选择，旅游者会很理性，他们只想找"对"的旅游目的地和产品，传统以硬广为途径的获客成本越来越高，很难再打动消费者的心。

（3）口碑营销非常重要，社交端是关键的驱动力

用户最信任的是从"别人"那里获取的广告信息，熟人推荐最好，网络社交工具和社区论坛等网络社交渠道也会认真考虑。休闲和度假产品是非常注重体验的产品，所以有过切身体会的人的意见会被消费者重视。在我国，亲朋好友间的沟通和传播较为依赖社交渠道，关系和友情在社会交往中作用很大，消费者对口碑和社交端的推广很重视。但需要注意的是，熟人推荐只是消费者获取信息的一个可靠渠道，并不是让他们最终决定购买的关键因素。

（4）休闲和度假客人的复购机会比较大

休闲和度假是人们天然的刚需，也有一定的沉没成本。因此消费者会慎重选择休闲和度假产品。一旦有了满意的体验，客人也乐意再次消费。如果旅行社对休闲和度假市场客人的客户关系管理、活动的后续管理、产品和服务的创新能够跟上，复购率会明显提升。因此，对于休闲和度假客人的深度运营就很重要。

鉴于休闲和度假客户的上述特征，B 旅行社在运营上采用了 RARRA 增长模型，将 Retention（客户留存）放在首个阶段，注重对现有客户开展持续的内容营销，在内容互动过程中，对客户进行数据分析，了解客户的特征和偏好，并通过客户的互动数据采集依据兴趣度对客户进行评分，从而为合适的客户不断提供其感兴趣的个性化内容。在 RARRA 模型的第二个阶段 Activation（客户激活），B 旅行社在社群中分享各种内容呈现方式的旅游建立，让客户发现产品的"惊喜时刻"。在第三个 Referral（客户推荐）阶段，B 旅行社邀请有经验的员工和客户进行应季旅游产品的分享，引起更多客户的互动和兴趣。到了第四个 Revenue（客户

营收)阶段，B 旅行社通过精准推送，实现高效的转化。在第五个 Acquisition(客户拉新)阶段，B 旅行社通过分享、拼团优惠价格等方式激励老客户拉新客户。

数据化营销和运营的侧重点是"在合适的时间、向合适的用户、以合适的工具传递合适的内容"。很多情况下，用户也不知道需要什么，但是一旦我们根据其内在的需求策划出合适的产品，并主动和自动展现在用户面前，用户就会乐于接受。数据化营销和运营不是去改变用户的习惯，也不用"降价不降质"，而是拼对客人的运营能力和运营深度。

旅游业发展到今天，营销方式不断发生变化，但管理运营的核心逻辑从来没有改变，依然还是产品、服务、品质和用户体验。数据化营销和运营是借助于大数据和人工智能技术开展更深度的运营，核心逻辑也是产品、服务、品质和用户体验。所不同的是从传统的"人对人"转向了"计算机对人"的运营模式。旅行社如果能够借助于新的营销和运营思维，一定会取得更好的突破。

【练习题】

一、讨论题

请讨论上述案例是否可以用 RCCCRE 增长模型来说明，并根据模型讨论每一个步骤以及相关措施。

二、实践题

请通过 DOSSM-MarTech 系统设置如下场景：当对内容感兴趣的用户点击阅读落地页后，DOSSM-MarTech 系统会根据客户对落地页的访问行为打上相应的标签。通过持续的内容培育，结合对访问内容属性和访问频次等数据分析，系统对有兴趣的潜在客户进行评分。

第三节　会展公司和旅游 B2B 公司的客户数据化运营

运营场景一：会展公司数据化运营——会展前获客和转化

A 会展公司是旅游业的专业展览组织者，每年举办一次旅游行业的盛会，为参展的旅游企业提供交流、展示和合作的机会。

观众参展可以通过官方网站、微信报名、现场登记等方式参加旅游展；参展商主要通过网站、电子邮件和电话等方式联系 A 会展公司，然后由销售经理跟进。经过多年经营与会展活动举办，A 会展公司沉淀了大量的参展观众和参展商的数据。

每一次会展前，对于参展商，A 会展公司除了通过电子邮件将参展内容和报名表对历史参展商进行群发外，还会安排销售人员联系新老客户。对于参展观众，A 会展公司是通过电子邮件和短信进行群发。每次会展活动前期，A 会展公司都需要通过大量的广告宣传工作来吸引新参展商和新观众参加；而对现有的客户和观众，则采取通过微信、短信、邮件的方式广而告之。

推送效果难以被量化评估。当会展招商和报名情况较理想的时候，A 会展公司不会太在意推广效果评估。而当会展招商和报名情况较差的时候，只能不断加大广告宣传的投放力度、对客邮件及短信的发送频次，并安排销售人员开展大量的电话销售工作。

经过多年经营与会议活动的举办，A 会展公司沉淀了大量的客户数据。但这些客户数据较为零散，分布在 CRM 系统、Excel 表格以及不同的报名系统中。由于行业的发展和用户的工作变化，很多用户数据已经过时，A 会展公司也没有能力及时更新。也就是说，整理这些数据不仅需要耗费大量的人力成本，而且也无法一一更新用户的正确信息。特别是近两年来，市场竞争日趋激烈，A 会展公司日益感受到会展活动举办的困难。经内部讨论、分析自身情况后，A 会展公司总结出所面临的以下几个难点：

① 公司的参展商/观众邀约难度大，数量增长缓慢，会展招商工作压力大。

② 公司缺乏与老客户的有效互动手段，电子邮件、短信和微信推文效果不佳。

③ 会展从筹备、组织到结束过程烦琐，需要跨部门协同，但人手不足，容易顾此失彼，导致与现场的参展商和参展观众无法及时有效沟通，运营压力大。

④ 每次会展活动数据管理混乱，对所有会展访客难以有效跟进，导致用户转化率低、流失率高。

为了解决上述问题，A 会展公司引入 DOSSM-MarTech 用户数据平台（CDP）和营销自动化系统。通过 CDP 系统，A 会展公司通过授权、埋点、对接等方式将在数个微信公众号、官方网站、CRM 系统中的用户数据打通。参展观众的数据包括公司职位、公司类型、所在地区、参展次数、最近一次参展时间、渠道来源、观众身份（专业观众、普通观众）、最近一次查看微信推送；参展商的数据包括公司类型、联系人职位、是否关键决策人、是否绑定微信、参展时间、渠道来源等数据。另外一方面，A 会展公司开始调整会展营销和运营的流程，将会展营销和运营的活动分为会展前、会展中和会展后三个阶段，通过 CDP 系统和营销自动化技术在关键接触点获取以及采集客户数据，在对客户数据分析的基础上与客户精准互动，加强每一个阶段和参展商以及参展观众的自动化沟通，提升会展客户关系管理工作的效率和质量。在会展前，工作的重点是参展商的招商工作、参展买家及观众的邀约报名工作。对于这两个群体的招募，A 会展公司的运营流程如下：

（1）针对参展商的数据化招商工作

针对参展商的数据化招商工作分为三步，分别是潜在客户（参展商）分组、潜在客户（参展商）邀约和潜在客户（参展商）跟进，见图 4-8。

参展商根据行业属性分为旅游企业、旅游技术企业和旅游服务企业三大类，其中每一类又细分为若干子行业，比如旅游企业包括酒店、在线旅游平台、旅行社、航空公司、目的地景区、旅游局、差旅管理公司、邮轮、旅游分销商、旅游内容平台等，旅游技术企业包括广告与促销、内容与体验、社交与关系、电子商务与销售、数据、管理系统等，旅游服务企业包括咨询公司、投融资机构、景区规划公司、公关公司、会展公司、酒店用品生产公司、旅游院校等。对潜在客户的分组还包括按联系人是否是关键决策者、参展时间、次数等标准划分。不同的行业，A会展公司发送的电子邮件邀请函内容有所差异。对于有关键联系人、参展次数较多和最近一次参展的企业，A会展公司除了发送电子邮件邀请函外，还安排销售人员电话跟进。电子邮件的内容侧重于展览的重要意义和日程安排，详细展览日程和报名信息，可以通过点击电子邮件上的"报名"按钮获取；或扫电子邮件上带参数的二维码获取；或者关注微信公众平台，通过关键词回复获取。

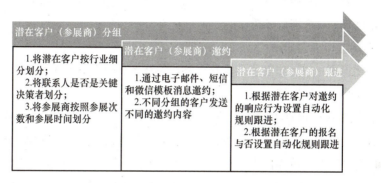

图 4-8　针对参展商的数据化招商工作步骤

以电子邮件营销流程为例。在邀请参展的电子邮件发出去之后，CDP系统会对潜在客户打开电子邮件中的行为召唤（Call to Action）行为进行数据采集，如：潜在客户打开电子邮件，浏览了展会内容但是并没有报名；潜在客户点击了报名，但是并没有完成填写；潜在用户对展会电子邮件进行转发但是尚未报名等。根据这些行为数据，CDP系统会将这些有互动行为的潜在客户线索打上标签后自动转给销售人员进行人工跟进。对于已经发送了电子邮件，但是在48小时内没有打开电子邮件的潜在客户，CDP系统会重新发送一遍电子邮件；如果潜在客户第二次还没有打开，系统会在一周后重新发送一遍；电子邮件发送三遍后都没有被打开，潜在客户的线索会被认为是无效线索，系统今后不会再向其发送电子邮件。

针对已经报名的参展商，A会展公司利用预设的营销自动化规则向参展商提供报名后的各项信息推送。流程见图4-9。

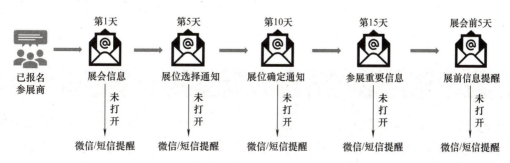

图 4-9　针对已报名参展商的营销自动化规则设计

（2）针对参展的观众或买家的数据化推广和邀约工作

针对参展的观众或买家，A 会展公司会通过如下方式进行招募：

1）媒体推广：媒体推广渠道分为自有媒体渠道、合作媒体渠道和付费媒体渠道三个渠道。

① 自有媒体渠道：微信公众平台服务号、官方网站。

② 合作媒体渠道：旅游业的其他媒体。

③ 付费媒体渠道：搜索引擎广告。

无论通过哪个渠道进行推广，A 会展公司均会在报名页面的 URL 地址中加上参数，从而能够对某个渠道的推广效果进行分析。

2）电子邮件推送，步骤如下：

① 客户标签化识别：对历史客户数据打标签，包括客户行业、职位、地区和城市、性别、参展次数、历史参展时间等标签。

② 消息差异化推送：根据不同的行业的客户，A 会展公司发送的电子邮件邀请函内容有所差异。对于参展次数较多和最近一次参展的客户，A 会展公司除了发送电子邮件邀请函外，还会提供专属的客户服务人员和优惠折扣。客户可以通过官网、微信公众号报名。

③ 对消息推送后的用户行为进行采集和分析，然后通过营销自动化规则采取相应的策略：用户在电子邮件上的营销自动化规则和参展商类似，考虑到用户接受和打开电子邮件的习惯不同，邀请邮件会发送三次，三次后没有任何互动，就不再对该用户推送会展消息。对于浏览了报名页面但是没有报名的用户，CDP 系统会向用户发送报名提醒。

借助于数据化的营销和运营，A 会展公司对历史客户数据进行了整合梳理，并按属性对客户进行了标签化分组，不同分组的客人在邀请内容上进行了定制，然后进行个性化推送。在消息推送后，采用营销自动化技术对潜在客户的行为进行判断，然后采用差异化的跟进策略。这种数据化营销和运营方式，使得 A 会展公司的参展商、参展观众/买家的邀约成功率大大提升。

【练习题】

一、讨论题

请讨论在 CDP 和营销自动化技术支持下，电子邮件营销应该如何做到数据化驱动？请策划一个数据驱动的电子邮件营销场景。

二、实践题

请根据图 4-9 的营销自动化规则，在 DOSSM-MarTech 系统上进行已报名参展商营销自动化规则的创建。

运营场景二：会展公司展中和展后数据化运营，提升客户满意度

会展开始后，A 会展公司的工作重点是让参展商和买家满意，通过宣传扩大会展的影响力，以及获得更多的参展商和参展的数据，为下一次的会展成功举行奠定基础。对于参展商而言，他们需要能获取更多接触买家的机会，为后续的销售跟进找到更多的销售线索；对于观众或

买家而言，他们则是需要了解展会中那些和自己业务相关的参展商及其展位、了解自己相关领域的演讲活动时间表和地点。

为此，A 会展公司采用数据化运营的策略提升参展及观展体验，并为参展者和观展者提供精准的展会信息。并基于参展客户的关键接触点和需求进行了营销自动化规则的设计，及时传递有价值的内容和信息，提升观众活跃度。这些规则设计如下：

（1）观众扫码注册获得展会信息的个性化推送

会展信息量大，每天的日程计划、交通信息、周边服务、展会地图、嘉宾演讲内容、论坛主题都是参展商和观众所需要的，但参展商和观众来自旅游业不同的业态圈，所关注的信息肯定也有所差异，所以针对不同行业要有安排。每一个参展商和观众登记的时候，都会要求扫码登记，确认报名信息，营销自动化系统要在会展期间根据用户的标签，通过微信模板消息、文本消息推送与其行业相符的会展活动信息。

（2）通过演讲 PPT 下载实现客户连接

每次会展都会邀请不少嘉宾进行主题演讲，这些演讲的 PPT 演示文档是观众高度感兴趣的内容。A 会展公司和一些演讲嘉宾沟通，在获得演讲嘉宾的同意后，将演讲 PPT 上传到线上，然后将下载地址制作成一个带参数的二维码，并用营销自动化系统设置好触发规则，当观众拿手机扫码后，如果还没有关注 A 会展公司的微信公众号，就会被提醒先关注，然后简单填写个人信息（包括姓名、公司、职位、手机号码）就可以获得演讲 PPT 下载链接。这个带参数的二维码也会在演讲结束后展示在会场大屏幕上，供观众扫码获取。

（3）挖掘会展中有价值的内容及时分享，吸引更多潜在客户关注

会展中有不少有价值的新闻和内容，如每天论坛上嘉宾分享的内容、参展商有特色的产品、会场的现场报道等。A 会展公司除了在微信公众号和官网上及时发布这些内容外，还会将其制作成相关落地页推送给参展商和观众，并通过电子邮件及时推送给 CDP 中的用户。这些内容的推送也是根据用户的标签进行匹配，使合适的内容能够及时传递到合适的用户手中。这些有价值的内容给 A 会展公司带来大量的粉丝。

会展的结束并不是数据化营销和运营工作的结束，A 会展公司在会展结束后，将工作重点放在如下三个方面：

（1）通过参展商调研了解意见，为下一次会展报名打下伏笔

展会结束的当天，A 会展公司将通过 CDP 系统制作的问卷调研表通过电子邮件、微信文本消息的方式发送给参展商和观众。及时的问卷推送有助于问卷的回收，而问卷中填写的信息，比如满意度、下次是否还参加等信息会通过标签的方式进行标注，这样有助于下一次会展开始的招商工作，为下一次会展报名打下伏笔。

（2）展后管理及关系维护，保持接触热度

展会结束后，由于信息量巨大而且信息碎片化。A 会展公司将展会有价值的内容和信息进行整理，分门别类做成索引落地页，然后放在微信公众号上，并通过电子邮件、短信和微信

消息的方式广而告之，帮助参展商、观众以及对展会有兴趣的潜在客户快速寻找相关的内容，保持接触热度。这种方式不仅提升了客户体验，而且为 A 会展公司微信公众账号带来大量的粉丝。

（3）数据回拢，进行展后分析，优化后续营销策略

会展结束后，A 会展公司会对参展前、中、后所有的用户数据和内容传播效果进行数据分析。数据分析方式包括漏斗分析、分群分析、趋势分析、留存分析等。通过数据分析，A 会展公司可以了解哪些环节出现了问题，应该如何进行优化，从而为下一次会展的组织工作提供更多的决策帮助。

【练习题】

一、讨论题

请根据上述运营场景描述，将会展前、会展中、会展后的营销自动化规则进行总结和描述，并讨论是否有更多能够提升获客和转化效果以及用户体验的策略。

二、实践题

请根据上述运营场景提到的展中和展后营销自动化策略，在 DOSSM-MarTech 系统上创建相应的营销自动化规则。

运营场景三：B2B 公司通过社群运营和内容营销进行潜在客户孵化

DS 公司是一家为酒店业提供酒店工作流程管理系统的技术服务商，通过技术帮助酒店实现运营管理更加高效。产品的销售模式可以是 SaaS 模式，价格根据功能从 5 万 ~10 万元不等；也可以是定制开发模式。作为一个服务特定行业的 B2B 公司，DS 的目标客户主要是高星级单体酒店、中小规模的酒店集团。为了获取潜在客户线索，DS 公司会参加酒店业各种会议和会展，赞助各地酒店行业协会并举办专题活动，在酒店业专业媒体上打广告或者写软文、与酒店业培训机构合作相关培训内容。这些市场活动为 DS 公司获取了很多潜在客户的联系方式。通过这些市场活动接触潜在客户后，DS 公司安排销售人员与其沟通并登门拜访。这种方式虽然为 DS 公司带来了一定数量的签约客户，但相比市场活动获得的销售线索数量，转化率还是非常低。

在客户转化上，DS 公司面临如下困难：

（1）决策对象是组织，而不是个人

酒店工作流程管理不仅涉及总经理，还包括各部门经理、总监以及主管各部门的副总经理。由于涉及众多的利益相关者，所以从总经理到各个业务部门经理，然后从业务部门到技术部门、采购部门再到财务部门等，需要层层讨论和审核。决策流程导致采购周期过长。

（2）寻找客户以及与客户沟通存在壁垒

DS 公司的产品功能非常强大，包括服务管理、送餐管理、房务管理、保修管理、PA 管理、VIP 接待管理、质量检查等，能够深入解决酒店工作流程高效管理的问题。每个酒店的现有工作流程和管理情况不一样，如何能够找到合适的客户并将这些价值传播给相关决策人，以及

让他们能够清晰地理解解决方案内容，是客户转化的关键，但这存在信息传递以及客户认知的壁垒。

（3）转化周期长

作为酒店业一种创新的技术产品，从获得潜在客户、与潜在客户沟通、让客户最终认知都会耗费很多时间。而且客户是否准备好、是否有预算都是不确定因素。所以转化周期比较长，对于潜在客户要持续接触，不断加深客户的认知。

（4）客户使用效果决定了续签率

DS 公司的产品是推动酒店流程优化甚至变革的产品，客户成功签约后如果一年内没有使用效果，第二年就不会再付费。如何让客户在第一年能够将产品和运营流程深度结合，并帮助酒店不断优化流程是续约关键。所以要持续为客户提供培训服务，并针对不同客户的使用效果提供针对性跟进，帮助客户实现运营管理的成功。

鉴于上述难点，DS 公司决定采用"社群运营 + 内容培育"的方式进行客户的培育工作。采用社群运营的原因是 DS 公司已经通过各种市场活动掌握了大量的潜在客户线索名单，但是通过销售人员进行甄选、确认和面对面拜访耗时耗力，而且效率低。社群运营的方式是将已经接触的潜在客户根据岗位不同组建三个微信群，分别是总经理群、客房部经理群和工程总监群。每个群安排专门的社群管理员并设置好互动规则。为了便于互动和管理，每个群的人数控制在 150 人以内。微信群创建后，由公司的负责人以及市场部负责人先邀请老客户入群，然后邀请潜在客户入群。每一个新人入群，群管理员都会进行介绍并发红包表示欢迎。

社群组建后，DS 公司的市场部人员开始在社群中进行内容营销工作。内容围绕如下主题进行策划：

① 酒店行业的发展趋势。

② 酒店行业的最新统计数据。

③ 酒店在工作流程管理上的问题。

④ 工作流程管理的成功案例以及实施前后数据对比。

⑤ 行业专家对酒店运营管理的观点和建议。

除了内容分享外，DS 公司的市场部还定期邀请社群中的老客户与潜在客户进行讨论。首先由群管理员先收集大家感兴趣和希望讨论的话题，并邀请一些专家事先进行准备。在线上讨论会开始的时候，先由群主提出问题，然后专家将准备好的意见发布，再引导大家一起讨论。线上讨论会结束后，DS 市场部将大家的观点整理成一篇文章。DS 公司专门制作成为落地页并通过带参数的二维码发布到社群中。用户识别带参数的二维码后，如果还没有关注 DS 公司的微信公众号需要先关注，然后系统自动触发落地页给这个用户。这些由大家集思广益贡献的内容极具分享价值，很快就由社群中的成员传播出去，引起更多人的兴趣并通过落地页上的二维码关注 DS 公司的微信公众平台。

DS 公司使用用户数据平台（CDP）追踪每一篇落地页的传播路径和新增关注人数。具有重要价值的用户行为数据包括：

① 落地页的访问：落地页的访问人数、通过落地页上带参数的二维码进行关注的新增粉丝人数和特点。

② 现有潜在客户访问落地页情况：哪些潜在客户访问了落地页及其访问次数是多少？哪些潜在客户在落地页上停留更长时间？哪些潜在客户分享了落地页？

③ 新增粉丝访问落地页情况：这些新增粉丝是由哪些潜在客户分享带来的？新增粉丝访问落地页以及分享的数据是多少？

④ 新增线索：有多少新增关注粉丝花时间填写了微信公众号中的"联系我们"表单落地页？这些新增线索在落地页上的访问和分享行为数据是多少？

在上述数据中，是否访问落地页、是否分享，这些互动数据和频率成为判断潜在客户兴趣和意愿的重要指标。DS 公司市场部会根据潜在客户的身份信息（是否目标酒店、是否关键决策人）、参与和互动行为（是否打开落地页、访问时长、访问次数、是否分享、分享次数、是否填写表单）这些数据进行评分，对于符合评分条件的潜在客户自动转给销售人员跟进。

通过社群运营和内容营销结合的策略，DS 公司取得了可喜的效果。首先，限制性邀请加入社群的方式提高了社群在目标用户中的认同感；通过精心策划、具有行业深度和洞察力的内容分享提升了社群的价值感；通过大家一起创造优质的内容提升了社群的活跃度，驱动了社群用户分享的动力。这些手段起到了培育潜在客户对 DS 公司品牌和产品认知的效果。其次，通过社群运营为 DS 公司带来更多的潜在销售线索。最后，通过对销售线索的评分，将符合条件的线索转给销售人工跟进提高了销售的转化率。在最初组建的 3 个社群中，新客户的转化率超过 60%。

【练习题】

一、讨论题

请根据上述运营场景讨论 ToB 商业模式下的获客和转化策略，并说明和 ToC 商业模式下的获客和转化策略有何不同？

二、实践题

上述运营场景提到：DS 公司使用用户数据平台（CDP）追踪每一篇落地页的传播路径和新增关注人数，DS 公司市场部根据潜在客户的数据进行评分，对于符合评分条件的潜在客户自动转给销售人员跟进。请使用 DOSSM-MarTech 系统对这个场景进行设置。

第四节 旅游（酒店）集团的客户数据化运营

运营场景一：实施集团会员忠诚计划，为集团品牌化和连锁化发展奠定基础

A 酒店集团旗下有 15 家全资五星级酒店。集团的愿景是发展成为全国性的高端连锁酒店品牌。除了品牌建设外，集团在战略上是通过建立会员体系掌握客户资源，核心策略是通过会员忠诚计划不断壮大会员规模，因为有效的会员规模是品牌连锁化发展的基础。为此，在2017年下半年，集团成立了营销中心，并采购了中央预订系统（CRS）和常客计划管理系统（LPS），希望3年左右的时间，集团会员能够为成员酒店贡献10%的产量。2017年年底，集团会员预订平台和微信公众号同步上线。会员的发展渠道主要在各成员酒店的前台、客房和餐厅等经营场所，客人可以在店内扫码注册，或者在官方网站、微信公众号上注册，加入集团会员忠诚计划。客人注册成功后，会获得会员红包、电子优惠券等专享福利，用红包和优惠券抵扣后，价格比OTA渠道要低几十元。为了得到各成员酒店的支持，会员项目所需要的支出和费用均由集团负责。

营销中心通过各种方式发展会员，特别是给每个成员酒店总经理下达指标，实施奖罚措施。截至2019年年底，在集团LPS系统中已经有25万名左右的会员规模，集团微信公众号有5万名粉丝。在集团官方网站和微信公众号上成交总额（Gross Merchandise Volume，GMV）第一年是1 200万元，第二年是2 800万元，订单数量约为7.5万张，在官网会员渠道产生实际交易的会员数量占比约为30%，平均每张订单的收入为533元。在第二年，平均每个酒店每个月从集团会员系统中产生300间的预订数量，为成员酒店平均贡献2.5%的产量。

虽然成绩斐然，但距离10%的会员产量贡献目标还是差距甚远，集团会员对成员酒店的覆盖力还很低，这说明还有很大的发展空间。集团营销中心组织各酒店总经理和营销总监开会讨论下一年度的会员忠诚计划。在会议上，大家对两年来的会员发展工作进行了讨论并予以充分的认可。但对于如何实现10%的会员贡献产量目标，大家认为一方面要进一步扩大会员规模，另外一方面要提升会员的预订转化率和复购率。

集团营销中心提出，为了实现既定的目标，需要采取多种措施，这些措施包括：

① 系统升级和优化：包括对CRS系统、LPS系统进行升级；同时兼容PC端和移动端的官方网站开发；微信小程序开发。

② 加大对客人的引流力度：线上和线下"并举"，将客人发展为集团会员微信公众号的粉丝，再进一步引导客人注册，拟考虑通过红包等诱饵开展裂变营销吸引客人关注成为粉丝，再通过各种活动将粉丝转化为注册会员。

③ 大力开展全员营销：在集团微信公众平台进行全员营销，激励员工通过微信分享集团微信公众号上的客房、餐饮、康乐等产品，成功产生交易给予3%的奖励。

④ 进行跨界合作：与银行、零售百货、电影院等机构合作，相互引流。

⑤ 建立会员社群：根据活动主题、兴趣组件不同的会员社群，加强会员的互动管理。

⑥ 会员节事营销活动：除了中西方传统节日，电商节日外，还以"会员日""店庆日"等名义举行会员大促活动。

⑦ 对各酒店管理团队按照发展会员数量和业绩进行考核。

根据上述举措，营销中心还提出将目前负责会员运营的4个人（总监、会员经理、内容经理、IT 经理)至少增加到 10 个人，增加岗位为营销策划、社群运营、客户服务、营销技术经理、商务发展。

集团财务总监也参加了这次会议，他从成本角度给大家进行了分析。集团会员忠诚计划项目虽然在两年时间内取得了 4 000 万元的交易额成绩，但集团在两年时间也投入了 500 万元成本，包括：

① 搭建系统，包括 CRS、LPS、集团网站、公众号等。

② 为了将客人转化为会员而支出的各种优惠让利的"诱饵"，包括会员红包、折扣券、代金券。

③ 网站的推广成本，包括线下的推广和线上的广告。

④ 集团和酒店员工推荐会员的奖励。

⑤ 给客户的积分返利。

⑥ 集团营销中心会员运营团队的人工费用。

⑦ 会员以及数字营销系统每年的维护以及升级费用。

⑧ 数字营销专家顾问咨询费用以及培训费用。

财务总监告诉各位总经理，这两年考虑到对会员忠诚计划项目的支持，都是集团承担这些成本支出。随着会员忠诚计划对酒店的产量提升，集团决定改变之前由集团全部承担运营成本的制度，将按照订单交易额，向各酒店按交易额收取 5% 的手续费。集团财务总监进一步解释，集团付出了 500 万元成本一共获得了 25 万名会员，平均每个会员获客成本为 20 元。如果需要实现 10% 的产量目标，会员规模需要达到 100 万名，还需要投入数以千万计的金额，包括营销中心提出的平台建设、平台推广、会员运营、积分返利、促销活动、团队发展等支出，所以需要各酒店一起分担这些成本。

财务总监讲完后，参会总经理集体陷入了沉默和思考。不少总经理提出了各自的意见，包括：

① 在线直销并不省钱，没想到要花钱的地方这么多，而且并不是短时间能够见成效。但是每个总经理都有很大的业绩压力，花这么多钱去"折腾"，还不如和 OTA 等渠道进行更深度的合作，可能见效更快。

② 每个酒店集团都在实施会员忠诚计划，但对比各个集团的会员忠诚计划，如果没有公司标识，会员几乎无法识别各个酒店集团会员忠诚计划之间的区别，这种传统的会员忠诚计划对越来越年轻的消费者来说吸引力不大。

③ 通过红包刺激、员工奖励、大促活动等方法获得的会员缺乏忠诚度，"薅完羊毛"后就很难再回头。

④ 酒店业客人的消费频次很低，而且现阶段集团的区域布局上还没有形成规模，会员忠诚计划恐怕很难提升复购率。

针对大家的各种意见，集团营销中心总经理回答说，会员运营很难在短时间内见效，它的价值在于提升客人忠诚度、消费频次和客单价，延长客户生命周期。对于单体酒店而言，完成业绩很重要，但对于集团化运营和品牌发展来说，必须建立规模化的"会员池"，才能支撑可持续发展。而建立规模化的"会员池"，离不开各位酒店总经理和团队的支持。他说完后，各位与会的酒店总经理纷纷表态，会支持集团的会员忠诚计划，毕竟这是集团品牌化、连锁化发展的必经之路。

会议后，集团营销中心总经理再回想起会议上的各种声音，五味杂陈，他其实已经感觉到传统的会员忠诚计划和运营方式遇到了瓶颈，这些瓶颈包括：

1）会员发展的瓶颈。

会员发展包括线上和线下两个场景。线下比较依赖各酒店经营场所的现场转化，需要酒店员工现场和客人沟通，让客人扫码填写姓名和联系方式注册。如果没有员工激励和对客户让利，会员转化其实非常困难。线上就是让官方网站和微信公众号的访问者注册，但也需要通过红包等"诱饵"刺激，如果没有广告引流，官网和微信公众号在拉新方面几乎没有什么作用。

2）会员互动和复购的瓶颈。

会员的活跃度是个大问题。一方面，集团的会员系统主要通过短信的方式和客户沟通，虽然通过会员系统也可以做到将会员分层发送，但很多短信发送后就如石沉大海，而且客人对促销类短信很反感。另外一方面，激活客户目前的方法还是大促活动，微信端的秒杀和团购活动效果不错，但也导致不少会员养成了"薅羊毛"的习惯，没有极其诚意的优惠，会员的活跃度和复购率就无法提升。

集团营销中心总经理一直在苦苦思索着是否有更高效的方法实现会员忠诚计划和拟定的10%业绩贡献量目标。要实现这个目标，首先要解决的问题就是会员规模。根据统计，集团旗下成员酒店每年总共接待约500万人次客人，包括来酒店进行客房、餐饮、会议、宴会和康体娱乐场所消费的客人。此外，在会员互动方面，还有一个痛点，就是通过客户微信互动比通过短信互动的体验更好，酒店也最容易获得预订转化。但在集团微信公众号上发展粉丝比较缓慢。

在这次会议上，他还了解到一个情况，就是由于集团会员忠诚计划对成员酒店的贡献量很有限，各个酒店都建立了微信公众号，通过各种秒杀、员工分销奖励等方式吸粉及开展直销。每家酒店微信公众号的粉丝数量从1万名到2万名不等。如果全部加起来，有20万名左右粉丝。从酒店运营场景来说，由于都是全服务式五星级酒店，让客人关注酒店微信公众号比关注集团微信公众号要更为合理，因为客人可以直接获得酒店更多的服务和产品信息，而集团微信公众号主要侧重于会员的运营。

从两年的会员运营来说，无论是会员规模还是业绩产出，比很多酒店集团都要出色。两年时间，投入500万元获得了25万名会员，每获取一名会员，花费约为20元，相对于其他行业来说，看起来获客成本很低，但实际上这不是获取新客户的成本，而是"转换"客户的成本，因为会员发展的主要对象是正在酒店消费的客人。如今酒店业在新客户获取渠道上，OTA形成了流量垄断的优势。酒店会员计划的重点是把来店消费的客人转化为会员是可行而且低成本的做法，并通过各种会员权益和优惠措施引导客人下一次通过酒店官方渠道预订。

从投资回报率看，如果按照电子商务行业 ROI 的计算公式，500 万元成本除以 4 000 万元销售额，ROI 达到 1∶8，对比很多行业，这个 ROI 非常高了。但这里有个"隐藏"的数据没有被分析，就是有多少销售额是线下转到线上的"存量"销售额？在现在我国酒店业中，通过员工微信分销奖励的方式开展全员营销是非常成熟的做法，一线的员工会尽可能将来店消费的客人和已经预订的客人转化为会员渠道预订也是普遍的现象。在没有分析存量和增量的情况下，仅仅看 ROI 还不能"沾沾自喜"。当然，500 万元投入下来，获得 25 万名"种子用户"，这个还是非常有价值的，如果运营出色，会带来更多的会员复购和推荐。

从这个案例可以看出，酒店集团会员运营的成本其实并不低，其明细见表 4-2。

表 4-2　酒店集团会员运营的成本明细

成本类型	成本明细	发生原因
系统建设	采购成本	CRS 系统、LPS 系统、服务器
	开发成本	官方网站、服务号、小程序
	优化和升级成本	系统优化、迭代升级、定制开发
	维护成本	系统和服务器年度运维费
获客成本	各种宣传成本	POP 海报、会员计划印刷品
	各种诱饵成本	红包、折扣、代金券、奖品、积分等
	各种奖励成本	员工推荐、会员推荐的奖励费
运营成本	各种运营工具	短信、H5 落地页制作、裂变工具
	各种"诱饵"成本	红包、折扣、代金券、奖品、积分等
	各种活动推广	KOL 宣传推广、社交广告投放
	会员返利成本	积分
人工成本	运营团队人工	策划、运营、客服、技术等岗位
	外包费用	部分运营外包
	培训支出	针对相关人员的培训

从战略上说，酒店集团必须拥有自己的客户资源，才有可持续发展的基础。所以各大酒店集团为了获得竞争优势，纷纷布局会员忠诚计划。酒店集团在发展会员方面最大的优势就是成员酒店拥有规模性的线下用户群体，但即便如此，在会员发展和运营上还是需要进行持续的投入，一个合格的数字运营团队必不可少。

【练习题】

一、讨论题

请分析在线分销和在线直销之间的竞合关系以及对客户关系管理的影响，并详细讨论一下酒店业的在线分销策略和在线直销策略。

二、实践题

在上述运营场景中，该酒店集团大力开展全员营销：在集团微信公众平台进行全员营销，激励员工通过微信分享集团微信公众号上的客房、餐饮、康乐等产品，成功产生交易给予 3% 的奖励。请在 DOSSM 系统上进行相关步骤的设置。

运营场景二：通过 CDP 整合集团用户数据，为成员企业开展本地化精准营销

2019 年年底，A 酒店集团营销中心制定了雄心勃勃的发展机会，并在会员项目上争取到了更多的预算和人员编制。但人算不如天算，2020 年春节，新型冠状病毒疫情爆发，整个旅游和酒店行业在历史上第一次陷入"停摆"状态。在中央政府和各地政府强有力的领导下，全国人民团结一心抗疫，使得疫情很快得到有效的控制，本土确诊病例逐步清零。2020 年 4 月份开始，该酒店集团的所有成员酒店逐渐恢复营业，除了部分酒店作为境外入境客人的"隔离用房"有较高的住房率外，大部分酒店的平均住房率和餐厅上座率仅仅相当于去年同期的 20%。集团营销中心和各酒店营销负责人在对市场进行分析后，判断酒店的本地市场和周边市场将率先恢复，于是决定先对酒店本地和周边市场客源进行餐饮、周末休闲套票和小额储值卡等产品的促销。在确定目标市场和产品后，如何将促销活动信息面向本地客源进行推广成为集团营销中心和各酒店首要解决的问题。集团营销中心将集团和成员酒店的用户数据做了一次分析，整理如表 4-3 所示。

表 4-3 集团和成员酒店用户数据情况

数据来源	用户数量（名）	触达方式
集团会员系统	25 万	短信、电子邮件
集团微信服务号	5 万	微信模板消息
集团天猫店	10 万	短信
各酒店微信服务号	1 万~2 万/家不等，合计 20 万	微信模板消息
酒店 PMS	（仅统计近一年入住且有手机号码的住客）2 万~4 万/家不等，合计约 45 万	短信
用户总数	105 万	短信、电子邮件、微信模板消息

通过初步整理，集团和各成员酒店的用户数据规模为 105 万名，当然这其中肯定有不少重复统计的数据，因为同一个客人在会员系统、PMS 系统、天猫店、微信公众号中可能都有记录，但由于数据被"割裂"在不同系统中，会导致重复统计。

这些用户数据被集团营销中心汇总在最新采购的用户数据平台（CDP）中，由 CDP 平台清洗整合，在将来自不同渠道的账号信息合并后，用户数量约为 75 万名左右，这为集团接下来开展基于数据驱动的精细化运营提供了数据基础。

用户数据合并后，CDP将采集的用户属性和行为数据转译为动态可变的标签。标签范围包括如下：

① 人口属性：地域、性别、年龄、生日、星座、联系方式。

② 在线行为：提交表单、浏览、点击、交互次数。

③ 兴趣偏好：美食、酒店选择、活动、旅游目的、内容、分享。

④ 消费指标：消费类型、消费频次、消费档次、推荐行为、促销偏好。

⑤ 接触点及互动行为：接触场所、接触后互动、活跃度。

用户数据整合完成并且标签化后，集团开始以酒店所在城市或者目标地区为检索条件，向符合地域条件的用户推送当地酒店的"回馈老客户活动"。如果用户是关注了集团或者某家酒店微信公众号的用户，推送的方式微信模板消息；如果是没有关注微信公众号的用户，推送的方式是手机短信。活动是在集团公众平台上举行的。通过短信发送的用户，会先向每个用户账户发送活动专属优惠券，通过短信告知用户活动信息，并建议用户关注集团微信公众号，然后通过手机号码注册成为会员后即可在会员账户中看到专属优惠券。

整个活动取得了良好的效果，总交易额达到1 000多万元。小额储值卡、自助晚餐、周末套票这些针对本地市场设计的产品广受欢迎，占交易额的90%。这次活动的交易额比疫情前开展的历次促销活动还要高。除了每个酒店拿出极其有诚意的优惠外，最为重要的是通过数据整合，为每一家酒店提供了更多的本地用户。如果没有集团整合的用户数据，酒店自身的本地客户数据是有限的，通过集团整合后，可触达的用户数据规模扩大了至少2倍。

在触达客户的方式中，微信模板消息推送的转化率远远高过短信推送的方式。这是因为通过微信模板消息方式，用户体验比较好。通过短信推送的方式，用户看到短信后，需要点击短信中的链接进入一个落地页，再将落地页中的二维码截屏然后微信扫描识别二维码才能关注，最后在关注后注册领取电子优惠券。对于用户来说，这个预订流程显然比较烦琐。但由于是面向酒店本地客户的精准推送，而且这些客人绝大多数都是对集团品牌有所认知的，也有近2万名短信触达用户通过这个异常烦琐的方式关注了集团微信公众号。

在营销技术方面，用户数据平台（CDP）为酒店集团的用户规模化发展提供了新的方法。酒店业传统的会员体系是以积分运营为核心的，通过积分提升会员的忠诚度和复购率。而用户数据平台是用户数据运营为核心的，通过对不同渠道的用户数据采集和整合，分析用户画像，利用营销自动化技术为用户提供个性化体验，以及为营销团队提供更高转化率的精准营销能力。

CDP在数据整合和驱动业务增长方面有着强大的作用。如果没有CDP，该案例中的酒店集团运营还是围绕会员进行，能够触达到的用户仅仅限于会员，而且会员还大多都是通过短信的方式与客人互动。这种传统方式不仅在用户触达规模和效率上存在问题，而且短信上的互动体验并不理想。将集团每一个成员酒店的微信公众平台粉丝、PMS中的会员数量、天猫店中的用户数量进行合并后，集团触达用户的规模就得到迅速发展而且持续增加。在营销方式上，集团的数字营销从过去的粗放型运营转向了精细化运营，因为将原来分散在不同系统中的用户数据进行合并整合后，为每一个用户打上了相应的标签，这使得集团在真正意义上具备了面向细分市场客户，通过运营数据来驱动运营的能力。

【练习题】

一、讨论题

请讨论用户数据平台和营销自动化技术对酒店集团的会员发展起到哪些作用？酒店集团借助于 CDP 和营销自动化，有哪些发展会员的新策略？

二、实践题

请在 DOSSM-Martech 系统中进行数据合并的实验：

① 选择一组用户，让他们先关注 DOSSM-MarTech 系统支持的微信公众号。

② 将改组用户的更多数据，比如生日、爱好做成 Excel 表格。

③ 寻找一种方法将两组用户的数据进行合并。

运营场景三：打通全渠道用户数据源，实现更完整的用户画像

自从 A 酒店集团开始使用 CDP（用户数据平台）整合用户数据并成功利用营销自动化开展精准营销后，集团营销中心对数据化运营就更加重视了。集团运营中心可以使用的用户数据规模从原来 25 万名会员扩大到 75 万名用户。在用户数据整合上，主要是以手机号码为中心打通不同系统的用户 ID 标识符，例如，PMS、天猫旗舰店、集团会员系统中的用户数据均有客人的手机号码，在数据导入后，相同手机号码的用户数据会被合并。CDP 项目实施初期，仅仅是将微信公众号通过授权的方式将数据汇总，而其他系统的数据是通过 Excel 表单导入的方式。这种方式无法对用户数据的变化进行动态管理，而且操作烦琐。更为重要的是，集团官网、预订引擎、会员站点、微信公众号中的商城都是不同的 IT 服务商提供的，而用户在线上的各种行为，比如在官方网站上的访问行为、在预订和会员站点上的预订和互动行为、在微信商城中的浏览和订购行为，对用户画像的完善至关重要。此外，集团微信订房小程序也即将上线，这也涉及对接的问题。

A 酒店集团和 CDP 技术服务商决定采用如下方式打通所有接触点的用户数据：

① 在网页上嵌入一行 JavaScript 跟踪代码，全面接入页面浏览数据。

② 采用代码埋点方式，捕获特定的事件行为。

③ 带参 URL 等无埋点方式，监测用户来源。

④ 通过 API 接口或 SDK 开发包进行数据传输。

上述方式的实现原理，主要是通过开发实现跟踪代码和接口程序等技术手段对用户在相关系统中产生的事件以及相关数据进行捕获、处理和发送，从而使得企业可有效追踪用户的行为数据，完善用户画像，更加了解用户，为开展个性化的营销创造了良好的数据基础。

在技术方案确定后，集团营销中心开始协调各个技术供应商之间的沟通工作，要求各个系统的技术供应商配合 CDP 技术服务商的对接工作。A 酒店集团的用户数据对接方案见表 4-4。

表 4-4　A 酒店集团的用户数据对接方案

	渠道	采集数据	合并方式
1	酒店微信公众号	Open ID/Union ID 昵称／性别／地域	公众号授权
2	酒店微信订阅号	Open ID/Union ID 昵称／性别／地域	公众号授权
3	微信推文	推文中行为召唤（CTA）跳转的外链	带参 URL
4	酒店微信商城	客人 Union ID、客人商城订单数据、客人浏览数据	代码埋点
5	集团订房小程序	客人 Union ID、客人订单数据、客人浏览数据	代码埋点
6	集团官方网站（包括预订和会员）	客人浏览数据、会员注册信息、订单数据	JavaScript 跟踪代码
7	PMS 系统	客人身份以及消费数据（生日、手机号码、入住时间段、入住房型、价格、来源、入住次数、最近一次入住时间、消费金额）	API 或 SDK 对接

对于不同技术供应商开发的客户管理和营销系统，对于面向客户端开发的应用软件，比如微信商城、小程序，代码埋点是常用的方式。通过代码埋点，获取不同渠道上用户 ID 及基础信息、用户点击浏览页面数据、用户订购记录。在埋点工作实施前，首先需要对页面进行分析，确定采集数据的关键接触点。

以集团订房小程序为例，在埋点后，当客人下单预订时，需要先弹出手机号授权，这个时候就可以将客人的手机号和微信 Union ID 传输给 CDP 系统。在预订过程中，用户浏览房型、点击图片、浏览次数、查看价格计划这些行为数据都可以被采集并传输给 CDP 系统，并对相应的行为或者事件定义标签。

对接工作完成后，最大的作用就是打通了不同渠道的用户数据。比如张小姐在 PMS 中有身份信息、消费记录和手机号码；她通过酒店微信商城参加了一次自助餐秒杀活动；并通过订房小程序预订了周末的亲子套房。这些数据在对接前，在不同系统中的用户 ID 标识都不一样，对接后就打通了 ID 并合并了这些数据，使得用户画像更加完整。

在数字世界中，酒店会使用各种各样的系统获取客户和管理客户。面向客户端的常用工具包括官方网站、微信公众平台（包括订阅号、公众号、小程序、企业微信）、APP。在这些工具中，除了内容管理外，还包括预订引擎、会员系统、商城系统这些业务系统。在客户管理上，企业还有酒店管理系统（PMS）、客户关系管理系统。此外，酒店也会在飞猪、京东这些电商平台上开店并使用这些平台系统管理相关的客户。这些系统在不同的场景下分别满足客户互动和客户管理的作用，客户在这些平台上愿意主动提供个人信息，留下各种互动痕迹，这些都是非常有价值的数据。但由于是不同的工具和不同技术服务商系统提供，所以需要使用用户数据平台 CDP 对这些系统中用户主动提交的信息和互动行为数据进行采集并打通，使得这些数据能够全面沉淀下来，只有这样企业才能加深对客户的认知，才能够用数据来驱动客户运营和管理，才能将客户细分并针对不同客户采取不同的营销策略。

CDP 本身不能产生数据，必须通过埋点、API 接口或者 SDK 开发包才能从不同系统中获取用户的数据。但获取这些数据，技术仅仅是基础条件，关键的是要让用户在这些系统上互动或者企业要深入使用合适的系统去管理客户，这就需要企业有较强的运营团队，通过运营团队去策划、获取和运营数据。

【练习题】

一、讨论题

在实际运营场景中，很多数字营销工具都是由不同的供应商提供，用户数据被"割裂"在不同系统中。请讨论 CDP 是如何打通用户数据的。

二、实践题

针对酒店某个活动策划一个微信推文，在微信推文中用 CTA（行为召唤）链接到相关落地页。在 CTA 中，用带参 URL 采集用户数据。然后通过 CDP 系统查看数据是否被采集并打上相关标签。

第五章　客户运营数据分析

【本章结构】

本章一共分为三节，第一节是数据分析的思路，第二节是数据分析方法，第三节是数据分析的可视化展示。内容结构如图所示。

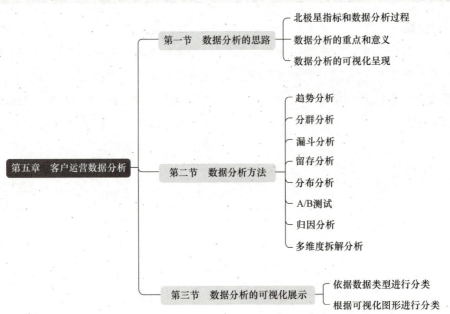

【学习目标】

学习层次	学习目标
知道层次 Knowledge	陈述数据分析的阶段
理解层次 Comprehension	①解释北极星指标； ②描述数据分析的重点； ③描述数据可视化的过程

（续）

学习层次	学习目标
应用层次 Application	① 举例说明北极星指标应该如何分阶段设置； ② 举例说明数据分析的方法
分析层次 Analysis	① 实验数据分析的方法； ② 实验数据可视化的类型和图形
综合设计层次 Synthesis	设计客户运营场景中适用的数据分析方法
评价层次 Evaluation	① 评估数据分析方法的选择； ② 评估可视化图像的选择； ③ 评价运营效果

第一节　数据分析的思路

当企业建立了数字营销和数据化运营的技术和执行体系，在客户增长的每一个环节——客户接触、客户连接、客户培育、客户转化、客户留存和客户拥护，都会持续产生与用户相关的各种数据，这些数据经过分析后可以反映企业市场营销及客户关系运营管理的效果、投资回报的结果以及客户的真实需求，从而为企业决策提供准确、高效和迅速的支持，最终促进客户数量的高效增长。所以，数据分析的重要性就不言而喻，它起着驱动业务增长和优化决策的作用，是企业数据化运营形成完整闭环的核心环节。

1. 北极星指标和数据分析过程

数据化运营首先要明确一个唯一重要的指标，也称之为"北极星指标"（North Star Metric）或者唯一关键指标（One Metric That Matters，OMTM）。这个指标为客户数据化运营提供了明确的方向，以便运营团队达成共识并集中优势资源实现目标。北极星指标之所以唯一，是因为如果超过一个以上的指标，就无法确定任务的优先级，从而让团队无所适从。北极星指标也不是一成不变的，可以在业务发展的不同阶段有不同的北极星指标。比如，对于旅游企业微信公众号的运营，北极星指标初期可以是关注公众号的粉丝数量；当达到一定数量后，可以是付费的粉丝占比；当实现了付费粉丝占比的指标后，可以是粉丝的复购率。因此，北极星指标一定要有连续性并具体量化每一个阶段的北极星指标。

若想确定北极星指标，就要借助于数据分析来持续监控北极星指标的完成情况。

某市中心的五星级酒店有 400 间客房，平均住房率 80%，每天仅住店客人就有 500 人左右。在运营微信公众号的前 3 个月，酒店将北极星指标定为"10 000 个精准客户关注微信公众号"。这个精准客户首先是已经在酒店消费过的客户，因为消费过的客户对酒店的产品和服务认知较深，有利于日后酒店与其开展互动。为此，酒店市场部在酒店前台放置了带参数的二维码，客人扫码后关注微信公众号可以获得住店期间的餐饮以及康乐服务电子优惠券。

市场部需要分析每天有多少名客人通过扫这个二维码关注了微信公众号，其中又有多少人使用优惠券去消费。在连续一周的数据观察中，市场部获得了每天通过前台接触点获客的数据；然后对数据进行分析后发现，平均每天在前台扫码关注的客人仅仅相当于平均入住客人数量的1%，而使用优惠券的客人就更少了。运营人员经过现场观察和调研，发现前台办理入住效率高、时间短，很多客人在办理入住的时候并不会注意到桌面上带参数的二维码水牌。客人扫码后虽然领到了优惠券，但客人在不了解酒店餐饮和康乐产品特色的情况下，并没有在酒店消费，而且酒店周边可以选择的社会餐厅和康乐场所很多。市场部提出了两个优化的措施：一个是前台员工在为客人办理入住手续时主动向客人建议扫码关注领取优惠券；另一个是将酒店的餐饮、康乐产品的图片和特色制作成相关落地页，主动推送给当天在前台扫码关注的客人。这两个措施实施后，前台扫码的客人比例从1%提升到了30%，并且有50%领券的客人去餐厅或者康乐场所消费了。

从上面的案例可以看出，酒店先确定好北极星指标，然后以这个指标为核心集中全力将店内客人从线下转线上关注粉丝。运营人员通过数据了解每天的店内接触点获客情况；然后通过对数据进行分析去理解获客效果背后的原因；接着是提出优化的建议，最后再次通过数据验证优化的方法以用于日后的运营决策。

张溪梦（2017）将数据分析分为"数据发生了什么""理解为什么发生""预测未来会发生什么"和"商业决策"四个阶段。第一个阶段是通过展示数据说明"发生了什么"；第二个阶段是对数据进行深度分析判断，找出发生现象的原因；第三个阶段是通过这个现象去预测未来在类似事件上会发生的结果；第四个阶段是利用这些数据进行商业决策。

2. 数据分析的重点和意义

在数据化运营环节中，数据分析重点是要基于客户行为数据。客户行为数据通常是一种"过程型数据"，用于描述"在什么时间、什么地点、哪些客户、以何种交互方式、干了什么行为事件"这个过程，它包括了时间（When）、地点（Where）、人物（Who）、交互方式（How）、具体行为及内容（What）这五个要素，并以标签化的方式体现。在数据分析上，和交易数据这种仅仅反映运营结果的数据所起的作用有点不同，"过程型"客户行为数据的价值在于可以清晰地反映运营过程中的问题。如果企业运营只是看交易数据，就无法洞察运营中哪些环节让客户满意，哪些让客户不满意甚至造成客户流失。例如，在上述酒店前台接触点获客的案例中，酒店预订客人（Who）在抵达酒店前台（Where）办理入住时（When）通过扫二维码（How）关注酒店微信公众号获得店内消费优惠券（What）。这个过程会产生很多数据，包括统计周期内的获客人数、客人性别和来源地、时间、接触点、发券数量、用券数量。利用这些数据，再结合酒店管理系统（PMS）中的数据，就可以分析出运营过程的问题了。

数据分析是为了驱动商业决策，旅游企业在增长模型中的客户接触、客户连接、客户培育、客户转化、客户留存和客户拥护这六个运营阶段都需要注重数据监控和采集，并对数据进行分析，以便科学评估每个阶段的效果和投入产出比。在对运营全过程进行数据监测和评估后，就可以找出运营中出现的问题,进行产品改进、流程优化和体验改善。

3. 数据分析的可视化呈现

数据可视化有着悠久的历史,将统计分析数据通过可视化图形表现出来,除了可以实现令人愉悦的美学效果外,还能够准确、高效地全面传递数据中的隐含信息。而且,由于20世纪后期的信息技术和计算能力的发展,加上互动和动态数据可视化技术的出现,创造了数据可视化学科持续至今的卓越进步和繁荣。

一直以来,很多人对数据可视化的能力和意义可能并没有直接的观感,大家日常接触最多的数据可视化无非就是Excel中固定数据模型和图表。但是,随着大数据时代的到来,数据的量和复杂性飞速增加,数据模型的复杂性也随之增加。对于企业来说,要在如此浩如烟海的数据中通过传统的方法找到准确、精细的数据变得更加困难但也更加重要,如何通过数据可视化来有效挖掘、分析、呈现出在各种业务系统采集到的海量数据所包含的信息和知识,更是关键的工作和挑战。而数据可视化能够让阅读者精准洞察数据中反映的规律,如趋势、占比、对比等关键经营信息,能将错综复杂、看起来没有关联的数据通过可视化来建立联系和关联,发现规律和特征。

合适、有效的数据可视化呈现技术,通过图像来表现数据,能够将复杂的数据分析结果以图表方式呈现给阅读者,具有丰富的细节与交互元素,实际上比单纯的表格式数据更加精确和有启发性。

数据可视化技术综合了计算机图形、图像、人机交互等学科,从而将分析处理过后的数据集映射为直观可识别的图形、图像或动画,同时可以提供用户与数据可视化进行进一步的交互与分析功能。

举个简单的例子,某旅游综合体的微信公众号在24小时内的微信交互用户区域分布数据见表5-1。

表5-1　某旅游综合体24小时内微信公众号交互用户区域分布数据

	京津冀鲁	长三角	珠三角
微信关注操作(次)	343	285	593
微信取关操作(次)	83	73	155
微信扫码(次)	286	385	682
微信菜单点击(次)	122	253	439
微信消息互动(次)	86	65	382

经过数据可视化后的图形如图5-1所示。

通过上面的例子可以看到,数据可视化不仅可以做到让数据结果美观易读,更能根据经营需求从大量数据中直接提取阅读者想要的数据维度,而不必从复杂的数据表格中分析解读。

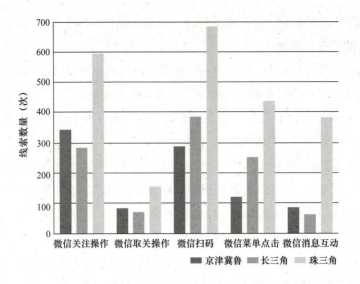

图 5-1　数据可视化后的某旅游综合体 24 小时内微信公众号交互数据

【本节概述】

北极星指标是数据化运营中唯一重要的指标,为客户数据化运营提供了明确的方向,以便运营团队达成共识并集中优势资源实现目标。北极星指标也不是一成不变的,可以在业务发展的不同阶段有不同的北极星指标。

数据分析是为了驱动商业决策,旅游企业在增长模型中的客户接触、客户连接、客户培育、客户转化、客户留存和客户拥护这六个运营阶段都需要注重数据监控和采集,并对数据进行分析,以便科学评估每个阶段的效果和投入产出比。在对运营全过程进行数据监测和评估后,就可以找出运营中出现的问题,进行产品改进、流程优化和体验改善。

合适、有效的数据可视化呈现技术,通过图像来表现数据,能够将复杂的数据分析结果以图表方式呈现给阅读者,具有丰富的细节与交互元素,实际上比单纯的表格式数据更加精确和有启发性。

【主要术语】

1)北极星指标:North Star Metric,即唯一重要的指标或者唯一关键指标(One Metric That Matters,OMTM)。

2)过程型数据:用于描述"在什么时间、什么地点、哪些客户、以何种交互方式、干了什么行为事件"这个过程,它包括了时间(When)、地点(Where)、人物(Who)、交互方式(How)、具体行为及内容(What)这五个要素。

【练习题】

一、自测题

1）北极星指标是否是一成不变的？为什么？
2）数据分析有哪几个阶段？
3）数据分析的重点是什么？
4）数据分析对企业有什么意义？
5）数据可视化有什么作用？

二、讨论题

请根据 RCCCRE 增长模型，讨论酒店微信公众号运营每一个阶段的北极星指标是什么。

三、实践题

请根据表 5-1 和图 5-1 的方法，在 DOSSM-MarTech 系统中进行相关数据的分析和可视化。

第二节　数据分析方法

在旅游和酒店业，主要的运营实践工作是以用户为中心开展内容、活动和广告营销。实践是检验真理的唯一标准，数据是验证实践的科学依据（桑文锋，2018）。常用的数据分析方法如下：

1. 趋势分析

在运营过程中，市场、订单、流量会受到多种因素的影响，从而出现波动，这种波动按照时间维度形成一条蜿蜒曲折的线，并由"峰"或"谷"构成若干折点。趋势分析就是基于时间序列展示数据，以便及时监控运营效果，总结运营过程中的问题，帮助运营者进行准确的决策和预测。

时间序列就是将某种事件的某一个统计指标在不同时间上的表现数值，按照时间先后顺序进行有序排列，以展现增减变动的方向、数额和幅度。

为了进一步分析运营中的问题，常用同比、环比、定比进行深入分析。同比分析就是将本统计周期内的数据与上一年度的数据进行比较，例如今年第 n 月与去年第 n 月数据比较；环比分析是将本统计周期内的数据与前期的数据进行比较，例如今年第 n 月与第 $n-1$ 月或第 $n+1$ 月比；定比是将本统计周期内的数据与某个固定期的数据进行比较，例如这个固定期可以是历史运营上的最高峰阶段，作为之后的统计周期数据比较的基准线。

同比、定比、环定比分析公式如下：

$$同比 = \frac{本期数据}{上年同期数据}$$

$$定比 = \frac{本期数据}{固定期数据}$$

$$环比 = \frac{本期数据}{上期数据}$$

$$同比增长率 = \frac{本期数据 - 上年同期数据}{上年同期数据} \times 100\%$$

$$定比增长率 = \frac{本期数据 - 固定期数据}{固定期数据} \times 100\%$$

$$环比增长率 = \frac{本期数据 - 上期数据}{上期数据} \times 100\%$$

在数据化运营中,趋势分析是基础的分析方法之一,能够清晰展示数据以及未来变动趋势。微信关注用户趋势分析示例图见图 5-2。

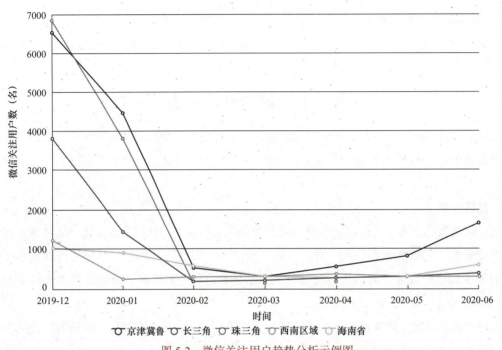

图 5-2　微信关注用户趋势分析示例图

2. 分群分析

分群分析是将客户按照标签属性进行归类划分,然后针对这一类型的客户进行持续、深入的用户行为洞察,以便了解这个群体的特征和整体画像。例如,将酒店客人按照地域进行分群,再进一步分析预订时间、消费时间、消费产品、性别、内容偏好等。

分群分析常用于精准营销,比如,将曾经关注微信公众号、点击餐饮促销页面但是并没有订购的本地客人筛选出来,然后进行专属电子优惠券的推送,引导该类客人立即订购。在完成内容推送后,运营人员可以进行分析,洞察客人的相关行为和转化效果。

分群分析示例图见图 5-3。

3. 漏斗分析

漏斗分析是分析运营转化效果的最常用分析方法,是监测从客户接触到客户拥护各个阶段转化率的基本模型,能够帮助运营人员直观地发现和说明客户运营中的问题。运营人员也可以将客户分层分群,对不同类型的客户转化情况运用漏斗分析进行比较,从而了解转化率最高的用户群体。

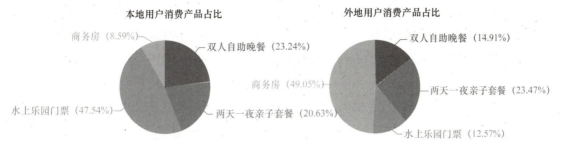

图 5-3　分群分析示例图

运营人员在进行漏斗分析的时候,除了监测转化率外,还需要重点监测在转化过程中,是否有不正常的"泄露"或者不应该出现的路径。

在运营过程中,转化是无处不在的,不仅仅体现在主进程中,而且还体现在一些细微的进程上。比如向社群中推送落地页,转化漏斗要分析"点击落地页人数——→点击落地页中的行为召唤按钮——→点击商品详情页订购按钮——→完成订购支付"。

活动漏斗分析示例图见图 5-4。

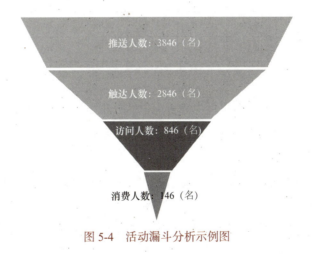

图 5-4　活动漏斗分析示例图

4. 留存分析

留存分析是用于分析已经转化成功的客户是否有后续行为,继续参与情况和活跃程度的分析模型,能够帮助运营人员衡量产品和服务价值是否对客户有持续吸引力。留存分析可以根据用户的初始行为时间和后续行为时间进行分组,并结合用户属性进行多维度分析。例如,通过酒店前台接触点关注了企业微信公众号的新客户在未来一段时间内是否有进一步的行为,比如点击微信公众号菜单访问、分享、再次订购等行为。这些数据可以反映新客户对于企业是否有价值或者企业的产品和服务价值在新客户中是否得到认可。如果不将初始行为和后续行为严格分开,留存分析会失去准确性。新关注客户在关注后的当天会有一定数量的点击和访问行为，如果将这些数据也算入后续行为中，会严重掩盖整体的用户活跃度分析。因此，需要对后续行为的时间进行定义。

留存分析常常从新用户留存率和产品功能留存率进行分析，并用次日留存率、7日留存率、30日留存率等进行数据展示，但不同行业对客户活跃度的要求也是不一样的。在旅游和酒店行业，按照"月活"（Monthly Active User，MAU）去衡量客户活跃度并不准确，因为客户的消费频次相对零售、电商等行业来说比较低。针对酒店不同接触点获取的微信粉丝进行留存分析的时候，可以将用户按照接触点、地域分组并根据关注时间进行分段查看。

留存分析示例见表5-2。

表5-2 留存分析示例

首次使用时间	新用户（名）	留存率								
		次日	2天后	3天后	4天后	5天后	6天后	7天后	14天后	30天后
2020-7-20	1408	58.3%	55.8%	51.6%	46.2%	45.1%	45.2%	33.6%	32.1%	37.7%
2020-7-21	1820	54.7%	53.2%	47.5%	47.1%	42.5%	42.6%	33.4%	31.5%	29.6%
2020-7-22	1566	53.6%	49.5%	43.7%	45.4%	41.8%	40.9%	32.1%	29.5%	
2020-7-23	1540	49.7%	48.8%	42.9%	39.7%	35.6%	33.2%	30.1%		
2020-7-24	1489	56.9%	54.3%	38.7%	33.2%	43.7%	34.3%			

5. 分布分析

分布分析可用于在营销和运营事件中分析用户的分布类型和分布特征。例如，在促销活动中，虽然订单量增加了，但是曾经参与过促销活动的老客户复购率并没有增加，这可能说明老客户对于产品价值的认可出现了问题；此外，还可以查看在不同的客单价区间或者不同类型的产品购买者中客户的分布情况。比如，购买客房产品的客户是什么特征？购买餐饮产品的客户是什么特征？

通过分布分析，运营者可以还原用户的行为，找到核心客户群体，发现产品和运营中的具体问题，优化产品策略，增加客户回头率，从而为决策提供依据。

分布分析示例图见图5-5。

6. A/B测试

A/B测试用于为同一个目标设计两个方案，然后选择两个实验组，通过并行实施来对比两个方案的实施效果，从而确定最优的方案。例如，对于同一个促销活动设计两个落地页，然后在两个实验组用户中进行推送，查看哪一个落地页能够获得更多的点击量、更长的停留时间和更高的转化率。

A/B测试有三点需要注意：

首先，在进行A/B测试分析的时候，每个方案只能有一个变量不同。比如，对于落地页

A/B 测试来说，每个设计方案基本相同，只有某个地方有所不同，比如颜色、标题、排版、图片、文案等。

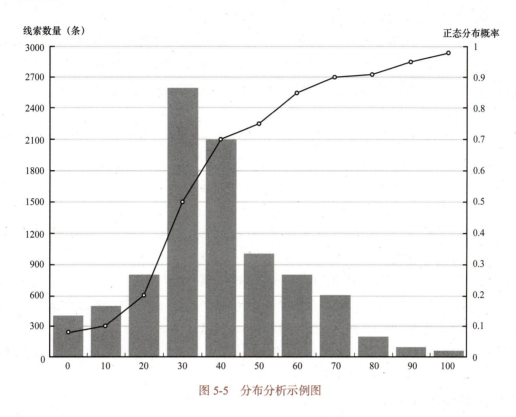

图 5-5　分布分析示例图

其次，A/B 测试的实验组人数要平均。比如，我们针对会员进行内容推送，可以根据会员卡号最后一位进行分组，单数分一组，双数分一组。

最后，要注意有效的 A/B 测试结果需要足够的测试时间和测试数据量支持，如果访问量不够大，A/B 测试的结果很难说明问题。

7. 归因分析

随着互联网和移动互联网的兴起，业务的形态越来越复杂，触达客户的渠道越来越多，导致影响消费者决策的因素也复杂多样化，企业每天都会面临产生的大量数据以及用户复杂的消费行为路径。比如，客户可能通过落地页推送点击了促销活动信息，但并没有立即下单，不久后他又收到一条短信，告知他得到了一个促销活动的电子优惠券，但依旧没有下单，最后他得到一个优惠券即将失效的微信模板消息推送，然后就下单订购了。在三次的互动过程中，究竟哪一次行为对客户最终的转化贡献最大？

那么，在运营数据的分析和效果评估上，就会产生一系列的问题：

① 究竟是哪些渠道 / 行为路径促成了业务目标的达到？

② 不同的渠道分别实现了多少贡献率？

③ 不同的用户消费行为路径对这些贡献率有什么影响？

④ 如何通过上述归因分析的结论来指导渠道/行为路径的优化？

归因分析就是为了解决上述的系列问题，把效果的产生原因如何合理地分配到不同的渠道、用户行为路径等不同因素上。

在广义层面上，归因分析/归因理论是一个严谨的社会心理学课题，用于研究三个方面的问题，包括：个体心理活动发生的因果关系，内部/外部、直接/间接原因的分析；一般性规律的推论，以个体的行为、结果、个性差异等为基础，归纳出一般性规律；通过一般性规律来指导行为期望与预测。

在运营数据的归因分析层面，关注更多的是不同归因模型的应用效果。几种常见的归因模型为：

① 末次互动模型，最后一次互动的渠道获得100%的功劳，这是最简单直接、也是应用最广泛的归因模型。

② 首次互动模型，首次互动的渠道获得100%的功劳，更加强调的是驱动用户认知的、位于转化路径最前端的渠道。

③ 线性归因模型，对于路径上的所有渠道，平均分配功劳权重。

④ 时间衰减归因模型，对于路径上的渠道，接触点越接近转化，其功劳权重越高。

⑤ U型归因模型、混合首次互动模型和末次互动模型。

当然，上述的哪一个归因模型都不是万能的，不管使用什么样的归因分析模型，最终还是要根据企业业务和运营本身的特性来考虑。

8. 多维度拆解分析

在数据化运营中，单一的数据不能反映运营的全貌。比如，很多酒店开展秒杀活动时都对员工开展了销售奖励，每次活动的销售收入都在不断增高，但是如果从订单来源角度分析，可能会发现这些增量都是来自于酒店内部员工推荐的订单增加，而会员的直接预订量在逐渐降低，新增客户预订数量没有明显提升。所以，从不同角度分析，得出的结论就会不一样。数据分析需要在不同维度进行交叉分析，才能深入发现业务存在的问题。

上文列举的店内接触点获客场景的数据，可以从多维度进行数据分析及数据展示：从接触点角度，可以根据客户在不同的接触点关注微信公众平台的角度，将客户分为住房客人、餐饮客人、康乐客人、宴会客人、会议客人等维度观察不同接触点的获客效果；从客户的人口属性角度，可以按照客户的性别、地域来查看；从时间角度，可以按时间、星期、淡旺季、月份来观察客源变动情况；从产品角度，可以按房型、餐厅类型、会议类型、宴会类型查看获客情况。接触点、人口属性、时间、产品分别是四个不同的维度，每一个维度都从不同角度体现了所获取客户的特征。每一个维度还可以进行更多层次的分析，比如从产品角度将客户进行层次划分，然后每个层次还可以分析客户的人口属性、时间、接触点等。

数据分析的方法并不是仅有上述八种，不同的行业和场景，还有更多的分析方法。而且随着人工智能、机器学习和深度学习技术的发展，数据分析将更加智能。人工智能除了在表现交互层面上更像人类外，更多的是强调推理、自学习部分，以及怎样把计算机系统的推理、自学习能力结合企业的具体应用场景，解决企业的实际商业需求。传统的数据分析和相应软件系统都使用到了一些模型，但是本质上还是一种"专家软件系统"，对于具体的模型选择和修改使用，都是依靠"专家"提供的帮助，从而解决知识获取的瓶颈问题。

在使用了机器学习、深度学习等认知计算技术的数据分析系统中，本质上是基于大量的数据通过机器自学的方式来获取新的知识或技能，重新组织已有的知识结构并使之不断改善系统自身的性能，最终实现洞察数据之间的关系并做出预测，而过程中无须大量的人工干预。在电子商务平台上，系统会根据客户的浏览历史记录和购物历史记录，综合分析后给客户推荐客户可能感兴趣的商品。这类功能的背后使用的就是机器学习和深度学习等认知计算技术，系统除了在大量的历史数据中进行挖掘以洞察用户感兴趣的商品与历史记录的关系外，还会不断根据用户对推荐结果的反应来修正自身的洞察模型，从而实现越来越准确的个性化推荐。但是这并不代表传统的数据分析就没有用了，恰恰相反，数据分析是机器学习、深度学习的基础，而机器学习、深度学习是很多学科的知识融合。只要学会了数据分析和处理数据的基本方法，就能更好地学习和使用机器学习、深度学习方面的系统。

【本节概述】

对于传统旅游和酒店企业的客户运营，需要通过数据对实践效果进行验证。本节介绍了趋势分析、分群分析、漏斗分析、留存分析、分布分析、多维度拆解分析、A/B 测试和归因分析等方法。随着人工智能、机器学习和深度学习技术的发展，数据分析方法将从"专家软件系统"向人工智能方向发展。

【主要术语】

1）趋势分析：基于时间序列展示数据，以便及时监控运营效果，总结运营过程中的问题，帮助运营者进行准确的决策和预测。

2）分群分析：将客户按照标签属性进行归类划分，然后针对这一类型的客户进行持续深入的用户行为洞察，以便了解这个群体的特征和整体画像。

3）漏斗分析：监测从客户接触到客户拥护各个阶段转化率的基本模型，能够帮助运营人员直观地发现和说明客户运营中的问题。

4）留存分析：分析已经转化成功的客户是否有后续行为，继续参与情况和活跃程度的分析模型。

5）分布分析：用户的分布类型和分布特征，以便还原用户的行为，找到核心客户群体，发现产品和运营中的具体问题。

6）A/B 测试：为同一个目标设计两个方案，然后选择两个实验组，通过并行实施来对比两个方案的实施效果，从而确定最优的方案。

7）归因分析：分析效果的产生原因如何合理地分配到不同的渠道、用户行为路径等不同因素上。

8）人工智能：Artificial Intelligence，简称 AI，是指由计算机软件系统表现出的，可以模拟、延伸或拓展人类智能的相关理论、方法和技术的统称。

【练习题】

一、自测题

1）如何使用同比、环比、定比进行趋势分析？
2）请举例说明如何进行趋势分析。
3）请举例说明如何进行分群分析。
4）请举例说明如何进行留存分析。
5）请举例说明如何进行分布分析。
6）请举例说明如何进行归因分析。

二、讨论题

1）在社群中推送落地页，应该如何进行转化漏斗分析？
2）在酒店的微信运营中，应该如何运用留存分析？
3）在电子邮件和短信营销中，应该如何运用 A/B 测试？

三、实践题

请在 DOSSM-MarTech 对微信公众账号的粉丝运营进行趋势分析，并选择一个活动进行漏斗分析。

第三节 数据分析的可视化展示

数据可视化的分类并没有非常绝对的学术定义。在实际使用中，需要根据数据、行业、应用场景等多方面来进行分类，目的是让最终的可视化展示效果能够最大化地符合实际需求。

1. 依据数据类型进行分类

从数据类型的角度，可以将数据可视化分为：统计数据可视化、关系数据可视化、地理数据可视化、时间序列可视化、文本数据可视化等不同类型。

① 统计数据可视化，是指针对数据进行统计，然后对统计结果进行可视化呈现。例如，针对某个微信公众号粉丝关注来源渠道的数量统计见表 5-3 和图 5-6。

表 5-3 微信公众号粉丝关注来源渠道的数量统计表

渠　　道	粉丝数（名）
其他渠道关注	4 672
支付后关注	2
图文页右上角菜单关注	10
图文页内名称点击关注	486
扫描二维码关注	1 982
名片分享关注	314
公众号迁移	0
公众号搜索关注	324

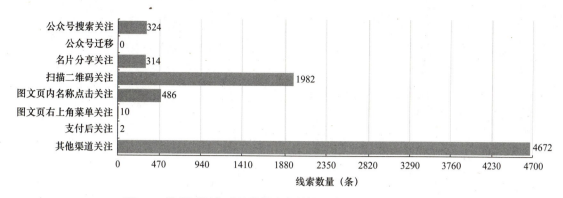

图 5-6　数据可视化后的微信公众号粉丝关注来源渠道数量统计

② 关系数据可视化，主要表现为类似流程图或漏斗图的数据，而且数据前后之间存在一定的关系。例如，企业某个用户的成长足迹见图 5-7。

图 5-7　关系数据可视化示例图

③ 地理空间数据可视化，主要用于呈现包含国家、省份、城市或经纬度等地理位置信息的数据，往往结合地图进行展示。

④ 时间序列数据可视化，是一种非常常见的可视化呈现方式，大部分的数据都与时间相关联，要求分析结果能够表达有关时间的趋势变动，例如，某个微信公众号近一个月的关注／取关数量日对比见图 5-8。

⑤ 文本数据可视化，对于主要由文本内容组成的数据进行可视化呈现的方式，例如，企业某个用户的标签画像见图 5-9。

2. 根据可视化图形进行分类

对于数据可视化来说，使用恰当的图表来表现不同的数据非常重要，不同的图形都有不同的表现特点，从而适合不同的应用场景。因此，从可视化图形的角度，可以将数据可视化分为不同类别，较为常用的五种图形分类有：柱状图类、折线图类、散点图类、饼图类、组合图类。

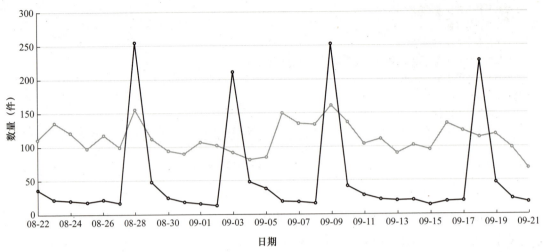

图 5-8　时间序列数据可视化示例图

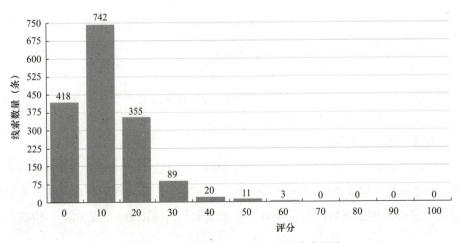

图 5-9　文本数据可视化示例图

① 柱状图类，可以细分为基础柱状图、堆积柱状图、条形图等，主要通过柱状图等高度变化来反映数据特点／关系，见图 5-10、图 5-11、图 5-12。

图 5-10　基础柱状图——用户分组线索评价

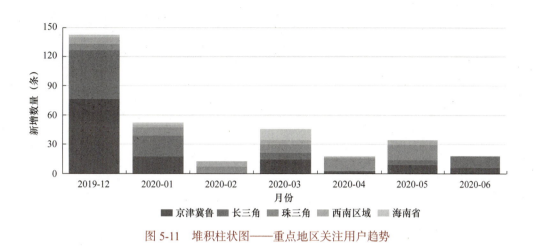

图 5-11 堆积柱状图——重点地区关注用户趋势

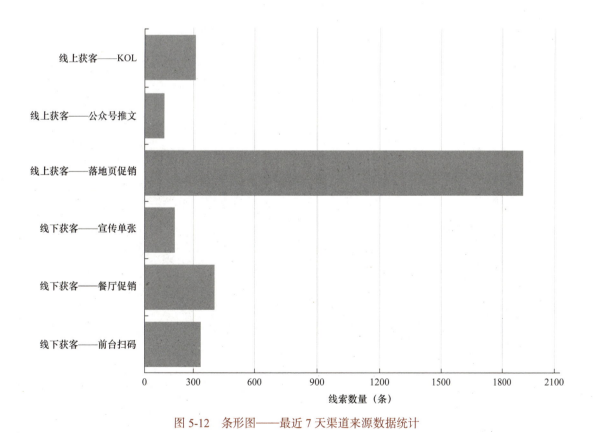

图 5-12 条形图——最近 7 天渠道来源数据统计

② 折线图类,可以细分为基础折线图、面积堆积图等,主要在需要表现整体数据的变化趋势和增长幅度的场景下使用,见图 5-13、图 5-14。

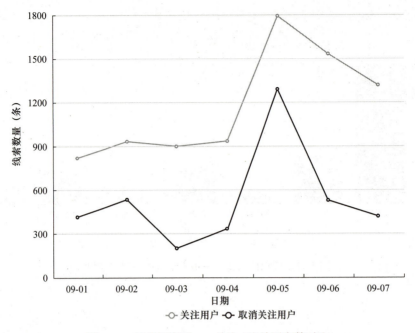

图 5-13　基础折线图——关注 / 取关用户数对比

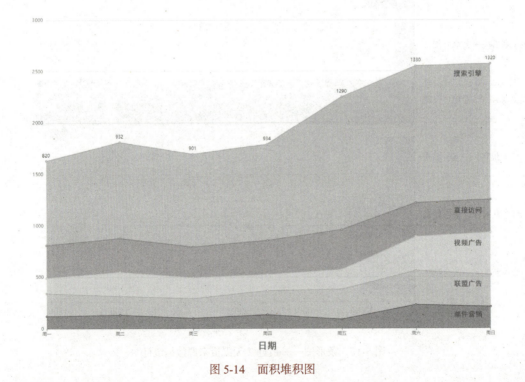

图 5-14　面积堆积图

③ 散点图类，包括基础散点图、气泡图（使用气泡大小表示数值大小）等，主要用于发现数据之间的关系，数据点越多所反映的结果越精确，见图 5-15、图 5-16。

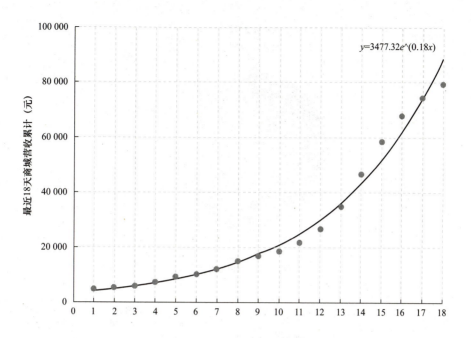

图 5-15 基础散点图

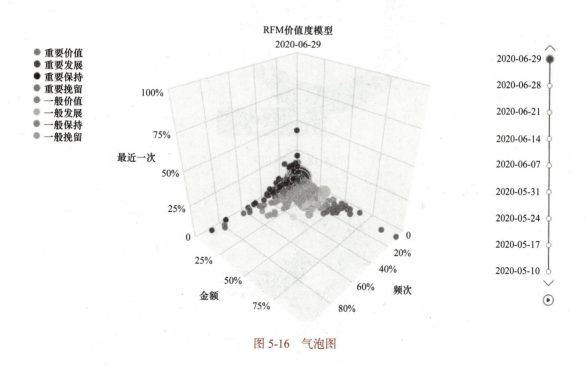

图 5-16 气泡图

④ 饼图类，展示各类别数据的占比，可以细分为基础饼图、环状饼图、玫瑰饼图等，见图 5-17、图 5-18、图 5-19。

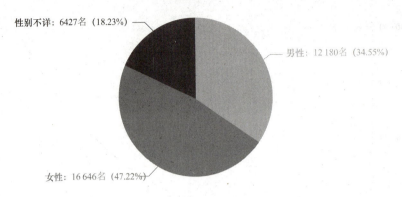

图 5-17　基础饼图

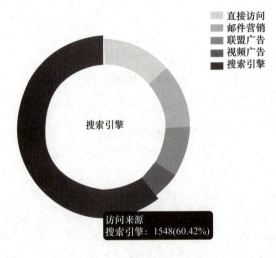

图 5-18　环状饼图

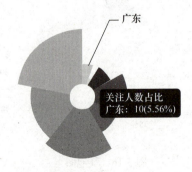

图 5-19　玫瑰饼图

⑤ 组合图类，由两种不同图表组合在一起，可以表现两个层次的信息，如柱状图和折线图（见图 5-20）、气泡图和地理位置图等。

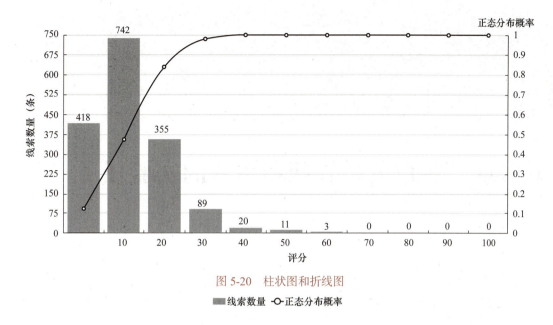

图 5-20　柱状图和折线图

当然，随着大数据时代的信息技术和计算能力的发展，数据可视化的呈现形式也出现了很多其他崭新的数据图形，并且具有相应适合的功能需求和应用场景。

【本节概述】

对数据进行分析，需要结合数据、行业、应用场景等多方面来进行分类，通过可视化展示效果生动地呈现实际需求。从数据类型的角度，数据可视化可分为统计数据可视化、关系数据可视化、地理数据可视化、时间序列可视化、文本数据可视化等不同类型。从可视化图形的角度，数据可视化也可分为多种类别，较为常用的五种图形分类有：柱状图类、折线图类、散点图类、饼图类、组合图类。

【练习题】

实践题

请在 DOSSM-MarTech 中，分别找出统计数据可视化、关系数据可视化、地理数据可视化、时间序列可视化、文本数据可视化的案例，并生成柱状图类、折线图类、散点图类、饼图类、组合图类。

第六章 客户关系管理和运营的实验任务

【本章结构】

本章共分为 22 个实验任务，实验清单如下图所示。

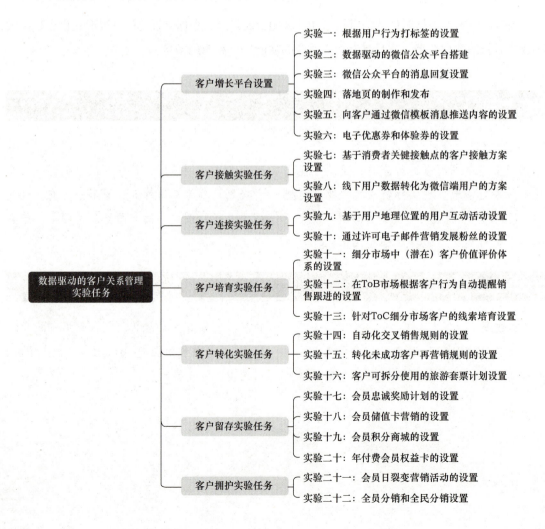

【学习目标】

数据驱动下的客户关系管理是以客户增长模型为基本架构,以客户需求为导向,以技术工具为驱动力的运营体系。这个体系包括客户关系管理技术平台设置以及根据客户增长模型的各项具体工作任务。

本章的学习目标是综合利用第一章~第五章所学习的理论知识和实践技能,基于客户增长模型的流程,依次完成客户接触实验任务、客户连接实验任务、客户培育实验任务、客户转化实验任务、客户留存实验任务和客户拥护实验任务。实验任务包括实验背景和目的、实验工具和材料、实验流程及关键步骤、实验结果。

在独立完成本章所有实验任务后,学生将具备旅游企业开展数据化驱动的客户关系管理工作所需要的知识、理解、应用、分析、设计和评价能力。

实验一　根据用户行为打标签的设置

一、实验背景和目的

用户画像是指通过用户标签抽象出的用户的信息全貌,目的是实现快速描述用户的特征,预测用户的行为。用户画像是用户信息标签化、可视化的展现。没有用户标签体系,用户画像就无从谈起。用户标签体系是用户画像的前提和基础,使得企业拥有了细分客户和开展精准营销的能力。

数据驱动下的客户关系管理需要能够对客户进行精准识别、分组分群管理,从而向对的客户群体在对的时间以对的渠道传递对的内容。以数据驱动的客户关系管理体系中,标签体系的建设是核心工作任务。

本实验的目的是以酒店客户数据化运营背景为例,了解标签类型,学习不同类型用户标签的设置方法。

二、实验工具和材料

（一）实验工具要求

1. DOSSM 用户数据平台（CDP）
2. 支持模拟实验的微信公众平台服务号教学版

（二）实验材料要求

1. 实验场景设计

事实标签是基于单一事实或属性数据,或者基于公认的规则从事实数据中提取而得到的标签。模型标签是指在事实数据的基础上,按照一定的组合和逻辑判断模型或数据挖掘分析模型,经过推导得到的标签。网页浏览标签、行政区域标签和地理位置标签也是一种特殊的事实标签。根据标签的定义,实验场景设计如下:

① 模型标签：能够根据用户在微信公众平台服务号上的菜单点击动作设置模型标签。

② 网页浏览标签：能够根据用户在（微）网站上的浏览页面动作设置网页浏览标签。

③ 行政区域标签：能够根据中国一线、二线城市的划分设置行政区域标签。

④ 地理位置标签：能够根据地理位置坐标设置地理位置标签。

2. 实验材料准备

① 微信公众号：将微信公众号上的动作打上相关事实标签。

② H5 网页：作为网页浏览标签的设置用途。

三、实验流程及关键步骤

（一）实验流程

请在用户数据平台（CDP）中根据图 6-1 的步骤进行相关标签的设置，特别注意第三步"设置标签判断条件。"

图 6-1　实验一——根据用户行为打标签的设置步骤

（二）实验关键步骤

在用户数据平台（CDP）系统中，按照如下关键步骤进行相关任务设置。

1. 新增标签分组

为了便于管理，需要将相同属性的标签设置为一个分组。因此，在设置标签的时候，如果之前没有对同类标签设置组别，就需要新增一个标签分组，如图 6-2 所示。

图 6-2　实验一——新增标签分组

2. 设置标签名称

为标签设计一个容易理解的代码和名称，见图 6-3。

图 6-3 实验一——设置标签名称

3. 设置标签判断条件

根据标签的属性设置判断条件，见图 6-4。判断条件就是逻辑判断模型的设置。如果要打上该模型标签，需要提供其他行为（标签）以及该行为在周期内发生的频次、总和作为前提条件。

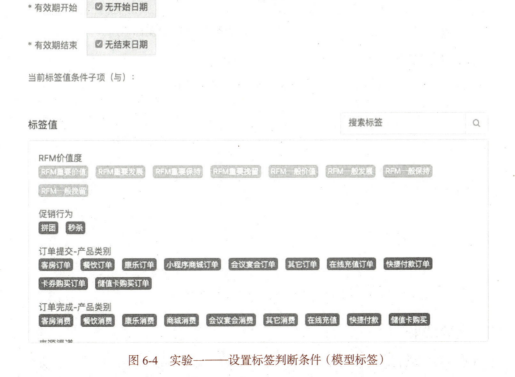

图 6-4 实验一——设置标签判断条件（模型标签）

如果是针对网页浏览标签的设置，需要按图 6-5 进行设置。

图 6-5　实验一——设置标签判断条件（网页浏览标签）

4. 执行标签判断条件

为满足标签判断条件的用户（线索）打上标签，见图 6-6。

图 6-6　实验一——执行标签判断条件

四、实验结果

① 标签设置完成后，能够在标签列表中正确显示，见图 6-7。

图 6-7 实验一——实验结果（1）

② 标签设置完毕后，执行标签判断模型，根据标签设置条件能够正确在个人页面中打上相关标签，见图 6-8。

图 6-8 实验一——实验结果（2）

③ 实验报告：撰写实验报告，描述实验过程并进行实验总结。

实验二　数据驱动的微信公众平台搭建

一、实验背景和目的

微信公众平台是运行在微信上的企业级营销与客户服务工具，企业通过微信公众平台向用户进行宣传、提供业务服务、与客户进行双向互动。微信公众平台分为服务号、订阅号、小程序和企业微信四种类型。不同类型的公众账号起着不同的作用，但在客户关系管理中，服务号起着主要作用。

专业的微信服务号搭建通常会通过第三方管理平台。在本书第二章第三节专门介绍使用 SCRM 系统作为第三方管理平台，可以支持多个微信公众号统一接入管理、对个体粉丝用户的菜单点击行为、内容浏览行为分析，并根据这些互动数据完善用户画像标签等功能。在 DOSSM-CDP 系统的支持下，微信服务号菜单甚至可以根据用户标签进行个性化展示。

本实验的目的是通过理论结合实践，学习通过 DOSSM-CDP 系统搭建数据驱动的微信服务号。实验结果要求根据客户标签不同而提供个性化的微信菜单。

二、实验工具和材料

（一）实验工具要求

1. 用户数据平台

用于标签设置。

2. 营销自动化系统

用于根据微信互动动作触发营销规则。

3. 微信服务号第三方管理平台

用于菜单设置，支持根据标签展示菜单和对接营销自动化系统。

4. 支持模拟实验的微信公众平台服务号教学版

（二）实验材料要求

1. 实验场景设计

① 微信服务号栏目内容策划：根据细分客群的内容差异化需求分别策划和设置微信公众号 3×5⊖ 的菜单。除了一个面向大多数人的标准菜单栏目外。针对其他用户群体可单独设置 3×5 的菜单。例如，对酒店的本地客人，在菜单中增加美食和宴会服务的二级菜单。

② 标签设置：为用户在微信菜单上的点击动作行为进行标签内容策划和设置。

2. 实验材料准备

酒店微信服务号菜单的设置：

从客户对酒店微信服务号的需求角度，可以知道酒店客人访问微信的动机包括：

① 获取酒店优惠和近期活动信息：用户点击优惠栏目并浏览和优惠相关的二级栏目。

② 了解会员服务权益：用户点击会员的栏目并浏览和会员权益相关的二级栏目。

③ 了解酒店服务设施和设备。

④ 对比酒店房价。

⑤ 了解酒店周边信息。

⑥ 服务请求和问题咨询。

根据上述需求分析，酒店微信服务号栏目策划建议如图 6-9 所示。

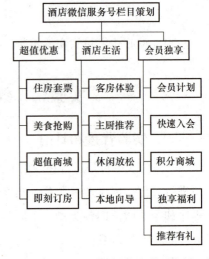

图 6-9　实验二——酒店微信公众平台栏目结构

3. 针对亲子游市场设置一个差异化的微信服务号菜单

在进行微信服务号栏目策划的时候，要考虑酒店面向的细分市场的整体解决方案，主要的

⊖ 横三行，竖五列，即一个页面可以放 15 个应用的菜单。

目标市场要有策略性的分配多一些栏目或者落地页。比如酒店主要的一个细分市场是亲子市场，那么菜单或者落地页中要有"亲子套餐""亲子设施""亲子活动"等内容，当潜在目标用户都点击这些内容的时候，可以根据其访问点击侧重点及倾向来进行内容的推荐。

三、实验流程及关键步骤

（一）实验流程

请根据如图6-10所示的步骤进行任务设置。

图6-10　实验二——实验流程

（二）实验关键步骤

在用户数据平台（CDP）系统中，按照如下关键步骤进行任务设置。

1. 新增自定义菜单分类

如图6-11所示，选择"自定义菜单"进行创建，并对自定义菜单适用的标签和语言进行选择。

图6-11　实验二——新建自定义菜单分类

2. 新增一级菜单项

如图6-12所示，一级菜单项标题不能超过4个汉字或8个字母。

3. 新增二级菜单项

如图6-13所示，二级菜单项标题不能超过8个汉字或16个字母。

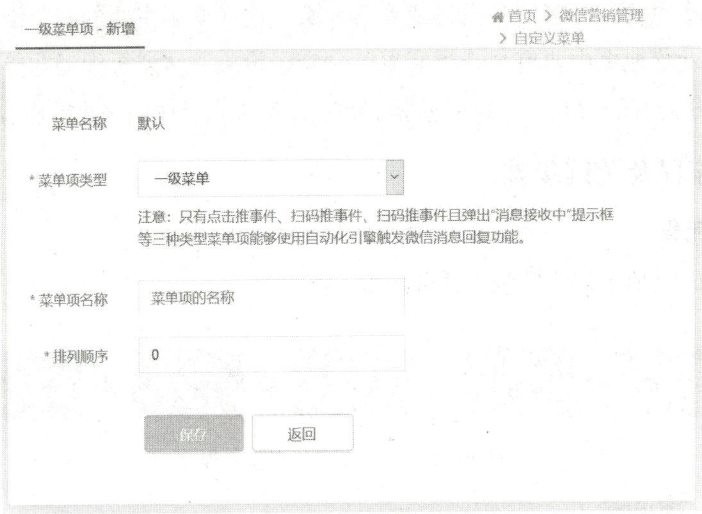

图 6-12 实验二——新增一级菜单

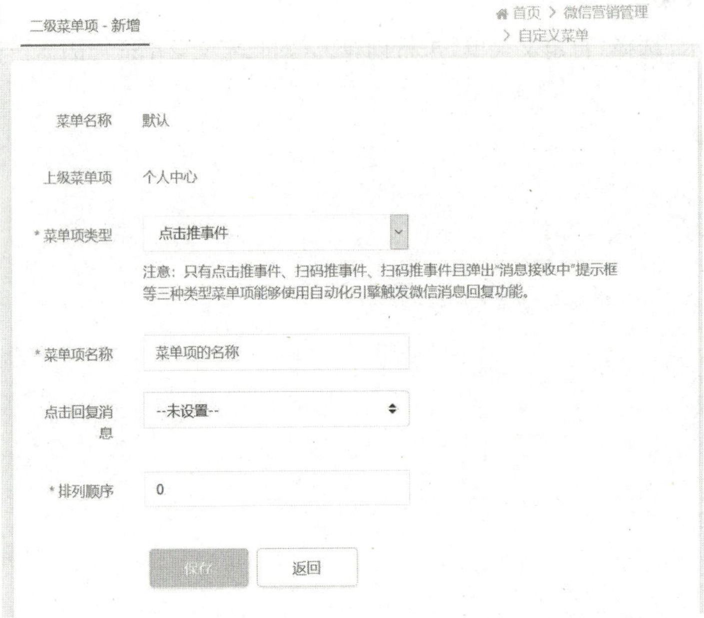

图 6-13 实验二——新增二级菜单

4. 关联菜单标签

用户在微信菜单上会有各种互动行为。例如，用户可能在一段时间内多次点击某个栏目/落地页；或者一段时间内访问多个相同属性的栏目/落地页；或者点击注册、订购等关键页面但是没有进一步行动。这些互动行为从某种程度上可以反映用户潜在的需求。因此，需要对用户在菜单上的互动行为进行数据采集和分析，并可以利用营销自动化工具对用户相关的互动采取进一步的营销策略，如发送专属优惠券、提供更加详细的信息、推送信息呼吁用户尽快采取行动等。具体见图 6-14。

图 6-14 实验二——微信栏目标签设置和菜单发布

四、实验结果

① 微信个性化菜单设置成功：根据用户标签，在微信公众号中可以看到差异化的菜单内容。

② 用户点击微信服务号菜单，在用户个人画像中可以查看用户的点击菜单行为被打上了相应的标签。

③ 实验报告：撰写实验报告，描述实验过程并进行实验总结。

实验三　微信公众平台的消息回复设置

一、实验背景和目的

在微信公众平台上，对用户进行消息推送是使用率最为重要的功能之一。微信公众平台运营者可以使用微信模板消息、微信图文消息、微信图片消息、微信文本消息、微信语音消息、微信视频消息等几种消息和用户互动。这些互动方式改变了客户关系管理系统中只能通过电子邮件、短信与客户单向互动的方式，为客户带来了高效而便捷的体验，从而促进内容精准触达和客户转化率的提升。

本实验的目的是掌握微信公众平台消息回复的设置方法，并能够结合用户数据平台和营销自动化功能对用户的消息回复行为进行分析，并再次触发营销自动化规则，针对用户采取合适的营销行动。

二、实验工具和材料

（一）实验工具要求

1. 用户数据平台

2. 营销自动化系统

3. 微信服务号第三方管理平台

支持如图 6-15 所示的消息回复功能。

图 6-15　实验三——微信消息回复的类型

4. 支持模拟实验的微信公众平台服务号教学版

按照微信官方的规定，微信公众账号必须是认证公众号并且开通支付功能才能使用微信消息回复的全部功能。本实验要求通过支持模拟实验的微信公众平台服务号教学版进行。

（二）实验材料要求

1. 实验场景设计

根据用户在微信服务号中的互动行为上下文信息进行消息回复的自动化规则设置。

2. 实验材料准备

本实验需要实现准备好微信图文消息回复、微信文本消息回复和微信图片消息回复的内容。所准备内容可借鉴但不限于如下示例：

① 微信图文消息回复：如图 6-16 所示，微信图文消息是为微信公众平台运营者提供的内容推送功能，内容以"标题+小图片+短描述"的方式通知粉丝。微信图文消息不能够发给全部粉丝，不能够随意推送，必须在粉丝有在微信公众号上的互动行为后的 48 小时内才能使用。互动动作包括关注、对话、扫码、点菜单（弹出信息）等，只需满足其中一个动作均可。

② 微信文本消息回复：如图 6-17 所示，微信文本消息是为微信公众平台运营者提供的文字型

图 6-16　实验三——微信图文消息回复的示例

内容推送功能，内容以文字的方式通知粉丝，并可以链接到相关落地页。微信图文消息同样不能够发给全部粉丝，不能够随意推送，必须在粉丝有在微信公众号上的互动行为后的 48 小时内才能使用。互动动作包括关注、对话、扫码、点菜单（弹出信息）等，只需满足其中一个动作均可。

③ 微信图片消息回复：如图 6-18 所示，微信图片消息是为微信公众平台运营者提供的图片型内容推送功能，内容以图片的方式通知粉丝。微信图文消息也是不能够发给全部粉丝，不能够随意推送，必须在粉丝有在微信公众号上的互动行为后的 48 小时内才能使用。互动动作包括关注、对话、扫码、点菜单（弹出信息）等，只需满足其中一个动作均可。

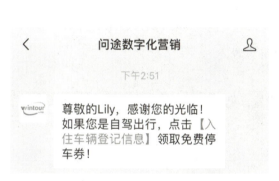

图 6-17 实验三——微信文本消息回复的示例

图 6-18 实验三——微信图片消息回复的示例

④ 营销自动化规则设置：对用户点击图文消息、文本消息和图片消息的动作，进行消息回复设置。消息回复内容可以自行根据上下文环境再次设置进一步的消息回复。例如，用户点击了酒店产品促销图文消息回复，可以再次设置一个规则，在点击浏览促销图文后的 10 分钟内向客户发送一个优惠券。

图 6-19 实验三——营销自动化规则的设置

三、实验流程及关键步骤

（一）实验流程

请根据如图 6-20 所示的步骤进行任务设置。首先根据不同场景设置好相应消息回复内容，然后通过营销自动化规则在用户点击行为后触发另外一个消息回复内容。

图 6-20　实验三——实验流程

（二）实验关键步骤

在 DOSSM 系统中，按照如下关键步骤进行任务设置。

1. 设置微信图文消息回复

对消息的标题、短描述说明、图片进行回复设置，见图 6-21。

图 6-21　实验三——微信图文消息回复的设置

2. 设置微信文本消息回复

如果需要对用户进行个性化回复内容，可以在系统的回复消息模板中使用内置变量参数来控制和设置，见图 6-22。

图 6-22　实验三——微信文本消息回复的设置

3. 设置微信图片消息回复

图片消息回复建议都使用系统消息模板中提供的嵌入带参数二维码的图片，如图 6-23 所示，可以在图片上嵌入投放渠道二维码或者裂变二维码，这样可以溯源以及跟进海报的分享裂变效果。

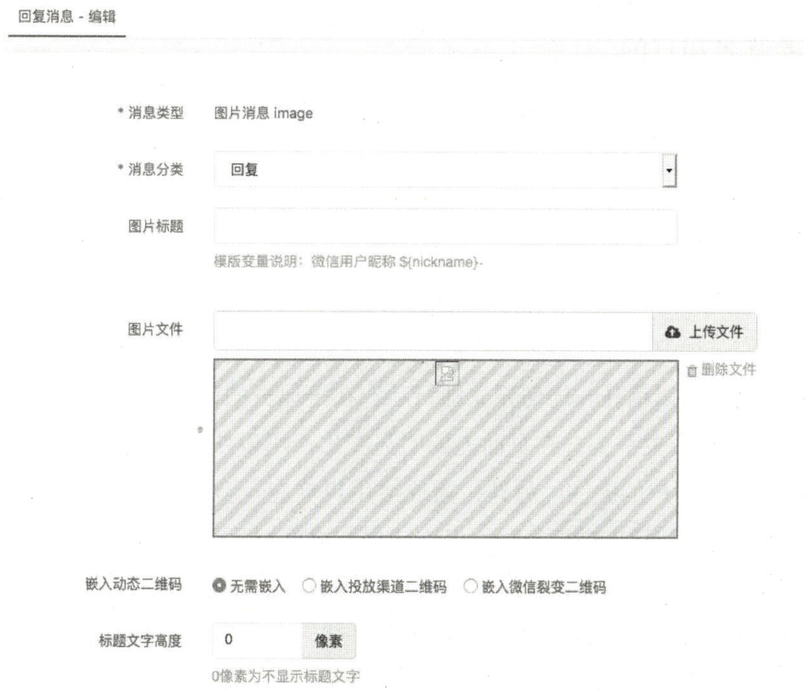

图 6-23　实验三——微信图片消息回复的设置

4. 设置营销自动化规则

营销自动化功能使得用户在消息回复上的行为可以被采集和分析，这样就可以设置另一个营销自动化规则，响应用户的行为，从而促进转化。如图6-24所示，对用户点击消息后动作设置再次触发另外一个消息回复。

图6-24　实验三——营销自动化规则的设置

四、实验结果

① 成功完成微信图文消息、微信图片消息、微信文本消息的设置，在实验用的微信公众号有互动行为后，根据预设好的规则收到相应的消息回复。

② 在点击消息回复后，根据营销自动化规则触发另外一个消息回复。

③ 实验报告：撰写实验报告，描述实验过程并进行实验总结。

实验四　落地页的制作和发布

一、实验背景和目的

落地页是用户点击文字、图片的链接后进入的第一个页面，它是连接内容和产品的载体，起着承接流量、获取销售线索、实现交易转化的关键作用。因此，对于落地页的设计和制作，一定要首先明确落地页面对的目标用户，从用户需求角度进行整体策划和反复推敲，并通过对每一个落地页的浏览量、浏览质量、留资量、转化率等数据进行分析后不断优化。

落地页相当于企业在网络中的"虚拟销售代表"，起着"临门一脚"的作用。在点击型落地页的设计和制作过程中，策划者一定要能够回答这几个问题：页面给谁看？有什么好东西？为何一定要买？为何可以信任？为何要立即行动？在落地页的设计上，行为召唤设置（Call to Action，CTA）的设计至关重要，在页面上要明显突出，可以使用按钮、明显的对比色、图标和色彩变化等来吸引用户的关注。另外，需要给用户响应号召的一些理由，可以通过强调紧迫性或稀有性来推动用户快速进行行动，促进转化的提升。

落地页可以分为点击型落地页和线索生成型落地页。点击型落地页是通过按钮让用户点击跳转到产品交易页面；线索生成型落地页是表单格式，引导用户填写相关表单，起着收集用户信息的作用。

本实验的目的是通过DOSSM-MarTech系统制作和发布点击型落地页，从而加深对落地页的认知并掌握相关的制作和投放方法。

二、实验工具和材料

（一）实验工具要求

1. 用户数据平台：全接触点内容互动，支持进行落地页的制作和发布
2. 营销自动化系统
3. 支持模拟实验的微信公众平台服务号教学版

（二）实验材料要求

1. 实验场景设计

本实验仅需要使用 SCRM 或者 CDP 系统提供落地页模板进行落地页的制作。实验者根据场景需要挑选模板进行快速的编辑和修改，替换文字、图片和链接等元素，就可以生成所需要的落地页。

当然，并非所有的落地页都只能在 CDP 系统内部制作，还可以使用第三方 H5 编辑器甚至其他网站的页面作为落地页。在 DOSSM-CDP 系统中内置的落地页模板，被称之为"内部落地页"；但同时也支持其他网站或者第三方 H5 编辑器的页面进行更加个性化的落地页制作，这些第三方系统生成的落地页，被称为"外部落地页"，设置好相应的带参数链接即可。

2. 实验材料准备

① 选择一个节日或者大促活动的产品为对象。
② 通过落地页推广的活动中的产品。
③ 从 DOSSM-CDP 中为该产品或者活动挑选一个合适的落地页模板。
④ 投放落地页前，为用户在落地页上的互动行为设计好相应的标签。

三、实验流程及关键步骤

（一）实验流程

请根据如图 6-25 所示的步骤进行任务设置。

图 6-25　实验四——实验流程

（二）实验关键步骤

1. 新增落地页分类

落地页是常用的营销工具，可以将相同属性的落地页设为一个类型，以便于管理，如图 6-26 所示。

2. 新增落地页

点击型落地页的作用是承接流量，将流量分发到商品详情页面或者其他电商页面（如官方

网站、第三方 H5 页面、小程序等）并促进用户转化。注意根据产品以及营销整体需要选择合适的落地页模板。具体见图 6-27。

图 6-26　实验四——落地页设置（新增落地页分类）

图 6-27　实验四——落地页设置（新增落地页）

3. 关联落地页标签

对每一个落地页浏览行为打上标签，从而能够为浏览过落地页的用户开展进一步的营销行动，并用于投放后的数据分析。落地页的效果评估是数据，而不是设计。所以在落地页制作过程中，必须要以客户数据收集为重点，以转化为目标。具体见图 6-28。

图 6-28　实验四——落地页设置（落地页标签设置和关联）

4. 新增投放渠道

为了统计每一个渠道的投放效果，可以针对同一个落地页绑定多个投放渠道，记录不同渠道不同场景中所带来的流量。具体见图 6-29。

图 6-29　实验四——落地页设置（落地页投放渠道设置）

5. 关联投放渠道标签

针对通过不同渠道进入的客户打上相应渠道标签，可以了解哪个投放渠道最有效，并根据投放的实际情况，不断优化落地页页面结构、文案以及投放渠道。具体见图 6-30。

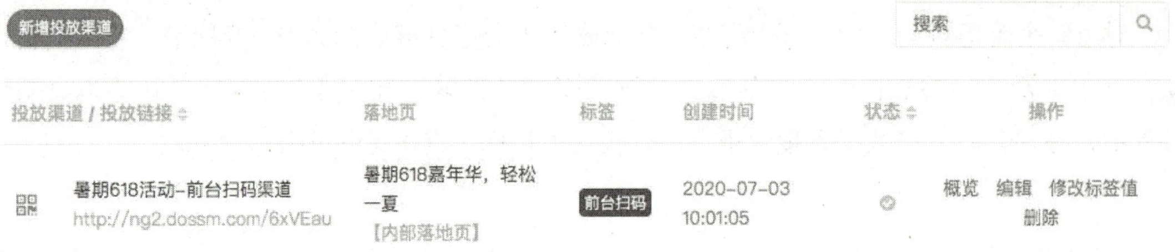

图 6-30　实验四——落地页设置（落地页投放渠道标签设置）

四、实验结果

① 完成落地页的制作并成功发布后可以正常通过手机浏览。

② 落地页投放后，可分享到实验群里，让大家评价，一天后观察落地页的访问数据，比如浏览量、浏览时长、转化率、跳出率等。

③ 如果投放到多个渠道，可以通过数据评估分析渠道投放的效果。

④ 点击落地页后，该用户画像中将增加浏览该落地页的标签。

⑤ 实验报告：撰写实验报告，描述实验过程并进行实验总结。

实验五　向客户通过微信模板消息推送内容的设置

一、实验背景和目的

在营销自动化对客户进行精准推送内容的整个过程中，对合适的用户采用合适的推送方式进行合适的内容推送是最终的目的。在 DOSSM-CDP 中，可以通过微信消息推送（包括微信模板消息、微信图文消息、微信文本消息、微信图片消息等）、电子邮件、短信等多种方式向目标用户进行内容推送。

本实验的目的是掌握以营销自动化为主要应用向用户推送内容的方法。本实验任务仅仅要求通过微信模板消息进行内容推送。微信模板消息是微信官方为微信公众平台运营者提供的消息推送功能，消息以固定格式的模板通知粉丝。微信模板消息用于用户触发后的通知消息，不允许在用户没做任何操作或未经用户同意接收的前提下，主动下发消息给用户。目前在特殊情况下允许主动下发的消息只有故障类和灾害警示警告类通知，除此之外都要经过用户同意或用户有触发行为才能下发微信模板消息。换而言之，微信模板消息仅用于公众号向用户发送重要的服务通知，只能用于符合其要求的服务场景中，严禁用户未接受服务而向其推送微信模板消息。发送微信模板消息的前提是内容不涉及广告营销骚扰用户，一经发现内容涉及营销骚扰将有可能遭受微信的处罚。此外，公众号只能在模板库中按照自己的行业来选择模板。如果模板库中暂时没有合适的模板，在满足要求的情况下，可以为所在的行业贡献新模板，帮助充实模板库。

二、实验工具和材料

（一）实验工具要求

1. 用户数据平台
2. 营销自动化系统
3. 支持模拟实验的微信公众平台服务号教学版

（二）实验材料要求

1. 实验场景设计

满意度调研是旅游和酒店业为了提升服务质量而常用的一种方法，但大多数都是在服务现场放置问卷调研表，或者定期主动联系部分客户进行调研。采取营销自动化调研的方式向客户进行满意度调研，则提高工作效率，并有助于对数据进行快速收集和分析。本实验要求向参与实验的客户进行满意度调研，调研问卷使用微信模板消息进行推送。

2. 实验材料准备

① 微信模板消息示例如图 6-31 所示。

② 准备对酒店住店客人进行满意度调研的落地页。落地页仅需要询问客人是否满意，客人回复"满意"或者"不满意"即可。

③ 针对回复"满意"和"不满意"的客户，设计一个营销自动化规则。对于满意的客户，推送下一次消费的电子优惠券；针对不满意的客户，向客户自动道歉并自动推送优惠券作为补偿，或者直接通知客户服务人员跟进。

图 6-31 实验五——部分材料准备示例

三、实验流程及关键步骤

（一）实验流程

请根据图 6-32 的步骤进行任务设置。

图 6-32 实验五——实验流程

（二）实验关键步骤

在用户数据平台（CDP）及营销自动化系统中，按照如下关键步骤进行任务设置。

1. 设置微信回复消息

① 微信模板消息：在微信公众号官方原生管理后台的消息模板中找到适合的模板消息，在用户数据平台（CDP）中进行关联。在本次实验任务中，微信模板消息将默认已经选择好。

具体见图 6-33。

图 6-33　实验五——微信模板消息设置示例

② 微信图文消息：用于用户在点击微信模板消息产生互动行为后，向用户自动化推送的第二条内容。具体见图 6-34。

图 6-34　实验五——微信图文消息设置示例

2. 设置满意度调研落地页

完成调研页面的标题、简介以及相关调研问题、标签的设置，如图 6-35 和图 6-36 所示。

图 6-35　实验五——问卷调研标题简介设置

图 6-36　实验五——问卷调研问题及标签设置

3. 设置推送模板和推送内容具体见图 6-37。

在选择微信模板消息推送方式后，还需要对微信模板消息内容进行编辑。微信模板消息用来帮助公众号进行业务通知，开发者在模板内容中需要设定参数，在调用时为这些参数赋值并发送消息，如图6-38所示。

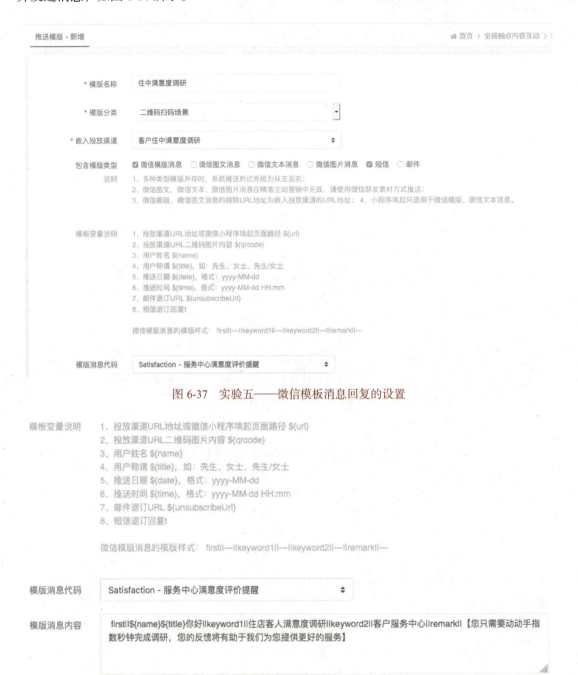

图6-37 实验五——微信模板消息回复的设置

图6-38 实验五——微信模板消息回复的内容设置

4. 设置营销自动化规则

企业在进行营销活动时可选用多种类型的沟通方式，包括不同类型的微信消息回复、短信和电子邮件。在DOSSM-CDP系统中，如果一个关注了微信公众号的客户也预留了手机号码和电子邮件，系统不会同时用微信消息回复、短信和电子邮件三种方式向客户推送信息，而是优先使用微信消息回复。如果客户没有关注微信但留有手机号码或者电子邮件，则优先使用短信或邮件的方式推送信息。

根据实验设计，在客户回复"满意"或者"不满意"后，要设置营销自动化规则进行跟进。如图6-39所示，根据营销自动化规则，第一步向客户以微信模板消息的方式推送满意度调研表；第二步根据客户的反馈情况设置子规则。针对满意的客户，触发下一次消费的优惠券；针对不满意的客人，可以先用微信文本消息致歉，并提供免费消费券作为补偿，还可以通过客户服务人员人工跟进。

图 6-39　实验五——营销自动化规则设置（满意度调研规则）

如图 6-40 所示，对于调研不满意的客户，还可以设置一个营销自动化规则，即通过短信的方式通知客户服务人员跟进，以便进行更好的"危机"公关。

图 6-40　实验五——营销自动化规则设置（人工跟进规则）

四、实验结果

① 满意度调研落地页设计完成。

② 向参与实验的客户通过微信模板消息成功推送满意度调研，客户点击后进入满意度问卷调研落地页。

③ 满意度问卷填写完成后，根据"满意""不满意"的回复，自动触发子规则，推送不同的内容。

④ 调研不满意的客户，将通过短信方式转人工跟进。

⑤ 实验报告：撰写实验报告，描述实验过程并进行实验总结。

实验六　电子优惠券和体验券的设置

一、实验背景和目的

消费券是营销和客户管理的基本手段。在旅游和酒店业，消费券很多都是纸质载体。随着互联网技术的发展和各种数字化应用的普及，纸质载体的各类卡、券和凭证也走向数字化载体。电子优惠券是企业为消费者购买商品或者参与某项促销活动，享受某种特殊权益而发行的数字化凭证。在营销和客户关系管理系统中，对各种电子优惠券的管理已经是必不可少的功能。常用的电子优惠券类型如下：

① 代金券——消费者持券消费可抵用部分现金。

② 折扣券——消费者持券消费可享受消费折扣。

③ 体验券（消费券）——消费者持券消费可体验或消费部分服务。

④ 礼品券——消费者持券消费可领用指定礼品。

⑤ 特价券——消费者持券消费可购买特价商品。

⑥ 换购券——消费者持换购券可换购指定商品。

⑦ 通用券——消费者持券可以跨门店、跨产品使用。

电子优惠券在数字营销和客户数据化运营中如果运用得当，可以起到保护价格体系、增加客户黏性、洞察客户需求、分析营销效果和客户活跃度的作用。当电子卡券管理系统和微信公众平台对接后，电子券还起到传播和发展粉丝的作用。此外，电子卡券管理系统和微信平台打通后，电子优惠券还可以同步到微信卡包中。

本实验的目的学习电子优惠券的设置和使用要点，包括对电子优惠券的使用打上相应的标签，但不需要将实验用的电子优惠券设置到微信卡包中。

二、实验工具和材料

（一）实验工具要求

1. 社交型客户关系管理系统（SCRM）

2. 电子卡券管理系统

3. 营销自动化系统

4. 会员储值卡管理系统（以便在实验环节用券购买商品体验）

5. 支持模拟实验的微信公众平台服务号教学版

（二）实验材料要求

1. 实验场景设计

针对微信商城中的某个产品分别设置代金券、折扣券和体验券（消费券），并设计每一种电子优惠券的使用规则。

2. 实验材料准备

① 电子优惠券的批次和内容。

② 电子优惠券的使用限制和规则。

③ 电子优惠券的领用方法。

④ 电子优惠券使用行为的相关标签。

⑤ 电子优惠券的使用提醒以及到期前的模板消息通知。

⑥ 电子优惠券的核销设置。

三、实验流程及关键步骤

（一）实验流程

请根据图 6-41 的步骤进行任务设置。

图 6-41　实验六——实验流程

（二）实验关键步骤

在系统中，按照如下关键步骤进行任务设置。

1. 设置卡券基本信息

图 6-42 和图 6-43 对电子优惠券的使用规则进行了详细的设置（最低适用金额、发行数量、每人最多免费领取电子优惠券张数、是否可以叠加其他电子优惠券使用、是否允许通过微信转赠朋友、使用有效期或者有效天数等）。在设置卡券批次，完成卡券基本信息及使用规则设置后，如果电子优惠券是允许用户免费领取，可在卡券批次中设置相关链接让用户点击就可以领取，如图 6-44 所示。

2. 关联卡券标签

电子卡券的使用行为可以反映客户的消费习惯和偏好。而跟进用户对电子卡券的使用行为，及时提醒客户使用或者为使用完毕的客户再次发放将有助于客户转化率提升。因此，需要对客户的用券行为打上相应的标签，以便对客人用券偏好进行数据分析和用券行为跟进。

具体见图 6-45。

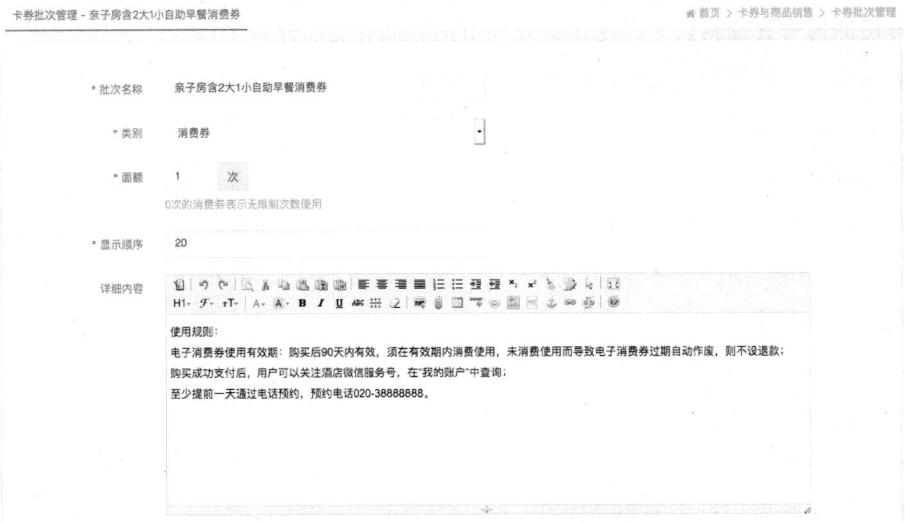

图 6-42　实验六——设置卡券基本信息

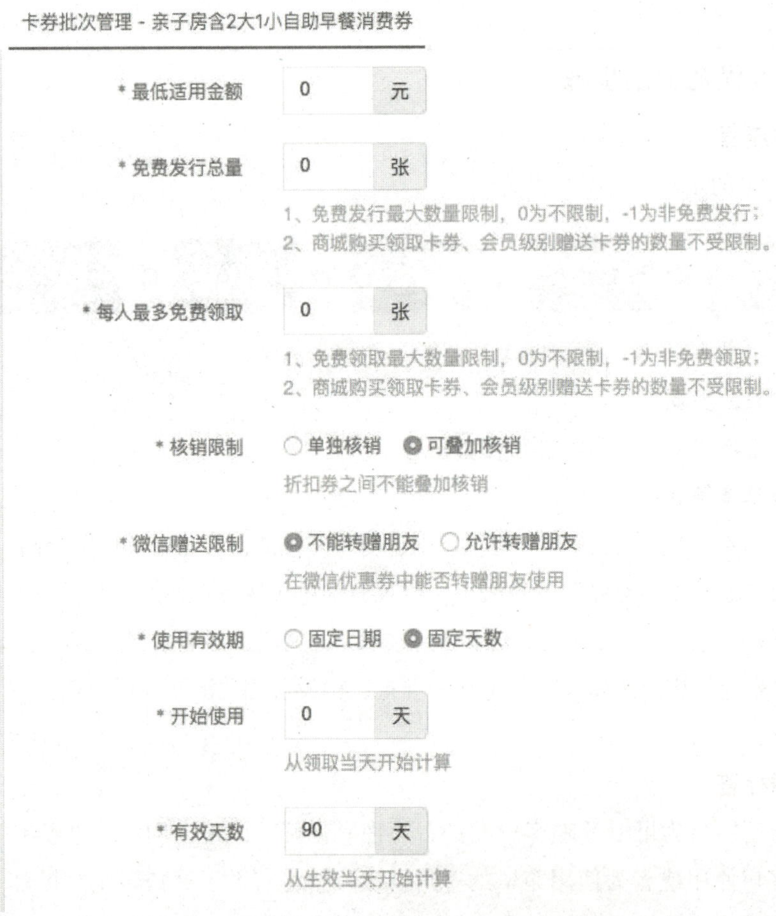

图 6-43　实验六——设置电子优惠券的使用规则

图 6-44 实验六——设置领取电子优惠券的二维码

图 6-45 实验六——电子优惠券标签关联

3. 设置卡券到期提醒

对即将到期的电子优惠券进行提醒有助于电子优惠券使用率的提升。在微信公众号管理后台选择合适的卡券到期提醒消息模板后,将微信消息的 ID 与后台完成关联绑定。在模拟实验项目中,这个步骤无须做,默认关联对应的微信模板消息。具体见图 6-46。

图 6-46 实验六——卡券到期提前七天提醒设置

4. 核销卡券

在行业实际应用中，电子卡券的核销可以通过专门的设备和手持终端扫码核销。在本实验中，要求登录系统后台，根据客人卡券编号进行搜索完成后台核销。具体见图 6-47。

图 6-47　实验六——电子卡券的核销后台

四、实验结果

① 代金券、折扣券和消费券设置完成，点击链接或者扫码可以领取到个人账户中。
② 购买商品可以使用代金券和折扣券。
③ 电子优惠券可以通过微信分享功能赠送给好友使用。
④ 客户领取和核销电子优惠券后个人画像中有相应标签。
⑤ 实验报告：撰写实验报告，描述实验过程并进行实验总结。

实验七　基于消费者关键接触点的客户接触方案设置

一、实验背景和目的

现代营销学大师菲利普·科特勒 2019 年 10 月在北京的科特勒未来营销峰会上谈到数字化影响到各个行业，使得营销进入"营销革命 4.0"阶段。在 4.0 这个阶段，企业首先要绘制消费者旅程地图（Consumer Journey Map, CJM），然后在消费者旅程中找到接触点，并保证每个接触点上的工作都有效。在消费者旅程中，按照时间次序，有很多与客户交集的点，这些点被称为接触点。在移动互联网和社交媒体普及运用的今天，每个接触点不仅仅是创造用户体验的地方，也是企业开展营销转化的地方。

在旅游和酒店行业，围绕消费者旅程图，有很多接触点，其中在服务现场的接触点特别关键，因为每一个服务过程的接触点都是影响客户留存、客户推荐的关键因素。此外，当客户来自多个渠道，企业需要将多渠道的客户都引导到自身的移动端或者微信端，从而不断壮大"私域流量池"。基于服务现场的消费者关键接触点将客户引导到微信端是企业开展数据化运营的重要手段。

本实验的目的是学习利用用户数据平台和营销自动化工具在服务场景中的关键接触点将线下客户引导到微信端的方法。这种方法不是简单的让客户关注微信公众号，而是通过分析客户在接触点的需求，将二维码作为满足客户需求的入口，将客户所需要的服务或者内容作为"诱饵"，引导客户关注。这种做法可以视为一种智能化的服务营销模式（Smart Service Marketing），在客户需要的时候及时提供所需要的服务和内容，同时满足了客户连接的数据化运营要求。

二、实验工具和材料

（一）实验工具要求

1. 用户数据平台
2. 营销自动化系统
3. 支持模拟实验的微信公众平台服务号教学版
4. 二维码美化工具

（二）实验材料要求

1. 实验场景设计

根据四季酒店集团发布的研究报告表明，自2012年，59%的商务或者度假客人会在住酒店期间搜索酒店所在区域的活动信息。在客房内，客人平均会花费18.3分钟搜索目的地信息。根据这个调研报告，请在酒店客房这个关键接触点中，设计客户接触和连接方案。

2. 实验材料准备

① 根据四季酒店集团的报告，选择所熟悉的一个酒店，对酒店周边信息进行搜索和整理，用于客户连接"诱饵型内容"的制作。

② 策划好营销自动化的规则，在合适的接触点、合适的时间向合适的客户推送合适的内容。

三、实验流程及关键步骤

（一）实验流程

请根据如图6-48所示的步骤进行任务设置。

图6-48 实验七——实验流程

（二）实验关键步骤

1. 分析接触点客户需求

对选好的接触点进行用户显性需求和隐形需求的分析，并提出相应的内容解决方案。这个内容将作为吸引用户扫码的“诱饵”。本实验中，根据四季酒店的调研报告，住店客人的需求是酒店周边信息。

2. 设置带参数的二维码，并进行二维码美化制作

针对所选择的关键接触点，设置一个带参数二维码并关联相应的标签，以便统计分析扫码的效果。具体见图 6-49、图 6-50。

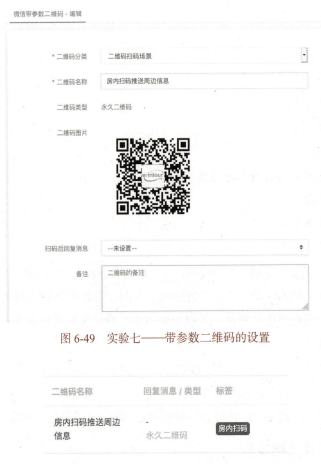

图 6-49　实验七——带参数二维码的设置

二维码名称	回复消息 / 类型	标签
房内扫码推送周边信息	- 永久二维码	房内扫码

图 6-50　实验七——二维码及标签的关联

3. 设置落地页及推送方式

将整理的酒店周边信息制成落地页。这一步可以在 DOSSM-CDP 中选择落地页模板进行修改设置，并对该落地页的用户互动行为打上相应的标签。具体见图 6-51、图 6-52。

完成落地页设置后，设置客户接收该内容信息的方式。根据用户互动行为和场景营销需要，可以设置通过微信给用户推送微信图文消息、微信图片消息、微信文本消息或者通过短信、

电子邮件推送消息。本实验要求通过微信图文消息推送。具体见图 6-53。

图 6-51　实验七——落地页的设置

图 6-52　实验七——落地页标签的设置

图 6-53　实验七——推送方式的设置

4. 设置营销自动化规则

当用户在接触点完成扫码后，立即收到根据营销自动化规则匹配的内容"诱饵"。营销自动化规则可以设置多个分支规则，即用户完成对首个接触点扫码获取"内容诱饵"后，针对用户的后续动作还可以设置多个自动化规则。具体见图6-54。

图6-54　实验七——营销自动化规则的设置

5. 数据洞察，通过报表了解当前推送的浏览互动情况

通过全接触点内容互动→数据洞察查看落地页运营效果，包括分享次数、分享人数、转换率等数据，还可从行政区域、区域数据、投放渠道、推送方式、社交传播关系等多维度进行数据分析。

四、实验结果

① 当客户在触点扫了带参数二维码后可以得到微信图文消息的推送，点击图文消息正常访问落地页。

② 落地页设计和内容符合当前接触点上的客户需求。

③ 能够对推送的落地页的各种互动数据进行查看和分析。

④ 实验报告：撰写实验报告，描述实验过程并进行实验总结。

实验八　线下用户数据转化为微信端用户的方案设置

一、实验背景和目的

在客户增长模型中，客户连接是要求将不同渠道的客户都尽可能转到移动端。因为只有在移动端，才能实现客户的识别和数据的流转。在旅游和酒店业，线下是客户主要的体验场景，无论客户来自哪个渠道，都需要到线下来消费。无论是旅行社、景区、会展还是酒店业，线下客户都有一定的规模。在"实验七"中,基于消费者旅程和关键接触点,只要设置要相应的"内容诱饵",可以将客人从线下引导到线上。

在实际运营场景中,客户不仅仅在接触点上,企业其实往往还有很多用户数据,这些用户数据分布在不同的系统工具中(比如 PMS 管理系统、天猫、京东)。企业只能通过短信或者电子邮件和这些客人进行单向联系。如果能够将这些用户都引导到移动端或者微信端,将使得企业和客户之间的互动性大大加强,并能够开展更有效的数据化运营。

本实验的目的是从第三方含有用户数据的系统中导出用户数据,然后将这些用户数据采用非对接的方式导入到用户数据平台(CDP),然后对这些用户数据进行分析后打上相应的标签,形成用户画像,再利用用户数据平台的营销自动化功能向这些客户发送短信,目的是将这些非移动端的客户发展到移动端。

二、实验工具和材料

(一)实验工具要求

1. 用户数据平台
2. 营销自动化系统
3. 短信平台
4. 电子卡券管理系统
5. 支持模拟实验的微信公众平台服务号教学版

(二)实验材料要求

1. 实验场景设计

某旅游企业有大量的线下用户数据,这些用户数据分散在不同的管理系统、电商系统和客户关系管理系统中。这些数据都可以导出 Excel 表格,需要把这些用户引导到企业微信公众号。有两种做法,一种是通过系统向这些用户发行一张电子优惠券,然后通过短信引导用户关注微信公众号再注册获得电子优惠券;还有一种比较简单的做法,就是直接向这些客人发送短信,告知新用户关注微信公众号回复关键字即可获得电子优惠券,如果是已经关注的客户,回复关键字不发送卡券。在本实验中,仅需要按照第二种方法实践即可。

2. 实验材料准备

① 5~10 个实验用户以及他们的信息(包括性别、姓名、城市、手机号码)。并将他们的信息制成一个 Excel 表格。

② 引导用户连接的短信内容以及电子优惠券。

三、实验流程及关键步骤

(一)实验流程

请根据如图 6-55 所示的步骤进行任务设置。

图 6-55　实验八——实验流程

（二）实验关键步骤

1. 导入用户数据

将为实验准备的用户数据以 Excel 格式导入到用户数据平台，并对每一个导入的用户数据打上相应的标签，如用户类型标签、来源标签等，以便对用户进行分群管理。具体见图 6-56、图 6-57。

图 6-56　实验八——导入用户数据

图 6-57　实验八——关联用户标签

2. 设置电子卡券

设置电子卡券的基本信息及使用规则，并生成电子卡券领取链接。用户点击链接可完成卡券领取。具体见图 6-58、图 6-59。

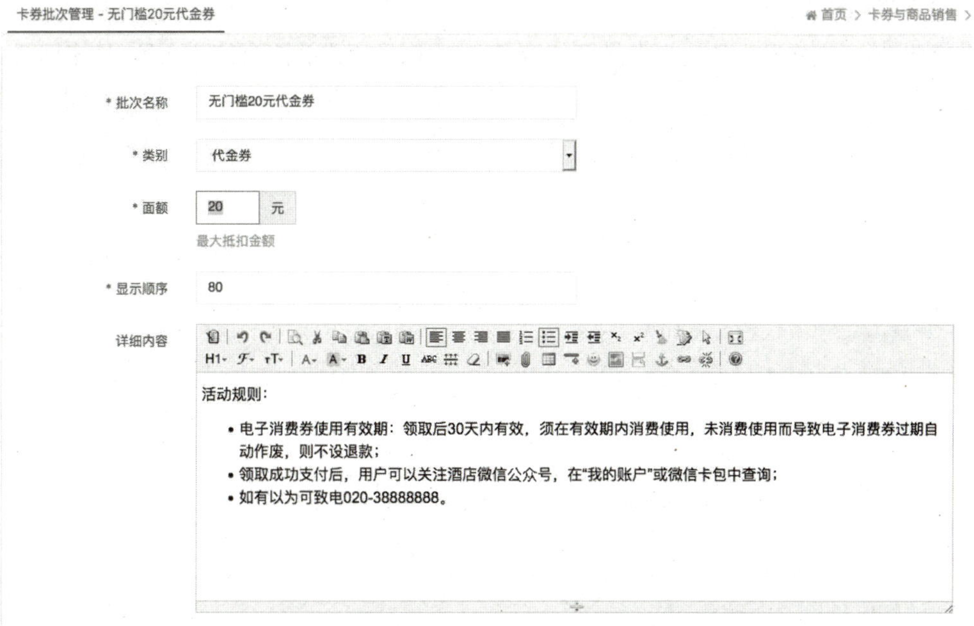

图 6-58　实验八——电子卡券基本信息设置

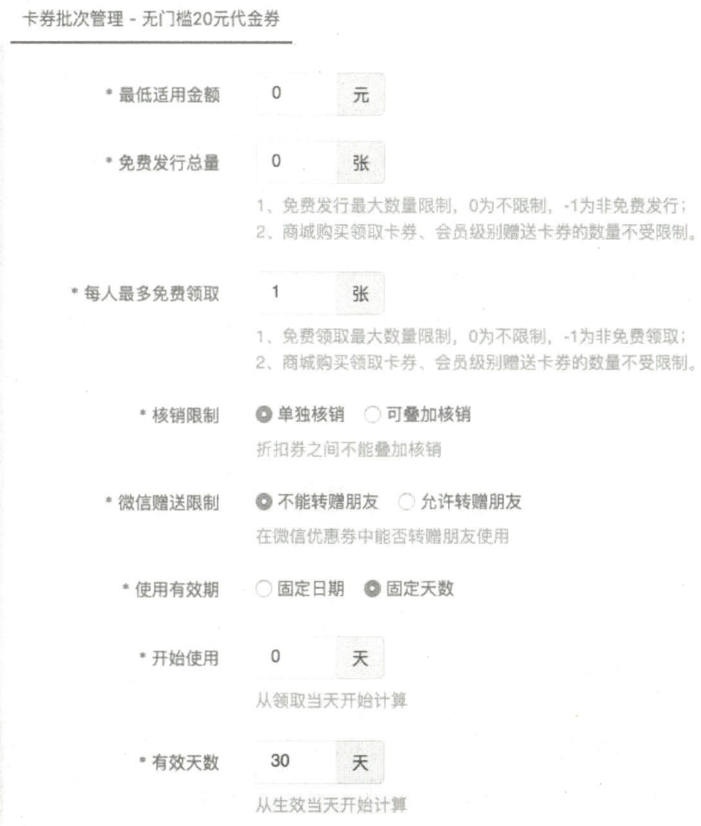

图 6-59　实验八——电子卡券使用规则设置

3. 设置推送短信

向这些 Excel 表格导入的用户发送短信。在短信中引导用户关注微信公众号。具体见图 6-60、图 6-61。

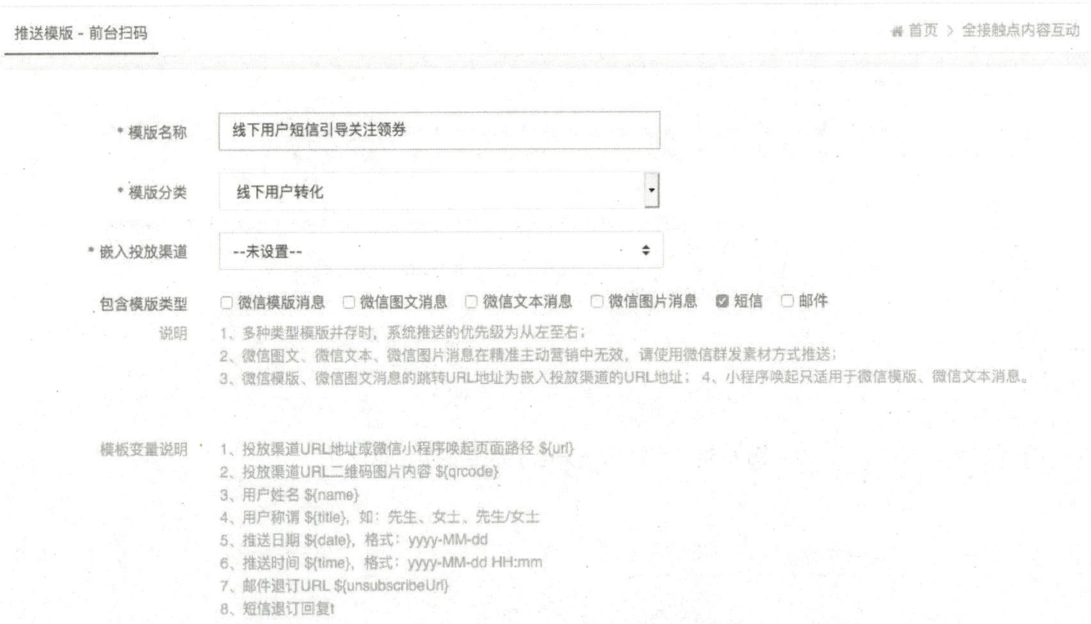

图 6-60 实验八——短信推送方式的设置

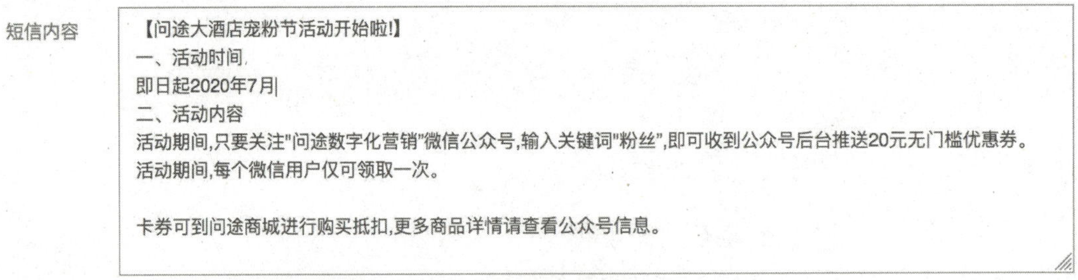

图 6-61 实验八——短信推送内容的设置

4. 设置关键字及回复内容

如图 6-62 和图 6-63 所示，对关键词进行设置并对客户在关键词的互动行为设置好标签，用于营销自动化规则的触发以及后续的数据统计。对于符合条件的用户推送电子卡券领取信息，不符合条件的客户发送活动规则的知会并表示感谢。设置过程如图 6-64 和图 6-65。

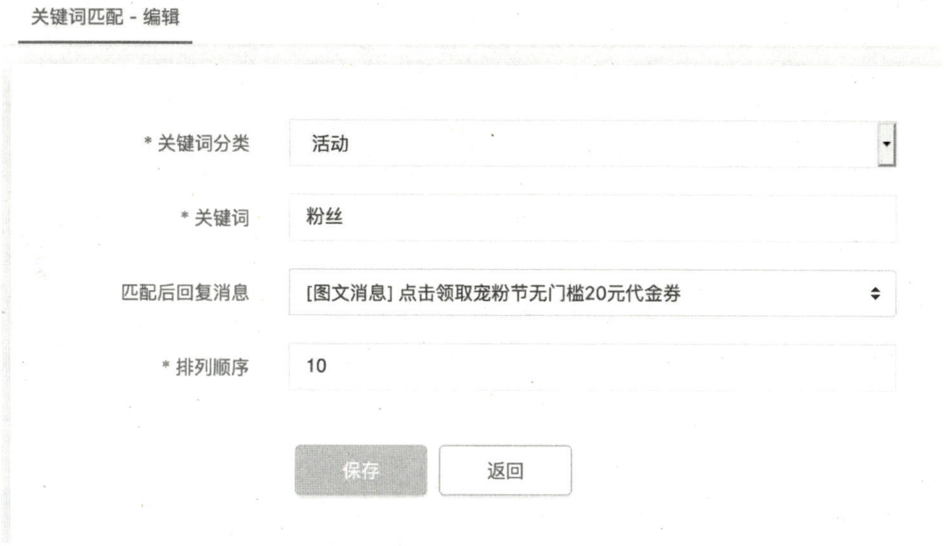

图 6-62　实验八——关键词设置

图 6-63　实验八——关键词关联标签

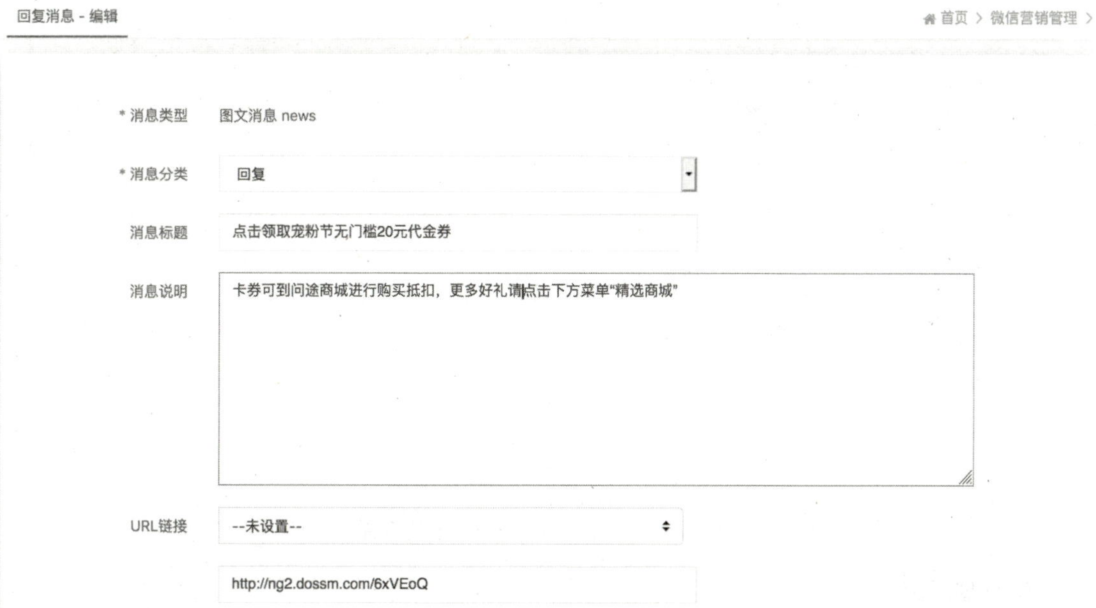

图 6-64　实验八——符合条件用户推送卡券信息

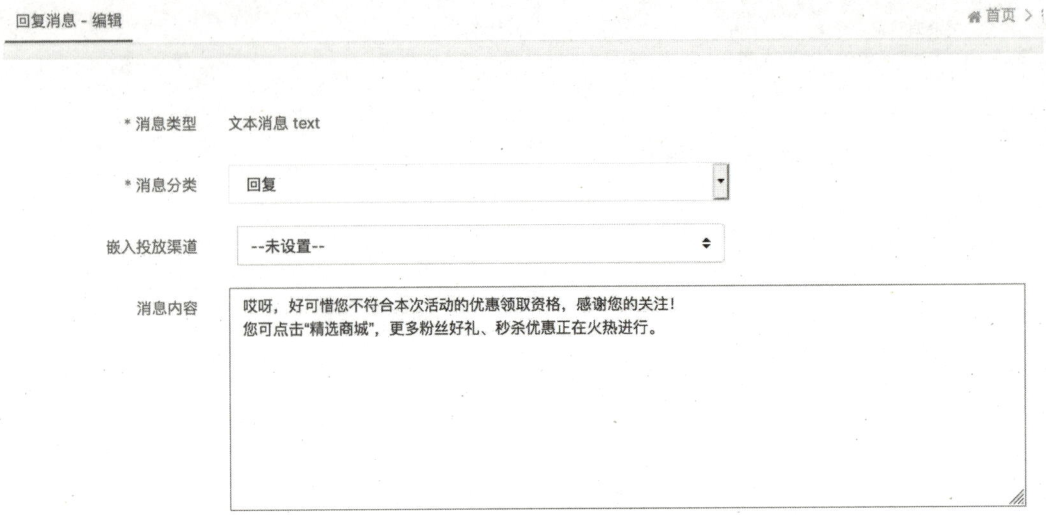

回复消息 - 编辑
首页 >
* 消息类型
文本消息 text
* 消息分类
回复
嵌入投放渠道
--未设置--
消息内容
哎呀，好可惜您不符合本次活动的优惠领取资格，感谢您的关注！
您可点击"精选商城"，更多粉丝好礼、秒杀优惠正在火热进行。

图 6-65　实验八——不符合条件用户推送感谢及其他活动信息

5. 设置精准营销及营销自动化

① 精准营销的设置是针对导入的有手机号的客户，发送关注公众号后可免费领取无门槛代金券的活动短信，完成非移动端客户转化为微信端客户的任务。

② 营销自动化的设置是根据客户关注后发送关键字内容进行推送，当回复关键字的客户是首次关注的，则会收到点击领取优惠券的推送；如果是不符合条件的客户，也会收到告知其不符合参与活动领取条件的消息回复并感谢支持。

具体见图 6-66、图 6-67。

精准推送活动 - 线下客户转化
首页 > 精准主动营销 > 精准推送设计
1
基本信息
2
目标线索
3
有效时间段
4
筛选行为
5
动作计划
线下客户转化 - 线下客户转化
返回
开始筛选线索
基本信息
导入手机号码用户
本周五早上10点
所有符合用户
推送活动短信

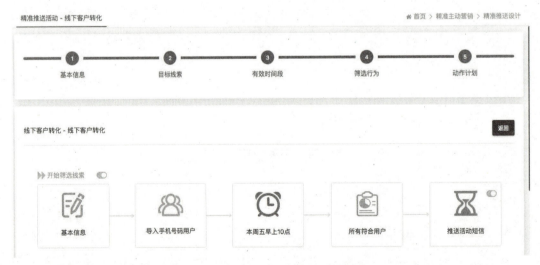

图 6-66　实验八——精准营销的设置

6. 数据洞察

通过漏斗模型了解活动的转化情况。具体见图 6-68。

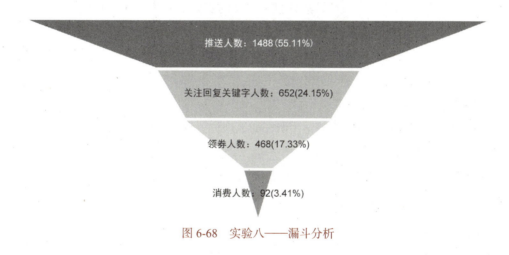

图 6-67 实验八——营销自动化的设置

图 6-68 实验八——漏斗分析

实验九 基于用户地理位置的用户互动活动设置

一、实验背景和目的

基于位置服务（Location-Based Service，LBS）是移动互联网的基本应用场景，是指通过定位技术确定持智能终端用户所在的地理位置，然后提供与位置相关的各类信息服务。随着移动互联网的普及，LBS 技术正在改变消费者的生活方式和消费者旅程。

在我国旅游和酒店业，手机网站、微信公众号和小程序、智能手机客户端 APP 在对客服务中已经是基础工具，这些工具的基础功能之一都是 LBS 服务。企业通过定位技术获取消费者智能终端所在的位置，然后通过移动互联网向定位的智能移动终端发送精准的内容和服务。

LBS 服务和社交媒体结合而产生的社交网络位置服务，使得社交互动不仅基于关系，还可以基于地理位置属性，把地理位置信息作为建立互动型客户关系的媒介，向客户提供更有趣、更丰富且互动性更强的个性化服务。

本实验的目的是将微信公众号和营销自动化结合起来进行应用，向参与实验的客户基于地理位置进行营销自动化活动方案的策划、设置和实施，从而掌握基于LBS的社交媒体互动方法。

二、实验工具和材料

（一）实验工具要求

1. 用户数据平台
2. 营销自动化系统
3. 支持模拟实验的微信公众平台服务号教学版

（二）实验材料要求

1. 实验场景设计

某酒店附近有很多景点和网红打卡点，为了与住店客人有更好的互动，请为该酒店设计一条打卡线路，参与活动的客户根据酒店的打卡线路的安排，去各个打卡点游览。每当到了一个打卡点，客户需要在酒店微信公众号中上报准确位置，微信公众号随即给客户推送当前打卡点的内容以及打卡活动参与进度提醒，吸引客户继续完成活动。当客户完成所有打卡活动，颁发证书及优惠券的奖励。

2. 实验材料准备

① 根据实验场景设计，围绕实验学生所在的地理位置设计一个模拟的打卡线路。
② 每个打卡点的落地页的图文内容。
③ 打卡任务完成后的奖励内容。

三、实验流程及关键步骤

（一）实验流程

请根据如图 6-69 所示的步骤进行任务设置。

图 6-69　实验九——实验流程

（二）实验关键步骤

1. 设置地理位置标签

设置打卡地点以及该地点的经纬度，见图 6-70、图 6-71。

2. 设置带参数二维码

当客人用微信扫码后，可直接以微信图文消息方式推送活动介绍。具体见图 6-72。

图 6-70　实验九——标签基本信息设置

图 6-71　实验九——基于经纬度的地理位置设置

图 6-72　实验九——带参数二维码的设置

3. 设置回复消息内容

从打卡起点开始到每一个打卡点,客户扫码后的微信消息回复内容设置包括以下4个内容:

① 客户扫描活动信息二维码后收到的活动介绍图(通过落地页)。

② 客户在各打卡点发送地理位置后收到当前打卡点的信息落地页。

③ 当前打卡活动进度提醒(通过微信文本消息)。

④ 完成所有打卡点打卡活动后的证书信息(通过微信图片消息)。

具体见图 6-73、图 6-74、图 6-75。

图 6-73　实验九——落地页设置

图 6-74　实验九——文本消息回复(完成打卡后活动进度)

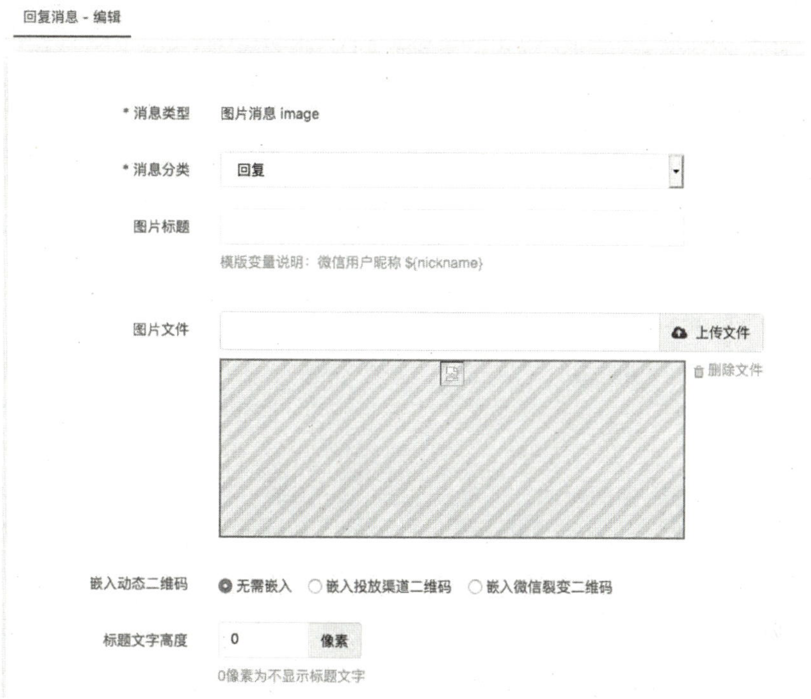

图 6-75　实验九——微信图文消息设置（完成打卡后证书展示）

4. 设置营销自动化规则

针对完成某个打卡点发送地理位置打卡点，自动推送当前打卡点的图文信息与活动进度提醒。当完成所有打卡任务后，系统自动推送任务完成的证书以及电子优惠券领取信息。具体见图 6-76、图 6-77。

图 6-76　实验九——营销自动化设置（活动消息提醒）

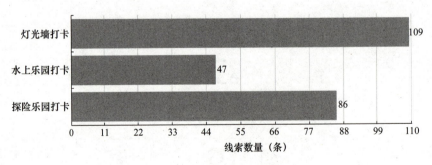

图 6-77　实验九——营销自动化设置（活动进度提醒）

5. 数据洞察

通过数据洞察可以了解不同打卡点上扫码客户的数量，客户扫码后参与浏览互动行为的情况，同时也能知道参与活动的客户总数与最终完成所有打卡点的客户比例，从而分析本次活动的整体效果。具体见图 6-78。

图 6-78　实验九——数据洞察

四、实验结果

① 客户在指定的地点发送地理位置打卡，以微信图文消息回复方式收到当前打卡信息推荐，点击可以浏览具体落地页。

② 客户完成所有打卡点打卡，自动获得荣誉证书与电子优惠券。

③ 实验报告：撰写实验报告，描述实验过程并进行实验总结。

实验十　通过许可电子邮件营销发展粉丝的设置

一、实验背景和目的

许可电子邮件营销是指在用户留有电子邮箱并同意企业将其纳入邮件发送列表的情况下,企业通过电子邮件向目标用户传递企业有价值信息的一种数字营销方法,起到促进企业品牌推广、直接销售和增强客户关系的作用。

以营销和客户关系为目的电子邮件是与客户互动的工具之一,邮件内容要素包括邮件设计模板、图片、文案、链接、按钮等。这使得邮件接收者在电子邮件上有一定的互动行为,例如打开电子邮件,点击邮件中的链接、扫邮件内容中的二维码等。这些互动行为可以反映用户对这个电子邮件的接受程度。通过对这些互动行为以及后续行为的分析,可以将发送邮件的客户分组,并针对性采取进一步的营销行动来提升客户转化率和客户体验。

在大多数情况下,电子邮件营销者需要对邮件到达率、邮件弹回率、邮件打开率、网页点击率等数据进行分析。随着二维码的普及,将二维码嵌入到电子邮件中,并呼吁客户通过二维码获得进一步的服务,这样电子邮件营销还可以起到"客户连接"的作用。

本实验的目的是通过许可电子邮件营销将邮件列表用户发展成为微信公众号的粉丝,从而进一步加深对用户数据采集技巧的掌握。

二、实验工具和材料

(一)实验工具要求

1. 用户数据平台
2. 营销自动化系统,且需要支持电子邮件的发送
3. 支持模拟实验的微信公众平台服务号教学版

(二)实验材料要求

1. 实验场景设计

策划一个电子邮件营销方案,针对用户数据平台中未关注公众号但留有电子邮件地址的客户群体发送电子邮件,引导客户关注微信、参与营销活动的方案。

2. 实验材料准备

① 参与实验的电子邮件列表,包括数十个用户的电子邮件信息。
② 策划一个吸引人的活动,以便通过邮件发送活动内容。
③ 电子邮件模板和内容的准备。
④ 带参数二维码的制作:邮件模板中将嵌入带参数二维码,起引导电子邮件客户转移到微信公众号的作用。二维码的颜色要设计得足够有吸引力,有官方LOGO。
⑤ 二维码下方放一句简短而有吸引力的行为号召短语,用于吸引用户扫码。

三、实验流程及关键步骤

（一）实验流程

请根据如图 6-79 所示的步骤进行任务设置。

图 6-79　实验十——实验流程

（二）实验关键步骤

1. 设置带参数二维码及回复内容

① 新增带参数二维码：二维码可以根据需要选择永久二维码或者临时二维码。正常情况下，临时二维码有最长 30 天的时效性，过期失效，但生成的数量不受限制。而永久二维码在微信公众号中最多为 10 万个，但是没有过期时间。在电子邮件中要根据场景和需要确定使用哪种类型的二维码。如果是仅仅统计电子邮件渠道的用户来源，可以使用永久二维码；如果是统计哪个邮件的用户来源比较多，用临时二维码即可。具体见图 6-80。

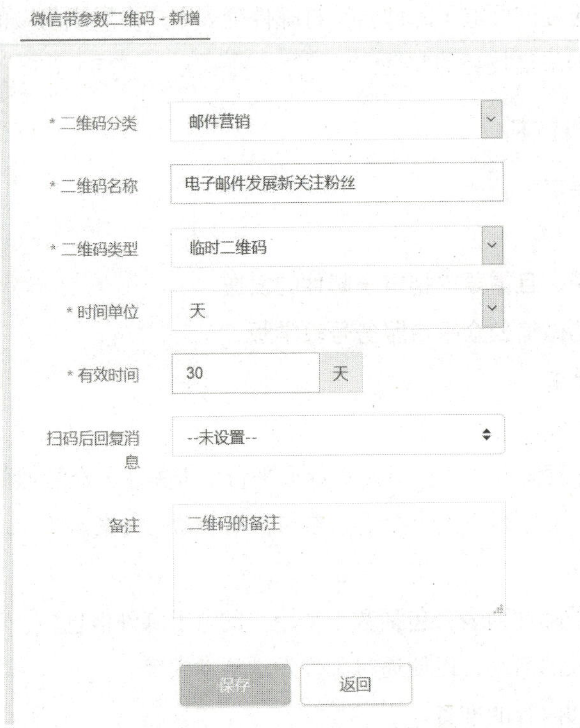

图 6-80　实验十——带参数二维码的设置

② 为邮件中的二维码创建相关的标签：如图 6-81 所示，创建与电子邮件获客渠道以及邮件内容相关的标签，以便对用户行为进行跟进以及后续的营销效果统计分析。

图 6-81　实验十——二维码与标签关联

③ 设置关注后回复的消息内容，与二维码进行关联。电子邮件接受者扫码后关注微信公众号，可以收到个性化的消息回复，如图 6-82 所示。

图 6-82　实验十——设置扫码后回复内容

2. 设置推送模板

在 DOSSM–CDP 的模板中选择合适的电子邮件模板，并将活动的图文信息以及带参数二维码在邮件模板中进行设置。具体见图 6-83。

图 6-83　实验十——选择邮件模板

3. 设置精准营销规则

针对参与实验的已留邮箱但未关注微信公众号的用户，制定一个主动推送的精准营销规则。当用户收到邮件，通过邮件中内容以及行为召唤（CTA）引导扫描带参数二维码，即可关注微信公众号，同时收到更多内容的推送。DOSSM-CDP 系统会自动为用户标记上"电子邮件引导用户关注微信"等标签。具体见图 6-84。

图 6-84　实验十——精准推送活动设置

4. 数据洞察

邮件发送后是一个不断优化的过程，优化需要数据的支持，通过 DOSSM-CDP，运营人员可以进行详细的数据分析，通过漏斗分析和 H5 页面流量分析了解营销效果。具体见图 6-85。

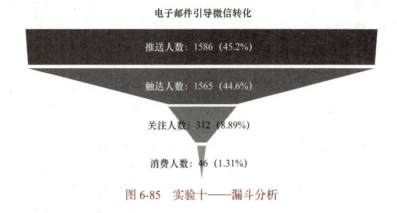

图 6-85　实验十——漏斗分析

四、实验结果

① 电子邮件营销设置和推送成功：参与实验的用户成功收到电子邮件，并进行扫码关注操作，收到预设的图文消息。

② 用户标签记录成功：用户扫码带参数二维码并关注企业微信公众号后，相关的标签在用户画像中能够被查看。

③ 实验报告：撰写实验报告，描述实验过程并进行实验总结。

实验十一　细分市场中（潜在）客户价值评价体系的设置

一、实验背景和目的

旅游和酒店业的特点之一是存在多个客户细分市场。客户细分是将具有相同需求、价值、偏好、特征或者行为的客户进行分组，以便提供针对性的产品和服务解决方案。但即便在同一个细分市场中，客户也具有不同的价值。例如，对于非旅游目的地的酒店来说，在亲子游细分市场上，本地亲子游客户的消费频次可能比外地要高，女性客户在亲子游市场上比男性客户有更大的决策权。因此，拥有"本地"和"女性"标签的亲子游客户在亲子游客户细分市场中会更加重要。借助于数据采集和分析的技术，对细分市场中的每一个销售线索、潜在客户、客户的价值评估会更加客观。传统的价值评估或是人为判断，或是根据历史消费记录判断，并没有手段分析（潜在）客户在线上内容互动方面的黏性，这样就不利于将客户未来的潜在价值考虑在内。一个潜在客户虽然还没有发生交易行为，但是通过对她的人口属性特征以及在内容和工具方面的互动行为分析和评估，发现她的潜在消费意愿，将有助于转化率的提升。

本实验的目的是通过实验任务的操作，理解数据驱动下的（潜在）客户价值评估方法。

二、实验工具和材料

（一）实验工具要求

1. 用户数据平台
2. 营销自动化系统
3. 电子卡券管理系统
4. 支持模拟实验的微信公众平台服务号教学版

（二）实验材料要求

1. 实验场景设计

实验分为两步。

第一步，确定影响客户价值的因子。通常情况下，客户的价值和其人口属性以及互动行为有关。用户的身份包括性别、地域、工作情况等；互动行为是客户在企业营销活动中响应行为，如网页访问、访问时长、活动参与等。在本实验中，评价因子包括人口属性（地域、性别）的匹配度以及在微信公众号以及落地页上的参与度。

第二步，构建客户价值评估模型。科学的评估模型可以从人口属性、互动参与行为等多个维度进行构建。但在本实验中，由于数据量少，只要求对所有评价因子进行权重分析即可。

确定评价模型后，对细分市场（潜在）客户进行价值评分，然后对评分在前20%的潜在客户推送电子优惠券。

2. 实验材料准备

① 在旅游或酒店业选择一个细分市场，例如亲子游市场。
② 参与实验的潜在客户数据。
③ 针对该细分市场客户需求制作的落地页以及微信栏目，并要求实验者对这些落地页以及微信栏目进行访问浏览。
④ 为本实验准备好一个批次的电子优惠券。

三、实验流程及关键步骤

（一）实验流程

请根据如图6-86所示的步骤进行任务设置。

图6-86　实验十一——实验流程

（二）实验关键步骤

在DOSSM-CDP系统中，按照如下关键步骤进行任务设置。

1. 设置细分市场并进行互动

在实验中，可以将参与实验的用户作为一个细分市场进行分组，然后向这个分组用户推送符合细分市场客户需求的落地页，引导参与实验的用户点击浏览这些落地页、关注微信公众号进行相关菜单栏目的浏览。具体见图 6-87。

图 6-87　实验十一——设置细分市场

2. 设置客户价值评价模型

首先确定符合细分市场用户属性的数据标签，然后根据这些标签在细分市场客户中的重要性进行权重评分，建立评价模型。系统随后会自动对用户价值进行量化分析。具体见图 6-88。

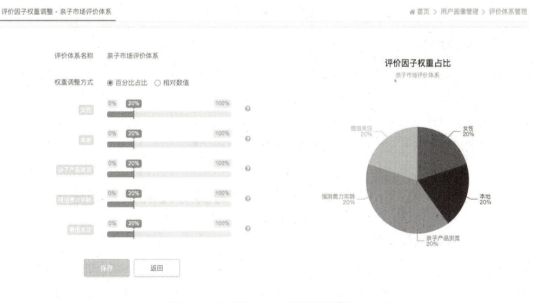

图 6-88　实验十一——设置评价模型

3. 设置营销自动化规则

根据营销目标，依次进行基本信息、目标线索、有效时间段、触发机制及动作计划的设置。通过已设置好的细分市场及评价体系，可实现针对一个细分市场内价值较高的潜在客户进行有针对性的消息推送，对客户进行持续的自动化培育。推送方式可以选者微信模板消息、短信或者电子邮件。在实验中，建议使用微信模板消息进行推送。

具体见图6-89。

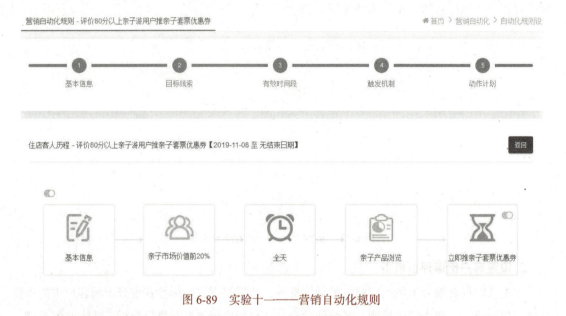

图6-89 实验十一——营销自动化规则

4. 数据洞察

对有价值的潜在客户进行内容推送后，观察实验数据。

四、实验结果

① 细分市场客户价值评估模型设置成功。
② 客户价值评分根据用户互动行为的变化而改变。
③ 根据客户评分对客户进行分群，利用营销自动化规则推送成功。
④ 实验报告：撰写实验报告，描述实验过程并进行实验总结。

实验十二 在ToB市场根据客户行为自动提醒销售跟进的设置

一、实验背景和目的

在酒店业，协议客户市场是高星级酒店极其重要的细分市场。整个销售阶段可以分为销售线索获取、潜在客户培育和潜在客户转化三个步骤。这三个步骤可以比喻为海盗寻宝：第一步，由于无法精确知道宝藏地点，必须在目标区域广泛搜索，尽可能获取更多的潜在藏宝线索；第二步，对获取的潜在藏宝线索进行分析和评估，然后进行初步的接触，判断潜在线索的价值，以便进行挖掘；第三步，对有价值的潜在藏宝线索进行重点挖掘，直至成功。

在日常销售中，销售经理需要对销售线索进行甄选，确定可以跟进的潜在客户。在线下，对销售线索进行甄选工作不仅耗时而且效率低下。在线上，通过数据化运营的方式，对销售线索的数据进行分析，一旦销售线索发生对企业产品和服务感兴趣的线上行为，例如访问了相关落地页、分享了企业的落地页等，都在一定程度上说明了客户的兴趣和关注度。这种通过数据分析跟进客户关键行为的方法在 B2B 市场大有可为，可以有效提升从销售线索到潜在客户的转化效率。

在旅游业，存在大量的 B2B 企业，包括专门为旅游业提供服务的科技公司、培训公司和咨询公司。本实验的目的是通过实验掌握 B2B 市场的一种数据驱动的客户转化方法。

二、实验工具和材料

（一）实验工具要求

1. 用户数据平台
2. 营销自动化系统
3. 支持模拟实验的微信公众平台服务号教学版

（二）实验材料要求

1. 实验场景设计

选择旅游业某科技公司为实验对象，在网络和微信中搜索这个公司针对行业的解决方案，并制作成为落地页。然后，将落地页分享给参与实验的用户。用户点击落地页并访问后，触发营销自动化规则，通知销售经理跟进。

2. 实验材料准备

① 行业解决方案的落地页。

② 参与实验的用户。

三、实验流程及关键步骤

（一）实验流程

请根据如图 6-90 所示的步骤进行任务设置。

图 6-90　实验十二——实验流程

（二）实验关键步骤

在用户数据平台 CDP 系统中，按照如下步骤进行任务设置。

1. 设置销售跟进任务

根据任务的不同类别，设置员工跟进的任务内容。具体见图 6-91。

2. 设置自动跟进内容

在不同任务下，设置自动提醒跟进的内容，确定相应负责的员工。具体见图 6-92。

图 6-91　实验十二——设置销售跟进任务

图 6-92　实验十二——设置自动提醒跟进内容

3. 设置行为触发规则

设置用户完成关键行为的触发点设置，如浏览目标落地页，则通过网页浏览标签触发跟进提醒。具体见图 6-93。

图 6-93　实验十二——设置行为触发规则

4. 设置营销自动化规则

根据销售跟进目标，设置系统自动提醒员工跟进的规则，依次进行基本信息、目标线索、有效时间段、触发机制和动作计划的设置。具体见图 6-94。

当用户完成关键行为，在设定的时间内，系统则自动提醒员工进行跟进。具体见图 6-95。

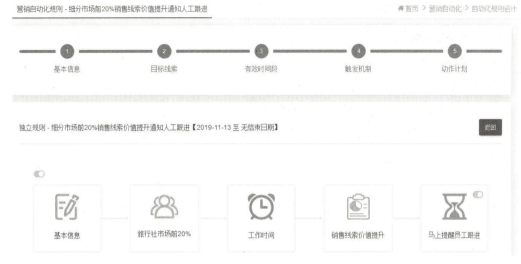

图 6-94　实验十二——设置营销自动化规则

四、实验结果

① 用户行为数据采集无误。

② 在用户完成关键指标行为后，销售经理收到跟进短信。

③ 实验报告：撰写实验报告，描述实验过程并进行实验总结。

图 6-95　实验十二——员工收到提醒信息

实验十三　针对 ToC 细分市场客户的线索培育设置

一、实验背景和目的

根据客户增长模型，在客户连接到移动端后，就进入到了客户培育阶段。客户培育以内容营销为主要策略，通过优质的内容引起客户的持续关注和活动，为客户转化创造良好的条件。

旅游和酒店业是一个消费频次相对较低的行业，而且市场竞争激烈。虽然客户来源渠道众多，但是如果不注重对老客户的跟进培育，依然会有较高的流失率。

本实验任务是以家庭游市场为模拟实验对象。围绕"家庭游"这个主题对客户进行持续跟进，直至转化成功。

在"实验十二"任务中，也涉及对客户的内容培育工作，一旦客户的行为满足相关指标，就促发销售人工跟进，这个场景基本上都是针对 ToB 业务模式的。在 ToC 业务模式中，很难安排销售经理进行人工跟进。因而，在本实验任务中，将采用内容营销策略去培育客户，当客户完成标志性行为，例如浏览了产品和服务的落地页，就触发营销自动化的跟进行为。通过营销自动化的规则去跟进用户的状态，直至转化成功。

二、实验工具和材料

（一）实验工具要求

1. 用户数据平台
2. 营销自动化系统
3. 支持模拟实验的微信公众平台服务号教学版
4. 组建一个实验用的微信群，群中的用户都需要关注实验用的微信公众号

（二）实验材料要求

1. 实验场景设计

以亲子游市场为实验背景，向亲子游市场的潜在客户以落地页方式推送内容，潜在客户在落地页上访问并分享后触发营销自动化规则，推送周末家庭游活动的邀请。如果用户没有点击活动邀请，推送文本消息给客户再次提醒客户周末家庭游活动的特色，引导客户点击文本消息查看详情落地页；如果用户点击了活动邀请但是在活动前3天还是没有下单支付，改为短信方式向客户推送活动立减优惠券。

2. 实验材料准备

① 制作和发布家庭游内容的落地页。
② 参与实验的用户组。

三、实验流程及关键步骤

（一）实验流程

请根据如图 6-96 所示的步骤进行任务设置。

图 6-96　实验十三——实验流程

（二）实验关键步骤

在用户数据平台（CDP）中，按照如下关键步骤进行任务设置。

1. 设置标签

根据客户的每一个点击或浏览行为设置相应标签，以便追踪用户的行为。在当前实验任务下，需要对用户浏览相关落地页的行为打上标签。具体见图 6-97。

2. 设置落地页及电子卡券

当前实验任务下可以在 DOSSM-CDP 系统中的"我的落地页"中，选择内部落地页模板库中合适的模板完成信息内容的编辑。

由于触发规则是潜在客户浏览并分享了落地页，所以在落地页的内容策划方面，要考虑如何让客户有分享的动力。落地页包括活动宣传页和商品详情页，前者侧重对活动内容的介绍；

后者侧重订购转化。

图 6-97　实验十三——标签设置

根据规则设计，如果客户浏览了落地页但是没有预订，系统自动向其推送电子优惠券。所以还要在 DOSSM-CDP 中设置相应的电子优惠券。

具体见图 6-98。

图 6-98　实验十三——落地页设置

3. 设置消息回复内容

根据客户的行为设置微信文本消息回复、短信回复的内容。具体见图 6-99。

图 6-99　实验十三——消息回复内容设置

4. 设置营销自动化规则

根据活动目标，依次进行基本信息、目标线索、有效时间段、触发机制及动作计划的设置。

① 针对浏览了家庭游活动页面内容且有分享行为的用户，推送周末家庭游活动。

② 针对推送周末家庭游半小时后未点击的用户，推送文本消息，提醒客户活动的特色，呼吁立即报名。

③ 针对浏览周末家庭游活动后且进入了预订页面但是没有进行订购的用户，在活动前通过短信推送报名立减优惠券。

具体见图 6-100。

图 6-100　实验十三——设置营销自动化规则

5. 数据洞察

营销自动化完成后一段时间，通过数据洞察了解营销效果。可以对所有对家庭游内容感兴趣的客户群体进行详细的数据分析，数据包括用户有分享行为的占比、经过客户培育过程成功转化的情况等。具体见图6-101。

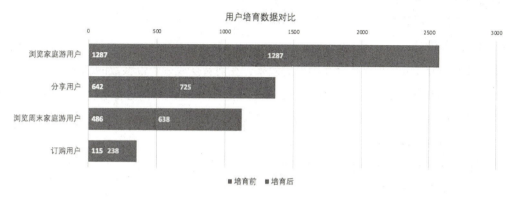

图6-101　实验十三——数据分析

四、实验结果

① 客户能点击浏览查看关于家庭游活动页面。
② 分享用户能收到周末家庭游活动推送。
③ 未浏览周末家庭游活动的用户再次收到提醒的文本消息。
④ 浏览未订购的用户在设置的时间点收到短信，提供最后的优惠信息。

实验十四　自动化交叉销售规则的设置

一、实验背景和目的

交叉销售，是指对已经成功转化的客户在特定接触点上提供购买其他产品的建议，并努力达成更多交易。交叉销售的接触点主要在两个阶段：产品购买阶段和服务体验阶段。例如，客户在酒店前台入住的时候，向客人推荐一个包括客房在内的套餐，说明只需要支付多少金额就可以获得另外一个服务产品的使用券。也可以向正在进行产品体验的客人提供一些免费试用的服务，比如向订房的客人提供一个免费的菜肴体验券，吸引他们到餐厅进行更多的消费。传统的交叉销售行为通常是由一线员工面对面销售完成，效果取决于服务人员的销售技巧、销售态度和口才。借助于用户数据平台的数据采集和分析结合营销自动化技术，就可以在接触点向客户开展自动化的交叉销售工作。

本实验中，要求掌握借助于营销自动化技术对在线下场景中的客户在合适的时间自动推荐合适的产品和服务的策划和实施技能。

二、实验工具和材料

（一）实验工具要求

1. 用户数据平台
2. 营销自动化系统
3. 支持模拟实验的微信公众平台服务号教学版

（二）实验材料要求

1. 实验场景设计

某度假酒店为了进一步提高交叉销售的效果，在前台摆放一个带参数的二维码，引导办理入住的客人扫码获得度假攻略。之后，在正餐前一小时通过微信消息推荐"必吃菜"，客户如果对该推荐感兴趣，可以识别图片上的二维码领取优惠券。

2. 实验材料准备

① 根据上述的模拟场景准备相关的图文内容。
② 参与实验的用户若干。

三、实验流程及关键步骤

（一）实验流程

请根据如图 6-102 所示的步骤进行任务设置。

图 6-102　实验十四——实验流程

（二）实验关键步骤

按照如下关键步骤进行任务设置。

1. 设置带参数的二维码

针对不同的场景与关键触点，分别对应设置不同的带参数的二维码，每个二维码关联不同标签，最后可以通过统计标签及用户后续的互动行为分析接触点的转化情况。具体见图 6-103。

2. 设置消息回复内容及电子卡券

根据场景设计，在 DOSSM-CDP 中模板库中选择合适的模板，为酒店"必吃菜"制作精美的落地页，并在落地页中提供电子优惠券的领取方式。落地页通过微信消息推送给客人。为了对客户行为进行追踪和数据分析，需要针对客人访问落地页的行为打上对应标签。

3. 设置营销自动化规则

根据营销活动目标，依次进行基本信息、目标线索、有效时间段、触发及动作计划的设置。具体见图 6-104。

图 6-103　实验十四——设置带参数的二维码

图 6-104　实验十四——设置营销自动化规则

4. 数据洞察

采用漏斗分析，具体见图 6-105。

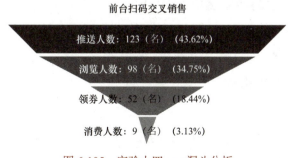

图 6-105　实验十四——漏斗分析

四、实验结果

① 当用户在前台扫码关注后，在正餐前 1 个小时收到酒店"必吃菜"的微信消息。

② 能够对访问落地页和领取电子优惠券的人数进行数据分析。

③ 实验报告：撰写实验报告，描述实验过程并进行实验总结。

实验十五　转化未成功客户再营销规则的设置

一、实验背景和目的

客户转化是客户增长模型的里程碑阶段。但是因为种种原因，客户可能在进入转化流程后突然终止了后续行为。例如，客户在线上对商品进行了多次浏览，但是最终放弃了订购。这种未成功转化的行为比比皆是。如果能够针对这些客户进行再次营销，将会显著提升客户转化的成功率。因此，对客户在线上的浏览行为进行采集和分析，对犹豫不决甚至放弃的客户通过营销自动化策略进行挽回，是数字时代非常重要的策略。在智能手机客户端和微信端，针对未转化成功的客户行为数据采集完全具备技术条件，只需要制定再营销（Re-Marketing）策略。

本实验的目的是掌握针对转化未成功客户的再营销规则制定和实施的技能。

二、实验工具和材料

（一）实验工具要求

1. 用户数据平台
2. 营销自动化系统
3. 支持模拟实验的微信公众平台服务号教学版

（二）实验材料要求

1. 实验场景设计

针对在微信商城中浏览某产品但是在 1 小时内还没有支付的客户发送专属的电子优惠券。

2. 实验内容准备

① 准备某个商品并在实验用的微信商城中上架。

② 微信文本消息内容的准备。

③ 电子优惠券的准备。

三、实验流程及关键步骤

（一）实验流程

请根据如图 6-106 所示的步骤进行任务设置。

1.设置卡券批次管理 → 2.设置消息回复内容 → 3.设置营销自动化规则

图 6-106　实验十五——实验流程

（二）实验关键步骤

在用户数据平台 CDP 系统中，按照如下关键步骤进行任务设置。

1. 设置卡券批次管理

如图 6-107 和图 6-108 所示，设置再营销活动所需的电子卡券。根据活动需求设置卡券的基本信息（如卡券名称、卡券类型）及使用限制，如领取及使用限制等。

图 6-107　实验十五——设置卡券批次基本管理

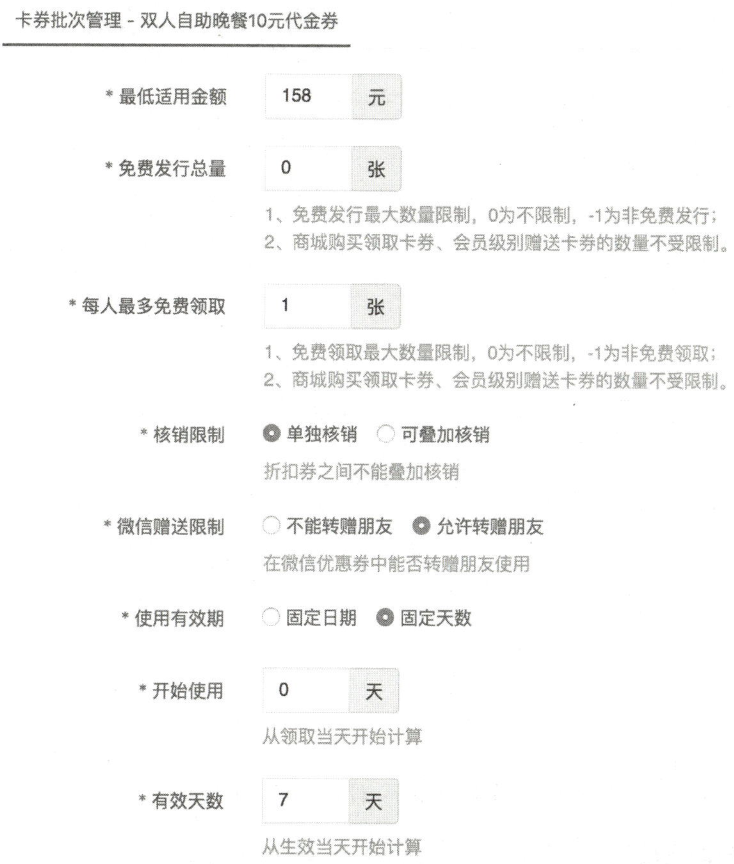

图 6-108　实验十五——卡券适用规则设置

2. 设置回复消息内容

根据实验要求,将专属优惠内容做成一个落地页,通过微信图文回复消息推送给用户。具体见图 6-109、图 6-110。

图 6-109　实验十五——设置落地页内容

图 6-110　实验十五——设置优惠券推送方式

3. 设置营销自动化规则

针对目标用户进行自动化营销推送,依次设置营销自动化规则的基本信息、目标线索、有效时间段、触发机制和动作计划。规则适用对象是针对所有满足触发机制的用户，触发机制是指浏览了双人自助餐商品页面后60分钟没有下单。动作计划是指推送专属优惠券。在设置营销自动化规则之前，需要根据如图6-111、图6-112所示设置好触发判断条件。

图6-111　实验十五——行为触发设置浏览后未预订用户

图6-112　实验十五——触发规则与行为触发关联

四、实验结果

① 给在微信商城中浏览了某商品但是没有订购的用户标识相关标签。

② 浏览未预订标签的用户收到一个专属电子优惠券。

③ 实验报告：撰写实验报告，描述实验过程并进行实验总结。

实验十六　客户可拆分使用旅游套票计划的设置

一、实验背景和目的

旅游企业在进行产品设计的时候，需要将不同的产品进行打包，使得打包后的产品具有高性价比，从而促进转化。成功地打包产品，往往需要以客户为导向，以一个核心产品为主，辅以相关联的产品和服务，同时需要考虑产品和客户需求之间的匹配性和合理性。

产品打包对潜在客户市场的吸引力是性价比，客户的需求还不仅限于此，如果能够在使用方面更加便捷，对客户会更加具有吸引力。可拆分使用旅游套票在旅游和酒店业客户群体中越来越受到欢迎。一方面，可拆分使用旅游套票打消了消费者因为消费时间不足而产生的后顾之忧；另一方面，旅游套票可拆分使用可以满足消费者各取所需的潜在需求。电子优惠券作为一种可以通过网络分享转赠以及追踪识别的消费凭证，使得可拆分使用旅游套票在技术实现方面变得简单易行。很多旅游企业的成功案例也说明，可拆分使用旅游套票的应用对于客户转化率的提升起到非常大的作用。

本实验目的是掌握可拆分使用旅游套票的设计和创建技巧。

二、实验工具和材料

（一）实验工具要求

1. 用户数据平台：用于用户数据采集和数据分析
2. 营销自动化系统：根据用户行为触发营销规则
3. 微信商城：用于产品的虚拟销售
4. 电子卡券管理系统：用于套票的设置
5. 会员储值卡管理系统：用于实验用账号的储值和套票购买
6. 支持模拟实验的微信公众平台服务号教学版：用于实验的微信公众号相关功能设置

（二）实验场景设计和材料要求

1. 实验场景设计

1）实验任务主题：

① 设置可拆分使用旅游套票，包含周末房券 2 张、温泉票 4 张、自助晚餐 4 大 2 小，均可拆分使用或者一次性使用，也可转赠。原价为 3 600 元，打包价格为 1 980 元，含税。

② 消费完成后，通过营销自动化系统向客户发出产品问卷调研。

2）实验材料要求：

① 打包产品所需要的产品图文内容策划。
② 打包产品的使用条款内容策划。

三、实验流程及关键步骤

（一）实验流程

请根据如图 6-113 所示的步骤进行任务设置。

图 6-113　实验十六——实验流程

（二）实验关键步骤

在 DOSSM 系统中，按照如下关键步骤进行任务设置。

1. 设置活动商品和卡券

根据活动内容，设置活动商品以及相关电子卡券，并进行关联。同时可以为商品和不同的电子卡券设置相应的标签，记录使用情况。具体见图 6-114。

图 6-114　实验十六——设置商品与卡券并进行关联

2. 设置消息回复内容

设置调研问卷以及推送消息内容。具体见图 6-115。

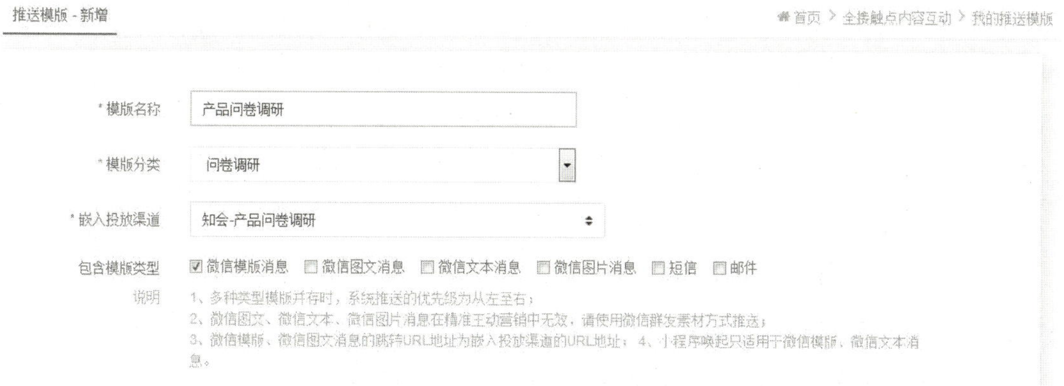

图 6-115　实验十六——设置回复消息内容

3. 设置行为触发规则

通过卡券标签，设置判断用户消费完套餐内所有卡券的触发点。具体见图 6-116。

4. 设置营销自动化规则

依次进行基本信息、目标线索、有效时间段、触发机制和动作计划的设置，当用户完成所有卡券消费时，给用户推送产品问卷调研。具体见图 6-117。

图 6-116　实验十六——设置行为触发规则

图 6-117　实验十六——设置营销自动化规则

四、实验结果

① 成功设置可拆分使用旅游套票。

② 当用户已经消费完该产品组合，能够收到产品问卷调研的推送消息。

③ 实验报告：撰写实验报告，描述实验过程并进行实验总结。

实验十七　会员忠诚奖励计划的设置

一、实验背景和目的

会员忠诚奖励计划是企业为了与客户建立彼此忠诚的关系而设计的管理制度和行动方案，是旅游和酒店企业开展客户关系管理的核心。会员级别和权益、会员积分获取和兑换是会员忠诚计划的核心内容。旅游企业通过企业官方网站、微信公众号、微信小程序或者智能手机客户端向会员提供忠诚计划的各项服务，包括会员注册和登录、会员信息服务、会员积分和兑换服务等。

本实验的目的是通过对会员忠诚计划创建、会员级别和会员积分方案的设置来掌握会员忠诚计划管理系统的基本应用。

二、实验工具和材料

（一）实验工具要求

1. DOSSM–LPS 会员忠诚度管理系统
2. 支持模拟实验的微信公众平台服务号教学版

（二）实验材料要求

1. 实验场景设计

学习酒店业成熟的会员忠诚奖励计划案例，对会员的级别、晋级条件和会员权益进行调研。然后根据实验材料准备完成实验任务。

2. 实验材料准备

① 设计一个会员忠诚奖励计划的标识，包含会员计划名称以及会员计划标识。

② 会员级别和晋级条件策划，可以参考表6-1。

表 6-1 会员级别和晋级条件

会员级别	级别代码	晋级条件	会员权益
微信粉丝	Fans	关注微信公众号就获得该级别会员身份	—
银卡会员	Silver	完善个人资料	会员专享价；110% 积分奖励
金卡会员	Golden	会员年度获取积分达到3000积分	会员专享价；120% 积分奖励；优先服务
白金会员	Platinum	会员年度获取积分达到6000积分	会员专享价；130% 积分奖励；专属服务

③ 会员积分价值和有效期的策划：首先确定积分的锚定价值，即参照真实货币的每一个累计积分的价值；然后确定积分的有效期。

三、实验流程及关键步骤

（一）实验流程

按照如下关键步骤进行任务设置，见图6-118。

（二）实验关键步骤

在会员忠诚计划管理系统中，按照如下关键步骤进行任务设置。

图 6-118　实验十七——实验流程

1. 会员忠诚计划积分价值和有效期设置

这个步骤的重点是确定积分的锚定价值和积分有效期。

① 积分锚定价值：积分锚定价值是不会向会员公开的数据，它是参照真实货币的每一个累计积分的价值。这个锚定价值和对会员公开的"每消费1元获得1个积分"是不同概念的。例如锚定价值是 0.05 元/积分，用户消费 1 000 元，获得 1 000 积分，则会员可以兑换相当于 50 元的商品或者权益的价值。

② 积分有效期：积分的有效期与财务账务处理、预算科目税务以及跨业务职能部门结算都有关系。作为一种有价值的"虚拟货币"，积分在财务中被看作成本甚至债务。会员不管是否消费了积分，计提成本都在。在积分的财务管理上，将每笔消费产生的积分作为"递延收入"放入一个专用基金中，每一笔的销售收入按照积分的百分比抽取比例放入专用基金。积分如果设置了有效期，到期不兑换，积分成本退回原始账户。如果没有积分的有效期，则递延收入的挂账额会越来越大，数年后甚至会超出企业一年的总利润，对财务管理造成极大隐患。所以有价值的积分都会设置有效期。设置有效期，对会员来说，会形成尽快使用积分的动力；对企业财务来说，降低压力，风险可控。但客户忠诚奖励计划的目的是尽可能提高积分的兑换率，这样消费频次和客单价也会提升。如果积分兑换率太低，本身就说明了会员忠诚奖励计划的失败和会员认可度低。在酒店业，客房产品具有客单价高但兑换成本低，以及产品实用面广的特点，积分兑换率理应会比较高。但由于客房产品本身消费频次低，如果积分有效期设置很短，客户一年内的消费积分也兑换不了一间房，然后有效期就过了，这样对客户忠诚计划运营没有益处，也容易造成会员流失。因此，酒店的积分兑换的商品需要多样化，甚至跨界合作形成积分联盟，这样才能提升积分计划的效果。

③ 不同产品消费的积分获取设置：在 DOSSM-LPS 会员忠诚管理系统的"产品类别管理"中可以设置不同类型产品消费的积分计算公式。具体见图 6-119。

④ 其他设置：作为客户关系管理的基础工具，会员忠诚计划需要一个符合企业形象和定位的名称以及标识。比如，万豪集团的"Marriott Bonvoy|万豪旅享家"、洲际酒店集团的"IHG ® Rewards Club|优悦会"、凯悦集团的"World of Hyatt|凯悦天地"、雅高酒店集团的"Le Club AccorHotels|雅高乐雅会"、希尔顿酒店集团的"Hilton Honors|希尔顿荣誉客会"和香格里拉酒店集团的"Golden Circle|贵宾金环会"。此外，会员忠诚计划还需要根据实体卡发行、储值卡发行、官网注册和登录、微信公众号关联、全员营销奖励规则等业务需要进行更为细致的设置。

图 6-119　实验十七——会员体系名称设置

2. 会员级别设置

会员级别是会员特权差异化的表现，会员级别越高，给到高级别会员的特殊权益就越多。会员权益除了差异化的服务外，还可以有额外的积分奖励和更多的消费（券）优惠等。在酒店业，商务旅行目的的常旅客是会员忠诚计划的主要群体，因为他们的商旅费用都是公司支付，对产品价格的敏感性不高，但是重视积分的获取，因为积分可以用于自己的私人消费用途。所以，酒店业的会员级别设置多为 3~4 个级别，为会员获得更多权益提供了明确的路径和足够空间的弹性，以鼓励会员在有效期内不断重复消费。会员的升级规则和降级规则相辅相成。如果会员不能降级，当会员达到高等级后，就可能会失去更多消费的动力，对企业的成本控制也不利。具体见图 6-120。

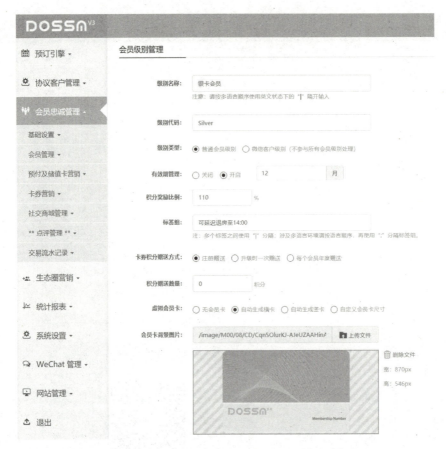

图 6-120　实验十七——设置会员级别基础信息

四、实验结果

① 完成上述会员忠诚奖励计划的设置后,客户通过关注该微信公众号可以看到相应的会员级别和权益。

② 会员完善个人资料后,会员级别从粉丝级别调整到银卡级别。

③ 实验报告:撰写实验报告,描述实验过程并实验总结。

实验十八　会员储值卡营销的设置

一、实验目的

会员储值卡(Stored Value Card),也称为单用途商业预付卡,中华人民共和国商务部令 2012 年第 9 号《单用途商业预付卡管理办法(试行)》将其定义为:"企业发行的,仅限于在本企业或本企业所属集团或同一品牌特许经营体系内兑付货物或服务的预付凭证,包括以磁条卡、芯片卡、纸券等为载体的实体卡和以密码、串码、图形、生物特征信息等为载体的虚拟卡。"

在酒店业，电子储值卡是比较常用的营销手段，因为其使用便捷和实惠而颇受会员欢迎，在支付手段上，不仅仅可以用于线下支付，还可以用于线上支付。在大多数情况下，购买会员储值卡的消费者与企业的黏性比较强，这些客户群体对企业而言，是非常有价值的。从企业角度来说，会员储值卡不仅能让企业更好地维系会员关系，提前锁定会员未来的消费，稳定客源；还能帮助企业实现资金快速回笼，减轻投资压力，增强资金周转能力。

本实验的目的是通过会员储值卡营销的实验，掌握会员储值卡的系统性设计方法。

二、实验工具和材料

（一）实验工具要求

1. DOSSM-LPS 会员忠诚度管理系统
2. 储值卡营销管理系统
3. 支持模拟实验的微信公众平台服务号教学版

（二）实验材料要求

1. 实验场景设计

中华人民共和国商务部发布的《单用途商业预付卡管理办法》对企业发行储值卡有严格的规定："单张记名卡限额不得超过 5 000 元，单张不记名卡限额不得超过 1 000 元""记名卡不得设有效期；不记名卡有效期不得少于 3 年"等。本实验以酒店为对象，发行一批储值卡。为了促进储值卡的销售，可以设计两种激励方式：一种是"充值回馈更多金额"；另一种是"充值赠送电子消费券"。

2. 实验材料准备

① 在完成实验十七的设置基础上进行本实验，并在 DOSSM-LPS 系统中有参与实验的会员账号。

② 为储值卡的使用设置一些使用优惠和使用规则，例如使用储值卡有什么样的优惠等。

三、实验流程及关键步骤

（一）实验流程

请根据如图 6-121 所示的步骤进行任务设置。

图 6-121　实验十八——实验流程

（二）实验关键步骤

在预付及储值卡营销系统中，按照如下关键步骤进行任务设置。

1. 创建储值卡批次

储值卡是按批发行的，首先创建一个批次的储值卡，包括储值卡的储值金额、实际销售金额。如果储值卡的销售和会员级别有关，还可以设置购买哪个批次的储值卡，可以升级到哪个级别的会员。此外，还需要将该批次储值卡的使用规则和限制条件进行输入。在成功创建一个批次的储值卡后，还可以在 DOSSM-LPS 中设置关联电子卡券，这样可以用"充值送电子优惠券"的方式吸引更多客户购买。具体见图 6-122。

图 6-122　实验十八——储值卡批次管理

储值卡批次设置完成保存后，系统会在管理页面生成一个销售用途的二维码。这个二维码可以在宣传文案和海报中嵌入，让客人用微信直接扫码付款购买。

2. 设置储值卡发行数量

在创建完储值卡批次后，需要对该批次储值卡的发行数量进行设置。在 DOSSM-LPS 系统中，进入"会员忠诚管理"──→"预付及储值卡营销"──→"储值卡管理"，新增储值卡，依次完成内容填写。具体见图 6-123。

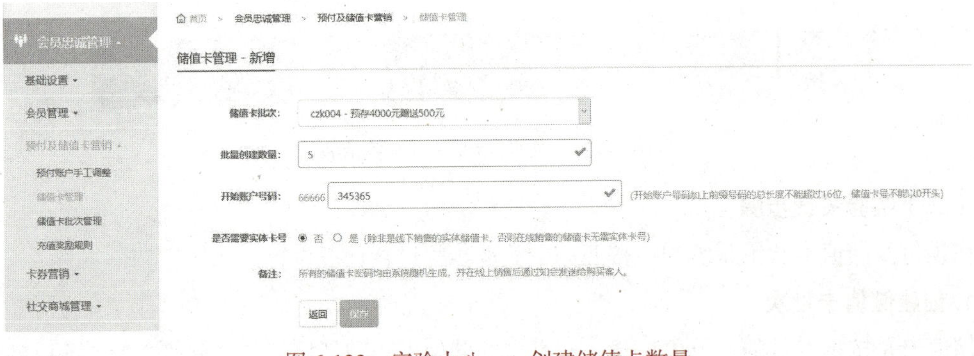

图 6-123　实验十八——创建储值卡数量

设置储值卡发行数量并对储值卡进行激活操作后，就可以对储值卡进行销售了。所有的储值卡密码均由系统随机生成，并在线上销售后知会购买客人。具体见图6-124。

图6-124　实验十八——激活已创建的储值卡数量

3. 储值卡绑定会员账户

在实际销售过程中，会员成功购买储值卡后将收到储值卡号和密码，可进入"会员中心"——"预付账户"——"储值卡激活"，输入储值卡号和密码，充值到"我的账户"。设置完成后，储值卡金额即可在会员预付账户中正常显示，如图6-125所示。

图6-125　实验十八——储值卡绑定

在本实验中，无须购买储值卡，只需要在DOSSM-LPS后台将激活的储值卡和会员账户关联即可。

四、实验结果

① 储值卡批次和该批次下的储值卡发行成功。

② 用手机对设置的储值卡批次管理页面上生成的二维码扫码,可以查看储值卡的内容,并进入购买流程。

③ 选择参与实验的会员账户,绑定储值卡后,会员账户正确显示储值卡额度。如果储值卡有卡券赠送,在会员账户中可以正常显示所赠送的卡券。

④ 实验报告:撰写实验报告,描述实验过程并进行实验总结。

实验十九　会员积分商城的设置

一、实验背景和目的

会员积分商城,是将会员积分奖励功能和商品订购功能结合在一起的网上商城。随着会员忠诚奖励计划的不断进化,以及消费者线上购物的常态化,会员积分商城的运营从最初的仅仅作为会员积分兑换礼品的模式,演变到接受多样化支付方式的商城运营模式。商品可以用积分兑换,可以用在线付款,甚至可以用"部分积分+部分在线付款"的方式购买,而在线付款的商品又可以产生积分,用于下一次的购物。会员积分商城不仅是会员忠诚奖励计划的一种工具,还是能够帮助企业产生利润的数字营销工具。

在旅游和酒店业中,很多企业会将会员积分商城和微信公众平台(公众号或者小程序)结合起来使用,使得商城成为面向全体粉丝服务的工具。借助于微信公众平台的社交功能,微信商城成为企业开展"社交电商"的重要平台。粉丝在微信商城中购买的商品多以电子券的方式作为消费凭证,可以自用,也可以转赠;商品的销售方式可以是秒杀,也可以是拼团;以电子优惠券体现的商品可以进行多种打包组合并可以灵活拆分或者跨店使用。在支付方式上,可以采用现金、会员积分、储值卡、电子优惠券、微信支付等多种方式。

本实验的目的是通过对会员积分商城设置的实践,培养设计和建立会员积分商城的技能。

二、实验工具和材料

(一)实验工具要求

1. DOSSM–LPS 会员忠诚管理系统
2. 微信商城管理系统
3. 用户数据平台
4. 支持模拟实验的微信公众平台服务号教学版

(二)实验材料要求

1. 实验场景设计

某五星级酒店餐饮、康乐、客房产品以及产品打包策略如表 6-2 所示。

表 6-2　某五星级酒店产品及产品打包策略

产品类型	产　品
餐饮	双人自助午/晚餐、家庭自助午/晚餐、单/双人下午茶、多人点心任吃、多人午市套餐、自助早餐包厢、蛋糕券、冰淇淋券、咖啡券、招牌菜肴/西点
康乐	单人单次健身卡、游泳月/季/年卡、健身课程、健身年卡、SPA 护理
客房套票	连住 n 晚套票、房+早餐+午餐+下午茶+自助晚餐+欢乐时光+升级、周末套票

请从上述餐饮、康乐和客房套票产品中分别选择两种在商城中进行设置和上架。商品可以通过积分、积分+现金、现金、储值卡四种方式支付。设置完成后，用实验十八完成的储值卡进行支付。

然后从上述产品列表中，再选择一个产品进行秒杀和拼团活动的设置，并用储值卡进行支付。

2. 实验材料准备

① 所选择商品的图文描述内容。

② 所选择商品的正常销售价格、微信商城优惠价格设计。

③ 秒杀和拼团产品的价格以及活动条款设计。

④ 商品订购以及商品页面互动的行为标签设计。

⑤ 购买商品后的营销自动化规则设计。

三、实验流程及关键步骤

（一）实验流程

请根据如图 6-126 所示的步骤进行任务设置。

图 6-126　实验十九——实验流程

（二）实验关键步骤

1. 商品的设置及秒杀拼团

1）商品内容设置：对商品的销售信息进行设置，包括商品名称、商品简介、商品图片、商品内容及使用说明、商品销售有效期、商品库存周期、商品推荐状态、商品秒杀设置和商品限量销售配额等信息。其中特别要注意如下内容的策划。

① 商品名称：在商城中商品的名称不仅是指商品的官方名称，而且作为商品页面的标题，所以要从客户需求以及吸引客户点击的角度考虑。好的商品的命名要符合美国文案专家罗伯特·布莱（Robert W.Bly）提出的 4U 原则，即 Urgent（紧迫性）、Unique（独特性）、Ultra-Specific（明确具体）和 Useful（实际益处）。

② 商品图片：商品主图的视觉优化是重中之重，目标是引起客户点击的欲望。如果没有点击，则转化就无从谈起。除了设置商城展示的主图外，还可以在商品内容描述中根据需要插入多张图片。图片的选择既要能够反映商品的细节，突出商品的卖点，最好能够反映商品的应用场景。

③ 商品内容及使用说明：商品的描述要从客户敏感点角度和相对于竞品的差异点角度去描述，重点突出对客户的价值。在文字上，要简明扼要，字数控制在 100~300 字之间。

具体见图 6-127。

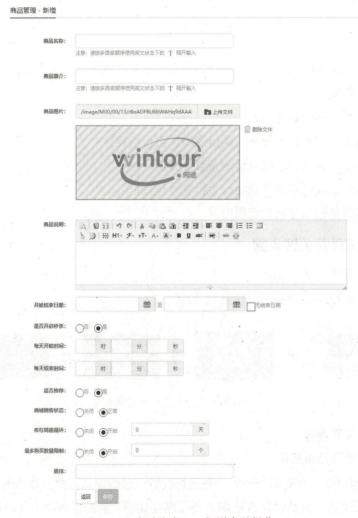

图 6-127　实验十九——新增商品操作

2）商品价格设置：

① 同一个商品会存在不同的规格，例如，自助晚餐是商品，但有成人和儿童两种规格。因此商品的价格是针对商品规格进行设置，而不是针对商品。在 DOSSM–LPS 系统中，商品规格的价格可以设置为用现金支付，也可以用积分支付，还可以用"积分 + 现金"方式支付。

具体见图 6-128。

图 6-128　实验十九——商品价格制定

② 虚拟商品设置：旅游和酒店企业在线销售的产品根据是否需要物流配送分为两大类：一类是无须物流配送的虚拟商品，如房券、餐券、旅游券；另一类是需要物流配送的实体商品，如礼品、特产等，但礼品也可以作为虚拟商品以"礼品券"的方法在线购买，也可将购买到的电子凭证转赠他人作为礼物。持券用户需要凭券到指定地点提货。在 DOSSM-LPS 中，对商品规格的设置可以选择发货方式。如果发货方式包括电子优惠券方式发货，就需要在系统中将电子优惠券设置好，并和商品规格型号关联。具体见图 6-129。

图 6-129　实验十九——商品配送方式（关联虚拟电子卡）

3）商品促销方式设置：秒杀和拼团是两种常用的促销方式。可以在商品管理和商品型号管理中设置秒杀和拼团两种促销方式，也可以秒杀和拼团"双管齐下"。具体见图 6-130。

图 6-130　实验十九——拼团活动设置

2. 商品标签设置

在进行商品设置的时候，需要对用户浏览商品的浏览行为和订购行为都打上相应的标签，以便数据分析和营销自动化。具体见图 6-131、图 6-132。

图 6-131　实验十九——浏览行为标签设置

图 6-132　实验十九——浏览商品的客人标签效果

3. 商城商品的上架设置

① 商品目录设置：商品的目录是根据企业自身的产品和活动情况并结合目标客户的需求

进行划分。在酒店商城中，商品类型可以按照产品类型（如客房、餐饮、康乐等）、活动类型（秒杀、大促、会员日等）进行分类。在 DOSSM-LPS 中，支持对商品目录进行父级分类和子级分类的划分。

② 商品、商品规格及价格、商品销售方式设置好后，就可以将商品上架进行销售了。在 DOSSM-LPS 系统中，进入"会员忠诚管理"——"社交商城管理"——"商城上架管理"，在商品目录下选择商品，点击即可完成上架。具体见图 6-133。

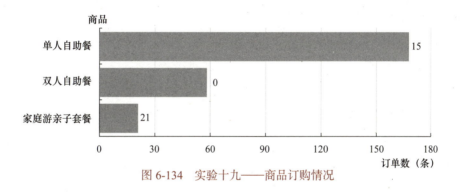

图 6-133　实验十九——商城商品上架管理

4. 数据分析

实验后，对数据进行分析，了解营销效果。具体见图 6-134。

图 6-134　实验十九——商品订购情况

四、实验结果

① 商品设置成功：能够在商城中查看到商品内容及对外销售价格。
② 商品活动设置成功：秒杀、拼团。
③ 实验报告：撰写实验报告，描述实验过程并进行实验总结。

实验二十　年付费会员权益卡的设置

一、实验背景和目的

会员忠诚计划分为开放型和限制型两种。在旅游和酒店业，大多数的会员忠诚计划都是开放型的。但也有两种会员忠诚计划并存的情况。在酒店业，比较知名的限制型会员计划是雅高酒店集团推出的雅高 A 佳付费会员计划——Accor Plus。会员每年缴纳一定费用可以获得限定数量的免房、若干优惠券以及在亚太多个国家和地区雅高酒店餐厅和酒店的折扣优惠。除了雅高 A 佳付费会员计划外，也有不少连锁酒店推出每年只需要数百元就可以加入会员忠诚计划。

本实验以酒店业常用的会员年卡套票的销售模式为例进行学习，通过实践操作，可以更好地了解这种产品组合对企业经营及会员关系维系的作用。

二、实验工具和材料

（一）实验工具要求

1. 系统工具：在线商城管理系统，电子卡券管理系统
2. 电子卡券管理系统：用于会员年卡套票的卡券设置
3. 会员商城管理系统：用于会员套票商城商品销售的设置
4. 微信公众平台：在微信公众平台上直接购买会员年卡套票产品
5. 支持模拟实验的微信公众平台服务号教学版

（二）实验材料要求

1. 实验场景设计

某酒店发行 VIP 贵宾年卡，内容如下：

价格：1 888 元 / 人 / 年。

优惠产品包含：

① 豪华客房房券 2 张。

② 自助晚餐券 2 张。

③ 零点餐厅消费 85 折优惠券 10 张。

④ 生日蛋糕券 1 张。

⑤ 自助晚餐买 1 送 1 券 6 张。

2. 实验材料准备

① 实验用的储值卡，以便进行支付。

② 年卡的使用条款。

三、实验流程及关键步骤

（一）实验流程

请根据如图 6-135 所示的步骤进行任务设置。

图 6-135　实验二十一——实验流程

（二）实验关键步骤

在会员忠诚计划管理系统中的卡券批次管理与社交商城管理，按照如下关键步骤进行任务

设置。

1. 创建年卡套票内电子卡券及使用规则

进入"社会化管理"——"卡券营销"——"卡券批次管理",新增卡券批次,以及使用规则,依次按内容填写完成。需注意设置电子卡券的销售及使用限制,包括最低适用金额、免费发行总量、核销限制、转赠限制、使用限制和使用有效期等信息。具体见图 6-136。

图 6-136 实验二十——卡券设置

2. 创建商城商品内容介绍及活动规则

如图 6-137 所示,进入"社会化会员管理"——"社交商城管理"——"商品管理",新增商品。完成会员年卡套票的设置。

图 6-137 实验二十——创建会员年卡商品管理

如图 6-138 所示，进入"社会化会员管理"——→"社交商城管理"——→"商品管理"——→"商品型号管理——VIP 贵宾年卡"，添加商品价格。然后关联多种电子卡券，如图 6-139 所示。

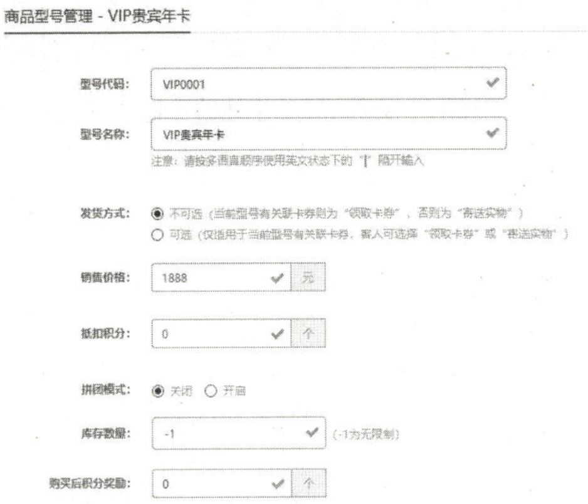

图 6-138　实验二十——会员年卡套票商品价格制定

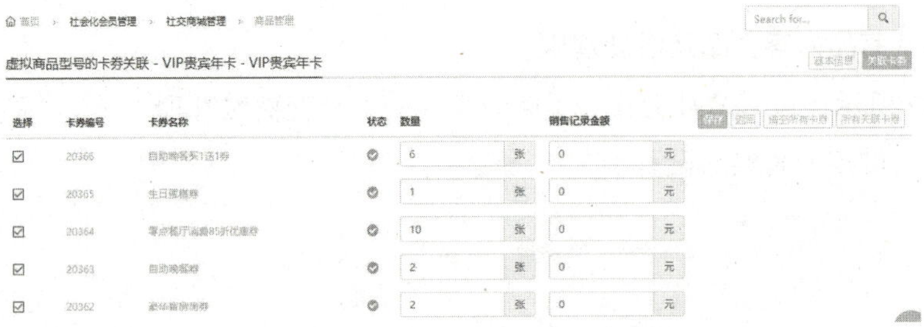

图 6-139　实验二十——会员年卡套票商品管理多种电子卡券

3. 商品对外销售展示

如图 6-140 所示，进入"社会化会员管理"——→"社交商城管理"——→"商城上架管理"，选择合适的产品目录，完成商品上架后才可对外进行销售。

图 6-140　实验二十——商城上架管理（会员年卡套票对外销售）

四、实验结果

① 会员年卡套票电子卡券设置成功：会员年卡内包含的所有电子卡券。

② 会员年卡套票商品对外销售设置成功：会员年卡套票实现对外销售。

③ 会员购买会员年卡套票后，在会员账户中可查看相关卡券。

④ 实验报告：撰写实验报告，描述实验过程并进行实验总结。

实验二十一　会员日裂变营销活动的设置

一、实验背景和目的

"裂变营销"是客户增长模型最后一步"客户拥护"的表现形式之一，本质上是通过分享的方式以老带新。裂变营销开展的前提条件是首先要有一批影响力高、活跃度高的种子客户。有了种子客户后，设计好促使客户分享的机制和"诱饵"，促使这些种子客户分享转发，为企业带来更多潜在客户。常见的诱饵包括福利补贴、创意的内容、新奇的玩法、极有诚意的促销等。裂变营销具有"品效合一"的特点，既有助于品牌推广，转化效果也是立竿见影。裂变营销正在被越来越多的旅游企业和酒店使用，甚至变为一种常态化的营销方式，培养用户领取福利和分享转化的习惯，为企业获得更多的社交流量。

本实验的目的是学习裂变海报的制作和推广，从而加深对裂变营销的认知并掌握相应的方法。

二、实验工具和材料

（一）实验工具要求

1. 用户数据平台
2. 营销自动化系统
3. 支持模拟实验的微信公众平台服务号教学版

（二）实验材料要求

1. 实验场景设计

为了提升会员活跃度并吸引新会员，在微信公众号中策划会员日优惠活动，一方面提升会员活跃度及会员消费，另一方面也鼓励会员将优惠分享给好友，享受分享裂变优惠券，同时吸引更多用户注册成为新会员享受这一福利。

2. 实验材料准备

① 参与实验的种子用户群体。

② 参与实验的新用户群体。

③ 实验活动的图文资料。

三、实验流程及关键步骤

（一）实验流程

请根据如图 6-141 所示的步骤进行任务设置。

图6-141 实验二十一——实验流程

（二）实验关键步骤

在用户数据平台（CDP）系统中，按照如下关键步骤进行任务设置。

1. 设置裂变活动入口

微信上开展裂变活动，可以选择通过关键词、二维码或微信菜单点击回复中的一种或者多种方式，获得个人裂变海报。具体见图6-142。

图6-142 实验二十一——选择裂变活动的入口

2. 设置裂变海报

裂变海报可以根据页面的设计，个性化定制二维码及头像生成的位置。具体见图6-143、图6-144。

图6-143 裂变海报样式选择

图 6-144　实验二十一——裂变海报上传

3. 设置裂变规则

裂变规则的设置涉及以下三个步骤：

① 分享裂变成功的规则设置：如图 6-144 所示，选择种子客户以老带新过来的客人是否要求是新关注的粉丝。此外，还可以考虑是否要对拉新的人数提出要求。具体见图 6-145。

图 6-145　实验二十一——裂变规则设置（是否需要关注）

② 分享推送信息的设置：如图 6-146 所示，当客户分享后，每一步骤的引导提示文本消息；分享者成功满足裂变目标后推送的优惠信息落地页，被分享者浏览后引导参与活动的文本消息。要注意推送的内容让用户感觉到背后是一个真实的人，而不是冷冰冰的程序。

③ 营销自动化规则的设置：如图 6-147 所示，设置分享者与被分享者信息推送规则。

4. 数据洞察

对裂变营销的效果进行统计分析。具体见图 6-148。

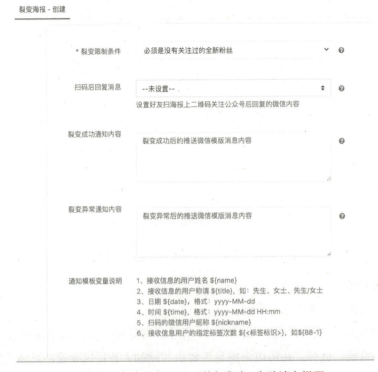

图 6-146　实验二十一——裂变成功 / 失败消息提醒

图 6-147　实验二十一——裂变规则设置

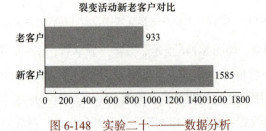

图 6-148　实验二十一——数据分析

四、实验结果

① 关键字自动回复设置成功：会员在微信服务号中输入关键词可获得活动海报。
② 裂变海报分享设置成功：会员将活动海报分享给好友，好友识别二维码可获得活动推送。
③ 实验报告：撰写实验报告，描述实验过程并进行实验总结。

实验二十二　全员分销和全民分销的设置

一、实验背景和目的

微信分销是社交媒体时代产生出来的一种营销方法。不少旅游和酒店企业开始推行基于微信生态环境的全员营销和全民营销。将企业的每一个员工或者客户作为传播的节点，让员工或者客户将企业的产品和服务内容页面通过朋友圈进行分享和转发，从而触达到员工或者客户的社交圈层，实现多层次的传播链条。这种营销方法使得企业将员工和客户的（潜在）客户资源在真正意义上做到了企业化，并实现了多层次的传播链条。

在本书第二章第二节对客户忠诚度管理系统进行介绍的时候，将全员营销和全民营销作为生态圈营销的一种，即企业、员工、客户共同形成一个基于销售业绩和会员发展效果的利益共享网络，形成一个在线信息传播、客户发展和产品销售的生态系统。这种方式不是金字塔式的多级分销或传销关系，因为每个人所获得的奖励只能来自下方一级和二级的销售业绩。

本实验的目的是通过系统实践来掌握微信分销计划的设置和相关要点。

二、实验工具和材料

（一）实验工具要求

1. 微信第三方管理系统
2. 会员储值卡管理
3. 全员营销管理系统
4. 微信商城管理系统
5. 员工端（H5或者企业微信）或者会员端

（二）实验材料要求

1. 实验场景设计

按照如下内容对全员营销规则进行设置：

① 某商品以及售价在微信商城管理系统中设置并在微信商城中上架。
② 员工在朋友圈中分享微信商城中的商品页面，如果产生实际交易，按照交易额的3%返到员工微信账户。
③ 员工成功发展会员，该会员产生的交易额按照2%对员工进行奖励，奖励有效期为1年。
④ 员工将商品页面分享给客人，但客人并没有购买，而是进行了二次分享并产生了交易。

该交易的奖励依然属于首次分享的员工。

⑤ 为了在实验过程中能够进行完整的流程，需要对实验用的会员账户进行充值，以便进行购买。

按照如下内容对全民营销规则进行设置：

① 某商品以及售价在微信商城管理系统中设置并在微信商城中上架。

② 粉丝在朋友圈中分享微信商城中的商品页面，如果产生实际交易，按交易额的2%返到粉丝微信账户。

③ 粉丝在朋友圈中分享后，所分享的对象再次分享，又产生了交易，奖励的层级最多为两级，不是多级。

④ 为了在实验过程中能够进行完整的流程，需要对实验用的会员账户进行充值，以便进行购买。

2. 实验材料准备

① 商品的图文描述。

② 储值卡支付。

③ 参与实验的若干"员工"。

④ 参与实验的若干"客户"。

三、实验流程及关键步骤

（一）实验流程

请根据如图6-149、图6-150的步骤进行任务设置。

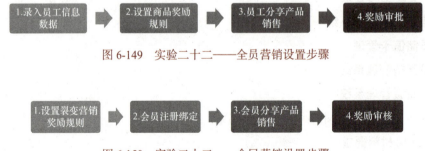

图 6-149　实验二十二——全员营销设置步骤

图 6-150　实验二十二——全民营销设置步骤

（二）实验关键步骤

1. 全员营销关键设置步骤

① 录入员工信息数据：在DOSSM-LPP系统中，员工信息可以单独录入或通过Excel表格将所有员工信息整理导入。员工信息录入需要有员工号码（建议英文字母或数字，具有唯一性）、员工姓名、所属部门及手机号码（唯一性）。在本实验中，仅要求通过系统后台输入一些实验用的数据即可。具体见图6-151。

图 6-151　实验二十二——手工录入员工信息

② 设置商品奖励规则（类型、奖励数量、审批方式）：全员营销奖励规则可以设置佣金奖励和非佣金奖励。佣金奖励为奖金，非佣金奖励可以是积分、卡券或预付款。奖励规则需要设置奖励的类型、数量以及审批方式。可以设置的奖励范围包括为企业发展粉丝或成功发展注册会员、商城分销奖励以及储值卡销售奖励。DOSSM–LPP 系统还可以针对商品类别或具体某个商品按照金额比例或固定金额的方式进行奖励设置。具体见图 6-152、图 6-153。

图 6-152　实验二十二——设置员工产生交易奖励规则

图 6-153　实验二十二——设置推荐会员产生交易奖励规则

③员工分享商品销售：完成奖励规则设置后，员工可以通过员工专属链接进入员工端登录界面。对于首次登录的员工，要求进行手机号码的绑定验证登录。完成绑定后，进入在线商城，点击进入商品详情。在运营场景中，如果是与客户面对面，员工可直接生成二维码给客户扫码订购；如果是朋友圈分享，则可以点击右上角分享页面给朋友或到朋友圈。具体见图6-154。

④奖励审批（可批量审批通过或拒绝）：酒店员工完成分享后，用户通过分享链接点击进入商品详情页进行订购，完成消费后DOSSM-LPP后台会展示成功分销的记录。若当前商品在定义奖励规则中需要人工审核，需要管理员在后台手工确认订单，分销员在员工端就会看到相应的推荐奖励记录。当分销员完成一定金额的商品分销，管理员可在后台将分销奖励发放给员工（若企业开通了微信企业付款到零钱功能，奖励金额可直接发放到员工微信账户）。

2. 全民营销关键设置步骤

①设置裂变营销奖励规则：与全员营销相似，全民营销也分为佣金及非佣金奖励规则，佣金奖励为奖金，非佣金奖励可以是企业积分、卡券或预付款。奖励规则需要设置奖励的类型、数量以及审批方式。

图6-154　实验二十二——员工端销售

与全员营销不同，全民营销的奖励规则，可以设置针对推荐者、受荐者和分享者的奖励，且支持上下两级的分享关系。举个例子，有A、B、C、D、E五个用户。A是推荐者，推荐B成为会员（B是受荐者），如果B购买了产品，A就根据规则得到推荐者奖励，B也可以得到一定奖励。这样A和B的关系就是平等关系，而不是分销中的"上下级"关系。

另外一个场景是，用户C将商品页面分享给D，D无须成为会员直接完成购买后，C可以得到佣金奖励。如果D再将商品页面分享给用户E，E完成购买后，C可以得到二级分享奖励；D可以得到一级分享奖励。

具体见图6-155、图6-156。

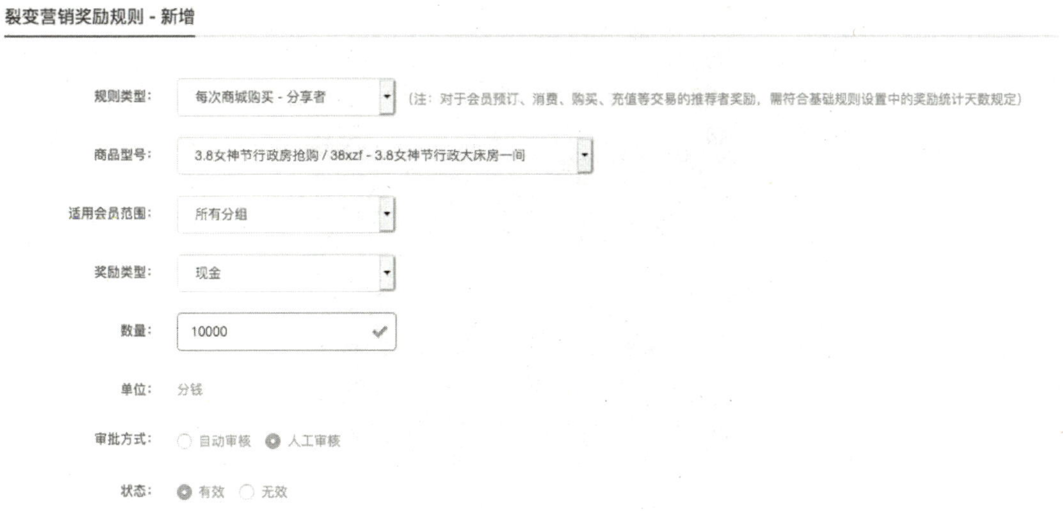

图 6-155　实验二十二——设置一级分享者产生交易奖励规则

图 6-156　实验二十二——设置二级推荐者产生交易奖励规则

② 会员分享商品销售：用户进入微信商城，在微信中选择商品点击右上角进行朋友圈或朋友分享，当其他用户点击该链接进入商城完成商品购买后，分享者就等得到相应分享奖励。当其他用户通过初始用户链接点击进入分享且有成单购买，初始分享用户能得到二级分享奖励。在本实验场景中，可以使用预付账户进行支付体验分享奖励流程。具体见图 6-157。

③ 奖励审批（可批量审批通过或拒绝）：当分享的商品完成订购交易后，管理员可登录 DOSSM-LPP 系统进行佣金奖励的审批，审核通过后，分享的用户就能在微信钱包上收到相应奖励佣金。具体见图 6-158。

图 6-157　实验二十二——会员分享商品

图 6-158　实验二十二——奖励审批

四、实验结果

① 商品设置成功并在微信商城上架。

② 以员工角色分享该商品给某一个参与实验的"用户"，该实验用户用账户中的储值卡进行商品购买；或者以粉丝角色分享该商品给某一个参与实验的"用户"，该实验用户用账户中的储值卡进行商品购买。

③ 购买后有奖励返现到员工或者粉丝的账户中。

④ 实验报告：描述实验过程并进行实验总结。

参考文献

[1] CARLZON J.关键时刻MOT[M].韩卉,译.杭州:浙江人民出版社,2016.

[2] ELLIS S,BROWN M.增长黑客:如何低成本实现爆发式增长[M].张溪梦,译.北京:中信出版社,2018.

[3] KERIN A R,HARTLEY W S,RUDELIUS W.市场营销[M].董伊人,等译.9版.北京:世界图书出版公司,2011.

[4] KOTLER P,ARMSTRONG G.市场营销原理与实践:第16版.[M].楼尊,译.北京:中国人民大学出版社,2015.

[5] KOTLER P,ARMSTRONG G,ANGSWEE H,LEONG S M,et.al.市场营销原理:亚洲版 第3版.[M].李季,赵占波,译.北京:机械工业出版社,2015.

[6] SCHULLER M A.触点管理:全新商业领域的管理策略[M].宋逸伦,译.北京:中国纺织出版社,2016.

[7] STRAUSS J,FROST R.网络营销.[M].时启亮,等译.7版.北京:中国人民大学出版社,2015.

[8] WALTER A,ERIN K.网站情感化设计与内容策略[M].王兴,译.北京:人民邮电出版社,2014.

[9] WIRTZ J,LOVELOCK C.服务营销[M].韦福祥,等译.8版.北京:中国人民大学出版社,2018.

[10] 冯英健.网络营销基础与实践[M].北京:清华大学出版社,2016.

[11] 桑文锋.数据驱动:从方法到实践[M].北京:电子工业出版社,2018.

[12] 苏朝晖.客户关系管理——客户关系的建立与维护[M].4版.北京:清华大学出版社,2018.

[13] 杨飞.流量池[M].北京:中信出版社,2018.

[14] 张溪梦.首席增长官[M].北京:机械工业出版社,2017.

[15] KANO N,SERAKU N,TAKAHASHI F,et al. Attractive quality and must be quality[J]. Journal of the Japanese Society for Quality Control,1984,14(2):39-48.

[16] SARMANIOTIS C,ASSIMAKOPOULOS C,PAPAIOANNOU E.Successful implementation of CRM in luxury hotels:determinants and measurements[J]. EuroMed Journal of Business,2013,8(2):134-153.

[17] BOSE R. Customer relationship management:key components for IT success[J]. Industrial Management & Data Systems,2002,2(102):89.

[18] PALIOURAS K,SIAKAS K V. Social customer relationship management:a case study[J]. International Journal of Entrepreneurial Knowledge,2017,5(1):20-34.

[19] ZHANG J Z,WATSON G F,PALMATIER R W,et al. Dynamic relationship marketing[J]. Journal of Marketing,2016,80(5):53-75.

[20] STEINHOFF L,ARLI D,WEAVEN S,et al.Online relationship marketing[J].Journal of the Academy of Marketing Science,2019,3(47):369-393.

[21] ZEITHAML V,RUST R,LEMON K.The customer pyramid:creating and serving profitable customers[J]. California Management Review,2001,43(4):118-142.